Europäische Identität

WOLFGANG SANDER

Europäische Identität

Die Erneuerung Europas aus dem Geist des Christentums

EVANGELISCHE VERLAGSANSTALT
Leipzig

Wolfgang Sander, Dr. phil., ist Professor (em.) für Didaktik der Gesellschaftswissenschaften an der Justus-Liebig-Universität Gießen. Er studierte Sozialwissenschaften, Evangelische Theologie und Erziehungswissenschaft. Sander hatte leitende Funktionen in der Deutschen Vereinigung für politische Bildung (DVPB) und der Gesellschaft für Politikdidaktik und politische Jugend- und Erwachsenenbildung (GPJE) in Deutschland sowie der Interessengemeinschaft Politische Bildung (IGPB) in Österreich inne und ist Mitglied der Herausgeberkreise der zeitschrift für didaktik der gesellschaftswissenschaften (zdg, Frankfurt a. M.) sowie der Informationen zur Politischen Bildung (Wien).

Bibliographische Information der Deutschen Nationalbibliothek:
Die Deutsche Nationalbibliothek verzeichnet diese Publikation in der Deutschen Nationalbibliographie; detaillierte bibliographische Daten sind im Internet über http://dnb.de abrufbar.

Printed in Germany

Das Buch wurde auf alterungsbeständigem Papier gedruckt.

Gesamtgestaltung: Friederike Arndt · Formenorm, Leipzig
Druck und Binden: CPI books GmbH

ISBN 978-3-374-07019-0 // eISBN (PDF) 978-3-374-07020-6
www.eva-leipzig.de

»Das Christentum ist für das normative Selbstverständnis der Moderne nicht nur eine Vorläufergestalt oder ein Katalysator gewesen. Der egalitäre Universalismus, aus dem die Ideen von Freiheit und solidarischem Zusammenleben, von autonomer Lebensführung und Emanzipation, von individueller Gewissensmoral, Menschenrechten und Demokratie entsprungen sind, ist unmittelbar ein Erbe der jüdischen Gerechtigkeits- und der christlichen Liebesethik. In der Substanz unverändert, ist dieses Erbe immer wieder kritisch angeeignet und neu interpretiert worden. Dazu gibt es bis heute keine Alternative. Auch angesichts der aktuellen Herausforderungen einer postnationalen Konstellation zehren wir nach wie vor von dieser Substanz. Alles andere ist postmodernes Gerede.«
(Jürgen Habermas: Zeit der Übergänge. Kleine Politische Schriften IX, Frankfurt a.M. 2001, 174 f.).

»Europa wird christlich, oder es wird überhaupt nicht mehr sein.«
(Romano Guardini: Der Heilsbringer in Mythos, Offenbarung und Politik. Eine theologisch-politische Betrachtung, Stuttgart 1946, 46)

»Wenn wir im Westen noch nicht einmal die moralischen Tiefen unserer eigenen Traditionen verstehen, wie sollen wir dann Einfluss auf den Diskurs der Menschheit nehmen können?«
(Larry Siedentop: Die Erfindung des Individuums. Der Liberalismus und die westliche Welt, Stuttgart 2015, 450)

INHALT

Zur Einführung 9

1. Wir Europäer: Europäische Identität als Aufgabe und Problem 17

Die vielen Facetten des Wir: kollektive Identitäten 21
Die Gefahren der Identitätspolitik 24
Kollektive Identitätsstrategien der Europäischen Union 31
Osteuropäische Sichtweisen 34
Kulturkreise in der Weltgesellschaft als kollektive Identitätsformen 39
Die Vorläufigkeit von Identität: christliche Perspektiven 42

2. Herkunft: Die christlichen Wurzeln Europas 49

Eine moralische Revolution 53
Bürger zweier Welten: das Reich Gottes und die weltlichen Ordnungen 61
Lange Linien und ihre Windungen 66
Dunkle Seiten und antichristliche Ressentiments: Kreuzzüge und Hexenverfolgungen 82
Eine christlich geprägte Kultur 93

3. Keine Lösungen: Radikalisierte Aufklärung, religiöse Regression und Vielfalt als Selbstzweck 97

Aufklärung: keine singuläre Epoche 101
Radikalisierte Aufklärung: die Französische Revolution und die Pathologien der europäischen Moderne 107
Die Säkularisierungsthese und ihr Scheitern 117
Traditionsbruch und religiöse Regressionsphänomene 122
Das ungelöste Problem der Normativität Europas 127

4. Zukunft: Eine christliche Renaissance für Europa 145

Weltverstehen: Glaube, Vernunft und Wissenschaft 149
Kein richtiges Leben im falschen? Der Geist des Christentums und die normativen Grundlagen Europas 166
Religiöse Vielfalt in einem christlichen Europa 199
Ecclesia semper reformanda: die Kirchen und die Erneuerung Europas 209
Das christliche Europa in der Weltgesellschaft 216

5. Ausblick: Zur Zukunft der europäischen Einigung 221

Anhang 233

Literaturverzeichnis 235
Endnoten 246

ZUR EINFÜHRUNG

»Das Neue stürzt und altes Leben blüht aus den Ruinen.«
(Inschrift auf dem Haus Glauburger Hof in der 2018 fertiggestellten neuen Altstadt in Frankfurt am Main)

Gut siebzig Jahre nach dem Schuman-Plan, der 1950 den Anstoß für die Gründung der ersten Europäischen Gemeinschaften gab, steht die daraus erwachsene Europäische Union an einem Scheideweg. Ist der Austritt Großbritanniens der Anfang vom Ende der EU oder wird er im Gegenteil den Zusammenhalt der verbleibenden 27 Mitgliedsstaaten stärken? Werden sich die Differenzen zwischen ost- und westeuropäischen Mitgliedsstaaten, die durch das aktive Agieren der Visegrád-Gruppe immer sichtbarer geworden sind, verschärfen, oder wird sich daraus gerade eine Erneuerung und Vertiefung des gemeinsamen Selbstverständnisses Europas entwickeln? Waren die Lockdowns, nationalen Alleingänge und Grenzschließungen in der Corona-Krise ein Zeichen für die Schwäche der europäischen Integration, oder werden sich die 750 Milliarden Euro an Corona-Finanzhilfen, die durch gemeinsame Anleihen aufgebracht und bis 2058 zurückgezahlt werden sollen, als Katalysator für eine sehr viel tiefere Integration der EU erweisen? Wird die EU an den strukturellen Mängeln ihrer Institutionen, an der Intransparenz ihrer immer komplexer werdenden Regeln und Verfahren, zugrunde gehen, oder wird ihr bei einem passenden Fenster der Gelegenheit in einem großen Wurf eine grundlegende und überzeugende Reform ihrer eigenen politischen Ordnung gelingen?

Nicht zum ersten Mal in ihrer Geschichte steht die Europäische Union vor schwierigen Alternativen, aber nicht immer waren sie gleichermaßen drängend. Noch Anfang dieses Jahrhunderts gab es viel Anlass zu einer optimistischen Sichtweise auf die Zukunft der europäischen Einigung:[1] Die Osterweiterung der EU (und damit, wie es schien, die politische und kulturelle ›Verwestlichung‹ des östlichen Europa) stand bevor, der Euro war eingeführt, eine gemeinsame Verfassung für das geeinte Europa zeichnete sich ab, mit der die älteren Verträge aus den ersten 50 Jahren der europäischen Integration ersetzt werden sollten. Äußere Bedrohungen schienen nicht mehr zu bestehen; die islamistischen Anschläge von 2001 waren zwar schockierend, aber größere Anschläge in Europa gab es noch nicht und die politische und militärische Auseinandersetzung mit dem Islamismus schien sich außerhalb der EU abzuspielen, vor allem im weit entfernten Afghanistan.

Wie wir wissen, ist die Geschichte anders verlaufen. Der Verfassungsvertrag scheiterte bei Volksabstimmungen in Frankreich und den Niederlanden. An seine Stelle trat 2009 der Vertrag von Lissabon, mit dem zwar eine Reihe von Reformen realisiert werden konnten, um die größer gewordene EU handlungsfähig zu machen, aber auch mit 358 Artikeln, 37 Protokollen und 65 weiteren Erklärungen ein für Laien kaum lesbares textliches Monstrum geschaffen wurde. Die islamistische Bedrohung schlug sich in Europa in einer Reihe von massiven Anschlägen nieder, brachte im europäischen Umfeld und mit Verbindungen in Europa selbst die Terrororganisation »Islamischer Staat« hervor und erwies sich auch in politischer, kultureller, pädagogischer und religiöser Hinsicht als andauernde Herausforderung. Mit der Flüchtlingskrise 2015 spitzten sich Konflikte innerhalb der EU zu, nicht zuletzt zwischen west- und osteuropäischen Mitgliedsstaaten, und innerhalb vieler Mitgliedsstaaten gewannen populistische und tendenziell EU-feindliche Parteien an Unterstützung.

Heute steht die Europäische Union wohl drängender denn je vor der Frage nach ihrem Selbstverständnis. Welche Sichtweise von der Einheit Europas repräsentiert sie, auf welche Vorstellungen von gesellschaftlichem Zusammenleben und politischer Ordnung kann sie sich dabei stützen und in welchen Traditionen der europäischen Geistesgeschichte wurzeln diese Vorstellungen? Damit stellt sich die Frage nach der *europäischen Identität*. Gewiss ist die Europäische Union nicht einfach mit Europa gleichzusetzen, und niemand kann heute sagen, welche politischen Ordnungsformen Europa in späterer Zukunft prägen werden. Aber ein realistischer Blick auf die Situation Europas im frühen 21. Jahrhundert führt doch recht zwingend zu dieser Einsicht: »*Europa* ist mehr als die EU, aber ohne die EU ist es heute nichts.«[2]

Herfried Münkler hat mit Blick auf die Geschichte der Nationalstaaten konstatiert, die Idee der Nation müsse der Realisierung des Staates vorausgehen.[3] Dieser an den europäischen Nationalstaaten gut nachvollziehbare Gedanke lässt sich cum grano salis auch auf die politische Ordnung des künftigen Europas beziehen. Woher aber kann eine solche Idee Europas kommen? Illusionär ist wohl die modische Vorstellung, man könne ein ›europäisches Narrativ‹ gewissermaßen nach Bedarf neu erfinden, um Legitimationsprobleme der EU damit zu beheben.[4] Hilfreicher ist die Frage, welche der großen geistesgeschichtlichen, in Europa wirkmächtigen Traditionen auch für eine künftige europäische Identität auf neue Weise fruchtbar gemacht werden können. Es geht also eher darum, aus der Erinnerung an verschüttete, im kulturellen Gedächtnis Europas aber gleichwohl vorhandene Ressourcen Perspektiven für die Zukunft zu gewinnen.

Tatsächlich hat es solche Formen eines produktiven Rückbezugs auf auch weit zurückliegende Traditionen in der europäischen Geschichte immer wieder gegeben. Herausragendes Beispiel ist der mehrfache Rückgriff auf die Antike, vor allem in der Epoche der Renaissance vom 14. bis zum 16. Jahrhundert in Kunst und Philosophie, die nicht nur die Städte Europas bis heute prägt, sondern in der nachträglichen Deutung als Beginn der ›Neuzeit‹ gesehen wird. Aber auch die Scholastik in der mittelalterlichen Theologie und Philosophie war stark von der Wiederentdeckung der Antike, insbesondere der Schriften des Aristoteles, geprägt. Später, im frühen 19. Jahrhundert, trug der Rückbezug auf die griechische Antike zur neuhumanistischen Bildungstheorie bei, die entscheidende Anstöße zur Entwicklung der höheren Schulen und der Universitäten gab. Ein anderes Beispiel ist die Reformation. Luthers Kritik der kirchlichen Tradition stützte sich auf Paulus und Augustinus, und seine Alternative zur kirchlichen Dogmatik seiner Zeit bestand im Kern im Rückgriff auf die Bibel als einziger normativer Quelle des christlichen Glaubens (›sola scriptura‹). Jürgen Habermas hat erst kürzlich in seiner Geschichte der Philosophie wieder gezeigt, wie wichtig das nur scheinbar rückwärtsgewandte Denken Luthers für die Entwicklung des modernen europäischen Verständnisses des Menschen als Subjekt war.[5]

Als letztes Beispiel sei auf Karl den Großen verwiesen, dessen Siegel – mehr als 300 Jahre nach dem Untergang des weströmischen Reiches – die Umschrift »Renovatio Imperii Romani« trug (Erneuerung des Römischen Reiches). Zur politischen Bedeutung dieses Rückbezugs um das Jahr 800 für die europäische Geschichte schreibt Hagen Schulze: »Europa wäre in eine unzusammenhängende Vielfalt primitiv verfaßter Stämme auseinandergefallen, wäre da nicht die einigende Kraft der Kirche gewesen, und die fortdauernde Erinnerung an Rom.«[6] Im Reich Karls des Großen tauchte auch der Begriff Europa als Selbstbezeichnung auf, nicht zuletzt in Abgrenzung zu den islamischen Eroberern im Süden. Wie auch immer man die wechselhafte Geschichte der nachfolgenden römischen Kaiser im bis 1806 existierenden »Heiligen Römischen Reich« in Europa beurteilen mag – es ist bemerkenswert, dass das Gebiet der in den 1950er-Jahren gegründeten Europäischen Gemeinschaften mit den sechs Mitgliedsstaaten Frankreich, Italien, Bundesrepublik

Deutschland, Belgien, Luxemburg und den Niederlanden weitgehend identisch war mit dem Reich Karls des Großen.

Bekanntlich ist Europa nicht einfach ein Begriff für eine klar abgrenzbare geographische Einheit. Als Kontinent hat Europa keine präzise bestimmbaren natürlichen Grenzen. »Europa wurde nur deswegen zu einem geographischen Begriff, weil es vorher zu einem historischen Begriff geworden war.«[7] Europa ist ein geistiges Konstrukt, ein Begriff für einen kulturellen Zusammenhang, der sich durch diese Bezeichnung von anderen kulturellen Zusammenhängen unterscheidet. Zugleich werden damit rund 2500 Jahre wechselvoller, vielfältiger und konflikthafter Ereignisse und Entwicklungen als gemeinsame, eben als europäische Geschichte gedeutet. Die Frage nach der europäischen Identität ist dann im Kern die Frage danach, was den inneren Zusammenhang des Konstrukts Europa ausmacht.

Die Antwort ergibt sich weder allein aus dem Verweis auf den eben nur vage bestimmbaren geographischen Raum, in dem diese Geschichte spielte, noch allein aus der offenkundigen Vielfalt und Wechselhaftigkeit dieser Geschichte. Daher beantwortet auch das Motto »In Vielfalt geeint«, das die EU sich 2000 gab, die Frage nach der europäischen Identität nicht. Vielfalt gibt es auch in anderen Teilen der Welt. Die entscheidende Frage für die europäische Identität ist aber, worin und wodurch Europa »geeint« ist.

Auf einer allgemeinen Ebene und in metaphorischer Form ist auf diese Frage immer wieder mit drei Städtenamen geantwortet worden: Athen, Rom und Jerusalem.[8] Athen steht für griechische Kunst, Geschichtsschreibung, Mathematik, Wissenschaft und Philosophie, die auch als Vorläufer der neuzeitlichen Naturwissenschaften und der europäischen Aufklärung angesehen werden. Rom gilt als Quelle des Rechts und des juristischen Denkens sowie der Idee der Republik, aber auch der lateinischen Sprache, die das westeuropäische Wissenschafts- und Bildungswesen stark geprägt hat. Jerusalem schließlich, obwohl geographisch gar nicht in Europa gelegen, repräsentiert das aus dem Judentum hervorgegangene Christentum, dessen Bedeutung für die europäische Identität Gegenstand dieses Buches ist.

Diese drei großen Traditionslinien stehen nicht unverbunden nebeneinander, sondern haben sich intensiv wechselseitig beeinflusst. Aus diesen, wenn auch immer wieder spannungsvollen, Verbindungen entstand die Eigentümlichkeit des kulturellen Konstrukts Europa: aus der Verknüpfung von griechischer Philosophie und christlichem Glauben im frühen Christentum, aus der Christianisierung des Römischen Reiches, aus dem Neben- und Miteinander von Theologie, Philosophie und Wissenschaften.

Die Frage nach der europäischen Identität wird sich auch in unserer Zeit nicht ohne Rückgriff auf diesen Traditionszusammenhang beantworten lassen. Ein künstliches, gewissermaßen im historisch luftleeren Raum entworfenes neues ›Narrativ‹ zur Legitimation der europäischen Integrationspolitik dürfte demgegenüber zum Scheitern verurteilt sein. Notwendig ist vielmehr eine Erneuerung dieses Zusammenhangs vor dem Hintergrund der Fragen und Probleme unserer Zeit. In diesem Sinne braucht Europa eine neue Renaissance.

Die These dieses Buches ist, dass es bei dieser Renaissance nicht – wie in der Frühen Neuzeit – um eine ›Wiedergeburt‹ griechischen oder römischen Denkens geht. Diese beiden Traditionslinien sind in Philosophie und Wissenschaft, in Rechtsstaat und Demokratie durchaus nach wie vor von prägender Wirkung. Anders verhält sich mit ›Jerusalem‹. Die christliche Prägung der europäischen Kultur ist in den beiden letzten Jahrhunderten blasser und besonders im Westen und Norden Europas zunehmend schwächer geworden, bis hin zu massiven Traditionsbrüchen in manchen gesellschaftlichen Teilbereichen, in denen sich Religionsdistanz zu einem dominanten Habitus entwickelt hat. Im weltweiten Vergleich begibt sich Europa damit freilich nicht etwa, wie manche Verfechter dieser Entwicklung meinen, an die

Spitze des Fortschritts, sondern in eine in vielen anderen Teilen der Welt kaum vermittelbare Sonderrolle. Eine Entchristlichung Europas wäre nicht Ausdruck einer Modernisierung der europäischen Kultur und Identität, sondern von deren Auflösung. Notwendig dagegen, so die hier vertretene These, ist eine neue Renaissance, die sich auf die christlichen Traditionen Europas bezieht und diese für die Zukunft der europäischen Identität fruchtbar macht. Denn hier sind die geistigen Ressourcen für ein gehaltvolles Verständnis dessen zu finden, was derzeit mit dem Begriff ›europäische Werte‹ oft zu einer plakativen Leerformel zu werden droht.

Schon wegen der Fülle und Breite der mit seinem Thema angesprochenen Aspekte muss sich dieses Buch auf die Form eines Essays beschränken, da es nicht in erster Linie ein Beitrag zur wissenschaftlichen Forschung, sondern zum öffentlichen Diskurs über die Zukunft Europas sein soll. In den Anmerkungen werden gleichwohl Zitate nachgewiesen und Hinweise auf ausgewählte weiterführende Literatur gegeben.

1. Wir Europäer:

Europäische Identität als Aufgabe und Problem

»Denn niemand von uns erschafft die Welt, in der wir leben, ganz neu. Wir alle gelangen zu unseren Werten und inneren Verpflichtungen nur im Dialog mit der Vergangenheit. Aber ein Dialog ist kein Determinismus.«
(Kwame Antony Appiah)[9]

Wie sinnvoll ist es, überhaupt von ›europäischer Identität‹ zu sprechen? Tatsächlich gibt es eine Reihe von Schwierigkeiten, wenn man den Identitätsbegriff auf Europa als kulturelles Konstrukt anwenden will. Sie beginnen aber auch schon bei diesem Begriff selbst. Was also soll unter ›Identität‹ verstanden werden und welche Probleme wirft dieses Konzept auf?

Meist wird dieser Begriff ja zunächst auf die Persönlichkeit von Individuen bezogen – wer ich bin (oder wie ich mich im Verhältnis zu meiner Umwelt sehe), das scheint meine Identität zu sein. In diesem Sinn entspricht der Begriff ›Identität‹ in etwa dem, was in anderen Denktraditionen gemeint ist, wenn Menschen als *Personen* oder als *Subjekte* betrachtet werden. Als Begriff gibt es ihn überhaupt erst seit dem 19. Jahrhundert.[10] In den Sozialwissenschaften und der Psychologie fand der Identitätsbegriff besonders im Anschluss an Erik H. Eriksons 1950 erstmals erschienene Studie »Kindheit und Gesellschaft« weite Verbreitung, in der die Ausbildung von »Ich-Identität« als einer von mehreren Aspekten der gelungenen Bewältigung von acht Phasen der psychosozialen Entwicklung beschrieben wurde.[11]

Es gehört zu dieser Vorstellung von Identität, dass diese in Auseinandersetzung der Individuen mit Regeln und Erwartungen aus der gesellschaftlichen Umwelt entsteht. Dass Identität nicht einfach Ausdruck eines von Geburt an gegebenen und unveränderlichen Wesens eines Menschen ist, sondern sich prozesshaft und unter Umständen auch in Konflikten und Brüchen entwickelt, gilt heute in den Wissenschaften als weithin akzeptierte Sichtweise.[12] Oft wird in diesem Zusammenhang auch die Ansicht vertreten, dass das Problem der Identität sich überhaupt erst in der Moderne stelle, weil erst hier die Einzelnen mit einer Vielzahl an unterschiedlichen und sich ggf. auch widersprechenden Rollenerwartungen und Identitätsangeboten konfrontiert seien. Francis Fukuyama erläutert dies am Beispiel des fiktiven Bauern Hans, der im 19. Jahrhundert in einem sächsischen Dorf aufwächst und dann in das Ruhrgebiet reist, um in einem Stahlwerk zu arbeiten. In seinem Dorf war sein Leben noch klar geregelt und innerhalb dieser Regeln vorhersehbar: »Er wohnt in demselben Haus wie seine Eltern und Großeltern. Er ist mit einem Mädchen verlobt, das für seine Eltern akzeptabel war. Er wurde vom Ortspfarrer getauft. Und er plant, dasselbe Grundstück zu bestellen wie sein Vater. Es fällt Hans nicht ein zu fragen: ›Wer bin ich?‹, da die Antwort bereits von den Menschen in seiner Umgebung geliefert worden ist.«[13] Diese Frage stellt sich, so Fukuyama, für Hans aber in seiner neuen Umgebung, in der er einer Fülle neuer, widerstreitender und nicht leicht zu durchschauender Einflüsse im persönlichen, beruflichen und politischen Umfeld ausgesetzt ist und zu denen er sich verhalten muss.

Manche postmodernen Subjekttheorien gehen noch weiter und betrachten angesichts der Vielfalt sozialer Kontexte, in denen sich Individuen in heutigen westlichen Gesellschaften parallel bewegen, eine kohärente Identität als Illusion. Der Einzelne kann hiernach in unterschiedlichen Umwelten, so etwa in Familie, Beruf, Sport, in einer Interessengruppe, einem sozialen Netzwerk, verschiedene Identitätsmuster ausbilden und dadurch quasi immer auch jemand anderer sein. Hier wird allerdings das Kind mit dem Bade ausgeschüttet, denn die sozialpsychologische Forschung bestätigt, was die Alltagserfahrung erwarten lässt: dass Menschen ohne das Gefühl eines kohärenten inneren Zusammenhangs nicht etwa freier, sondern krank werden.[14]

Es wird weiter unten noch zu fragen sein, ob die Probleme, die mit dem Identitätsbegriff angesprochen werden, tatsächlich alle so neu sind, wie dieser Begriff selbst es ist, ob also in vormoderner Zeit Menschen wirklich durchweg so selbstverständlich wussten, wer sie sind, wie es das zitierte Beispiel des Bauern Hans suggeriert. Festzuhalten ist hier aber zunächst, dass erstens Identitätsfindung für Individuen eine prozesshafte Entwicklungsaufgabe ist und dass zweitens hierbei die Zugehörigkeiten der Individuen zu unterschiedlichen sozialen Zusammenhängen eine wesentliche Rolle spielen. Es ist offensichtlich, dass soziale Gruppen, Gemeinschaften und Organisationen je eigene Identitätsformen entwickeln und Identitätsangebote offerieren, sei es nun eine Familie oder eine jugendliche Peer-Group, ein Verein oder eine kulturelle Initiative, eine Religionsgemeinschaft oder eine berufliche Profession, eine Stadt oder ein Unternehmen, eine politische Partei oder ein Interessenverband, eine Nation oder eine transnationale NGO. Es sind divergierende Formen und Ebenen *kollektiver Identität*. Dies führt zu der Frage, wie *europäische* Identität zu verstehen ist.

Die vielen Facetten des Wir: kollektive Identitäten

Menschen sind soziale Wesen, die seit jeher in kleineren und größeren Verbünden leben. Mit dem Begriff der kollektiven Identität ist nun gemeint, dass diese Zusammengehörigkeit für das Selbstverständnis der Angehörigen eines Kollektivs *bedeutsam* ist: »Eine Identität zu haben kann Ihnen ein Gefühl davon vermitteln, wie Sie in die soziale Welt hineinpassen. Das heißt, jede Identität bietet Ihnen die Möglichkeit, als ›ich‹ unter mehreren ›wir‹ zu sprechen und damit zu einem ›wir‹ zu gehören.«[15] Nicht jede Form von Gemeinsamkeit unter Menschen wird in diesem Sinn zum Anlass einer kollektiven Identitätsbildung. Beispielsweise ist dies bei den Mitreisenden in einem Flugzeug weniger der Fall als bei Fans eines Fußballvereins, bei Brillenträgern weniger als bei Veganern, bei der Augenfarbe weniger als bei der Hautfarbe. Überdies unterliegt die Auswahl von als identitätsstiftend angesehenen Gemeinsamkeiten in der menschlichen Geschichte starken Wandlungen, wie gerade das Beispiel der Hautfarbe zeigt, die erst in der Neuzeit im Zuge des modernen Sklavenhandels, des Kolonialismus und der Rassentheorie zu einem hochgradig relevanten Identitätsmerkmal werden konnte.[16]

Gleichwohl gehört zum ›wir‹ einer kollektiven Identität immer auch die Unterscheidung vom ›ihr‹, von den anderen also, die die bestimmenden Merkmale der jeweiligen Identität nicht teilen – sei es weil sie es nicht können, weil sie es nicht wollen oder weil sie es nicht dürfen. Für politische Ordnungen sind diese Unterscheidungen unvermeidlich, gerade auch wenn sie demokratisch sein sollen: »Ohne eine definitive Vorstellung von Zugehörigkeit und Nicht-Zugehörigkeit können weder Partizipation umfassend begründet noch Solidarität formell institutionalisiert werden«.[17]

Dieses ›Othering‹ hat heute in liberalen Gesellschaften einen schlechten Ruf, weil mit ihm die *Abwertung* von als ›anders‹ kategorisierten Menschen verbunden sein kann. Dies ist aber nicht zwingend der Fall. Gewiss kann eine wichtige Leistung kollektiver Identitäten, Übersichtlichkeit in die soziale Welt zu bringen und Orientierung zu stiften, nur um den Preis von Vorurteilen erbracht werden. Solche Vorurteile sind unvermeidlich. Niemand könnte sich in komplexen Gesellschaften orientieren, wenn man sich ein Bild von anderen Menschen, auf die man in der Öffentlichkeit stößt, erst machen dürfte oder könnte, wenn man diese Menschen intensiv persönlich kennengelernt hat. Aber es macht für ein gedeihliches Zusammenleben einen entscheidenden Unterschied, ob diese Vorurteile als vorläufige Urteile fungieren, die für Veränderung durch neue Erfahrungen offen sind, oder als dauerhaftes Ressentiment, das sich gegen solche Erfahrungen gerade abschottet.

Kollektive Identitäten können auf sehr verschiedenen Ebenen und in unterschiedlichen Dimensionen angesiedelt sein.[18] Sie können konkreter oder abstrakter sein, einander ergänzen, sich überschneiden oder wechselseitig ausschließen. Sie können überdies für die Einzelnen von sehr unterschiedlichem Gewicht sein; manche mögen für das eigene Leben als eher peripher bedeutsam erlebt werden, andere ins Zentrum des eigenen Selbstverständnisses rücken. Sie können auch ziemlich kurzlebig sein, wenn sie Menschen verbinden, die sich mit einem modischen Trend identifizieren oder bei Heranwachsenden einen gewissermaßen experimentellen Charakter annehmen; sie können aber auch jahrhunderte- oder jahrtausendealte Kontinuitäten aufweisen. All dies wiederum kann zu verschiedenen Zeiten und an verschiedenen Orten sehr unterschiedlich sein.

Es ist deshalb immer problematisch, wenn bestimmte Formen von kollektiver Identität essenzialisiert werden. Dies geschieht, wenn eine solche Identität auf einen unveränderbaren Wesenskern zurückgeführt wird, der die Menschen, die diesem Kollektiv angehören, angeblich prägt. Wenn zum Beispiel Muslime per se als fundamentalistisch, Frauen als sanftmütig oder Deutsche als ordentlich kategorisiert werden, liegen wahrscheinlich solche Essenzialisierungen vor. Allerdings soll damit nicht gesagt werden, dass Religion, Geschlecht oder Nation keine relevanten Formen von kollektiver Identität seien. Sie sind es sehr wohl, aber was es konkret heißen soll, als Muslim, Frau oder Deutscher zu leben, kann sehr unterschiedlich sein.

Das ›Wir‹ hat also sehr verschiedene Facetten. Europäische Identität kann nur eine von ihnen sein. Aber sie ist mit vielen anderen Facetten von Zugehörigkeit verwoben. Keinesfalls lässt sie sich auf die Ebene der europäischen Integrationspolitik nach 1945 und deren Effekte beschränken. Dies wird schon deutlich, wenn man in historischen Rückblicken zunächst nur auf einer beschreibenden Ebene nach Besonderheiten der europäischen Kultur im globalen Vergleich sucht. Max Weber hat schon 1920 eine Aufzählung dieser Besonderheiten in zehn Punkten vorgelegt, Richard Schröder hat diese Liste aufgenommen und um weitere Aspekte ergänzt.[19] Viele von ihnen haben sich im Verlauf der Neuzeit von Europa aus in der Welt verbreitet, bleiben aber gleichwohl auch für das heutige Europa prägend. Zu ihnen gehören unter anderem die modernen Wissenschaften, die analytische, also nicht einfach nur als Hofberichterstattung angelegte Geschichtsschreibung seit Thukydides, die politische Theorie seit Platon und Aristoteles, das nicht-religiöse Recht als Grundlage des Staates seit dem Römischen Reich, die Dualität zwischen Kirche und Staat, die Erfindung der Nationen, Kapitalismus und Sozialismus, der christliche Individualismus und sein Niederschlag in kodifizierten Grund- und Menschenrechten. Unschwer lässt sich bei den meisten dieser Stichworte sofort die Verbindung zu den eingangs genannten drei metaphorischen Städtenamen Athen, Rom und Jerusalem herstellen.

Die Gefahren der Identitätspolitik

Der amerikanische Philosoph Michael Walzer hat am Beispiel seines eigenen Lebens die Vielfalt möglicher Facetten von Identität als Chance für ein friedliches Zusammenleben beschrieben:

> »Wenn ich mich sicher fühlen kann, werde ich eine komplexere Identität erwerben. [...] Ich werde mich mit mehr als

> einer Gruppe identifizieren; ich werde Amerikaner, Jude, Ostküstenbewohner, Intellektueller und Professor sein. Man stelle sich eine ähnliche Vervielfältigung der Identitäten überall auf der Welt vor, und die Erde beginnt, wie ein weniger gefährlicher Ort auszusehen. Wenn sich die Identitäten vervielfältigen, teilen sich die Leidenschaften.«[20]

Selbstverständlich ließe sich Walzers Hoffnung auch auf andere Kombinationen von Identitätsfacetten in anderen Biographien an anderen Orten beziehen. Aber zugleich spricht Walzer hier indirekt eine Gefahr von Identitäten an: Sie sind zumindest potenziell mit Leidenschaften verbunden, und diese Leidenschaften lassen sich auch politisch mobilisieren und instrumentalisieren. Je weniger, so lässt sich Walzers Argument auch lesen, es Menschen gelingt, mehrfache soziale Zugehörigkeiten produktiv in ihr Selbstverständnis zu integrieren, also gewissermaßen entspannt mit der Vielfalt von sozialen Erfahrungen umzugehen, desto größer ist die Gefahr, dass das gesamtgesellschaftliche Zusammenleben von Kämpfen um Identitätsansprüche geprägt sein wird. Das kann innerhalb einer regionalen oder nationalen Gesellschaft der Fall ein, aber auch im globalen Zusammenhang der Weltgesellschaft,[21] zum Beispiel als Konflikt zwischen Nationen oder Religionen.

Ein geschichtsmächtiges Beispiel für diese Gefahren von Identitätspolitik ist der Nationalismus. Er folgt zwar nicht zwingend aus der Konstruktion von nationalen Identitäten, wie sie in den beiden letzten Jahrhunderten, von Europa ausgehend, weltweit zu beobachten war. Aber der Nationalismus ist doch die dunkle Seite der globalen Verbreitung des Nationalstaats als politisches Ordnungsmodell. Sein Kern besteht in der Dominanz von nationaler Identität über andere Formen kollektiver Identitäten, und nicht selten wurde diese Dominanz mit repressiven Mitteln oder offener Gewalt durchgesetzt: »Viele der Völkermorde des 20. Jahrhunderts – an den Armeniern in der Türkei, an den Juden

Europas und an den Tutsi in Ruanda – wurden im Namen eines Volkes an einem anderen begangen, um eine homogene Nation zu schaffen. Doch sie bildeten nur das äußerste Ende eines Spektrums, zu dem auch Massenvertreibungen, erzwungene Assimilation und die Unterdrückung von Minderheiten gehören.«[22] Das jüngste und hoffentlich letzte Beispiel hierfür in Europa ist das Massaker in Srebrenica im Bosnienkrieg, der Teil der Kämpfe um die Bildung von Nationalstaaten auf dem Gebiet des ehemaligen Jugoslawien in den 1990er-Jahren war.

Nationale Identitäten als Legitimationsgrundlage für Nationalstaaten sind ein historisch junges Phänomen. »Man schaut auf das glänzende Gebäude der Nationalstaaten – und sieht, dass die Farbe noch feucht ist.«[23] Im Jahr 1900 gab es in Europa 22 und weltweit 50 Nationalstaaten, im Jahr 2014 waren es in Europa 50 und weltweit 195.[24] Vor der Entstehung der Nationalstaaten war die politische Landschaft in Europa über viele Jahrhunderte von multinationalen Reichen wie dem Heiligen Römischen Reich (das am Ende in über 260 Kleinstaaten und andere Herrschaftsgebilde unterteilt war), der Habsburgermonarchie, dem Britischen Empire und dem Osmanischen Reich geprägt. Der Begriff ›Nationen‹ stand vor der Bildung von Nationalstaaten nur für regionale, kulturelle und sprachliche, nicht aber für politische Gemeinschaften; Hamburgern und Bayern wäre es vor dem 19. Jahrhundert wohl kaum in den Sinn gekommen, sich gemeinsam als Teil einer deutschen Nation zu verstehen, so wenig wie Mailändern und Sizilianern als Teil einer italienischen. Wenn der deutsche Kaiser Wilhelm II. noch 1890 vor einer preußischen Schulkonferenz mit einem polemischen Seitenhieb gegen die humanistischen Gymnasien verlangte, diese sollten »nationale junge Deutsche erziehen und nicht junge Griechen und Römer«[25], dann zeigt dies, wie wenig selbstverständlich nationale Identität damals noch war.

Die nationalistische Variante von Identitätspolitik hat auch im heutigen Europa in rechtspopulistischen und rechtsextremistischen Parteien und Bewegungen wieder stärker an Einfluss gewonnen, nachdem sie über Jahrzehnte hinweg im Westen eher ein Randphänomen war und im sozialistischen Mittel- und Osteuropa sich zumindest öffentlich nicht artikulieren konnte. Besonders offensiv zu einer politisch rechten Identitätspolitik bekennt sich derzeit die kleine, aber lautstarke »Identitäre Bewegung«, die ein extrem essenzialistisches Konzept von »ethnokultureller Identität« vertritt.[26] Jedes Volk besitze hiernach eine unveränderbare ethnokulturelle Identität, die durch Vermischungen in Folge von Migration bedroht sei. Weltweit solle es zwar eine Pluralität von ethnisch fundierten Kulturen geben, die aber räumlich zu trennen seien. Den Individuen wird letztlich die Unterordnung unter das jeweilige ethnokulturelle Leitbild abverlangt, eine Vielfalt individueller Identitäten gilt nicht als erstrebenswert.

Die politisch rechte Okkupation des Identitätsbegriffs in dieser erst in den 2010er-Jahren entstandenen Bewegung sowie im neuen Rechtspopulismus reagiert gewissermaßen spiegelverkehrt auf identitätspolitische Konzepte, die sich in der politischen Linken in den letzten Jahrzehnten mehr und mehr durchgesetzt haben. Diese sich links verstehende Identitätspolitik konzentriert sich kaum mehr auf traditionelle Themen (wie soziale Gerechtigkeit) und Adressaten (wie Facharbeiterschaft und mittlere Angestellte) der sozialdemokratischen und sozialistischen Organisationen. Adressaten sind vielmehr eine Vielzahl von Gruppen und Minderheiten, die vor allem durch Geschlecht, sexuelle Orientierungen, ethnische Herkunft und Migration geprägt sind und sich darin benachteiligt sehen. Als Formen der Diskriminierung werden vor allem ›Sexismus‹, ›Homophobie‹, ›Heteronormativität‹, ›Rassismus‹ und ›Islamophobie‹ gebrandmarkt, meist auf der Basis sehr weit gefasster Begriffsverständnisse, mit deren Hilfe oft erst hinreichend große Problemfelder an Benachteiligungen konstruiert werden. Je größer etwa die Zahl der definierten sexuellen Orientierungen ist, als desto problematischer muss die gefühlte Benachteiligung angesichts von einer Mehrheit als ›normal‹ empfundenen Heterosexualität wahrgenommen werden, und sei die Zahl der konkret Betroffenen auch noch so klein (Facebook bot zeitweise die Möglichkeit, im Nutzerprofil zwischen 60 Geschlechtern zu wählen). Und je stärker der Rassismusbegriff sich vom Ressentiment gegenüber Menschen mit bestimmten erblichen körperlichen Merkmalen wie Hautfarbe löst und auf ›Kulturrassismus‹ oder gar ›antimuslimischen Rassismus‹ (eine besonders abwegige Konstruktion, weil Muslime ganz offensichtlich äußerst unterschiedlichen Ethnien angehören) ausweitet, desto größer wird scheinbar das Rassismusproblem.[27] Das geht bis zu der in diesem Diskurs verbreiteten Annahme, »dass jede Person, egal welcher sozialen Herkunft und ungeachtet ihrer Intention, nicht rassistisch sein zu wollen, rassismusrelevantes Wissen qua Sozialisation besitzt und sich ein Leben lang damit auseinandersetzen muss, um dieses Wissen zu dekonstruieren«, weshalb es zwar »rassismussensible, aber keine rassismusfreien Räume in unserer Gesellschaft geben kann«.[28] In puren Rassismus schlägt antirassistische Identitätspolitik freilich um, wenn unter dem Slogan ›Critical Whiteness‹ gefordert wird, Menschen mit weißer Hautfarbe dürften sich zu einem bestimmten Thema nicht äußern, weil sie wegen ihrer Hautfarbe zu den Privilegierten gehörten, oder wenn die Hautfarbe von Autoren zum Grund dafür wird, ihre Texte nicht mehr zu lesen.[29]

Deutlich wird auch hier ein essenzialistischer Zug im Verständnis von Identität. Bestimmte Bedürfnisse, Eigenschaften und Verhaltensweisen von Menschen werden hier nicht mehr als persönlicher Lebensstil verstanden, sondern von Minderheiten als Ausdruck einer besonderen und unveränderbaren kollektiven Identität postuliert, für die in Abgrenzung zur Mehrheitsgesellschaft Anerkennung und Einfluss gefordert wird. Dies bedroht nun aber den öffentlichen Raum, der gerade vom Diskurs zwischen Menschen mit unterschiedlichen Sichtweisen und Interessen lebt und in dem verallgemeinerungsfähige Argumente zählen, die Identitätsgrenzen überbrücken. »Gerade diese Fähigkeit, im öffentlichen Raum das eigene, vermeintlich authentische Selbst hintanzustellen, war die entscheidende Tugend mündiger Bürgerlichkeit. Respekt verdiente man für diese Leistung (das Hintanstellen des Selbst) – und eben nicht, wie die Postmoderne zu suggerieren begann, für dieses Selbst in seiner vermeintlichen Identitätskostbarkeit oder Verletzlichkeit.«[30] Dagegen läuft das Pochen darauf, eine bestimmte Frage sei eine der Anerkennung oder Nichtanerkennung von Identität, am Ende auf die Verweigerung diskursiver Verständigung hinaus. Denn in diesem Verständnis von Identitätspolitik sind »Identitäten [...] unverträglich mit Kompromissen, sie werden durch sie geradezu kompromittiert«.[31] Die Suche nach Kompromissen ist aber ein zentrales Element von guter Regierung wie von demokratischer Politik.

Bevorzugtes Aktionsfeld für diese neue linke Identitätspolitik sind Schulen, Hochschulen, Wissenschaften (vor allem Geistes-, Kultur- und Sozialwissenschaften), kulturelle Einrichtungen sowie Medien. In diesen sozialen Feldern wird ein Deutungs- und Machtkampf ausgetragen, der vorrangig auf Dominanz in diesen Teilöffentlichkeiten abzielt, um von dort aus Wirkungen in die breitere Gesellschaft hinein zu entfalten. Dies geschieht in der Auseinandersetzung um Sprach- und Schreibregelungen (vor allem um ›gendergerechte Sprache‹), um ›Bereinigung‹ von Texten, auch historischen, von unerwünschten Begriffen und Sprechweisen (z. B. ›Mohr‹), Verdammung von Autoren oder Künstlern aus früheren Epochen wegen selektiv ausgewählter Äußerungen (›Kant war ein Rassist‹), Versuche der Verhinderung von Vorträgen Andersdenkender und Beseitigung unerwünschter kultureller Artefakte (z.B. bestimmte Denkmäler). Spätestens hier wird diese Identitätspolitik zu einer konkreten Bedrohung für die Freiheit.

Zugleich bietet diese Bedrohung dem Rechtspopulismus viele Gelegenheiten, sich selbst als Verteidiger der Freiheit gegen Rede- und Denkverbote zu inszenieren, seine eigenen Konzepte von kollektiver Identität ins Spiel zu bringen und durch polarisierende Abgrenzungen gegen ›politische Korrektheit‹ Aufmerksamkeit und Unterstützung zu gewinnen. Fukuyama weist darauf hin, dass diese Strategie ein Faktor des Erfolgs von Donald Trump im US-Präsidentschaftswahlkampf 2016 war, den er trotz vieler Statements gewann, die »die Karriere jedes anderen Politikers beendet« hätten: »Obwohl vielen seiner Anhänger sicher nicht jedes dieser Statements gefallen hat, gefiel ihnen die Tatsache, dass er sich von dem Zwang, politisch korrekt aufzutreten, nicht einschüchtern ließ.«[32]

Versteht man kollektive Identität als einen Begriff für das, was eine kleinere oder größere Gruppe von Menschen in einer für diese Menschen bedeutsamen Weise miteinander verbindet, dann sind solche Identitäten unvermeidlich. Problematisch und politisch gefährlich sind sie, wenn sie verabsolutiert werden und damit eine Dominanz im Weltverstehen von Menschen gewinnen, die unweigerlich nicht nur zu Unterscheidungen von anderen Gruppen, sondern zu moralisch und emotional aufgeladenen Ab- und Ausgrenzungen führt. Denn die ultima ratio konsequenter Identitätspolitik ist nicht die Verständigung, sondern der Bürgerkrieg.

Kollektive Identitätsstrategien der Europäischen Union

Die Europäische Union und ihre Vorläufergemeinschaften haben der Frage nach einer kollektiven Identität, die Grundlage des europäischen Integrationsprozesses sein könnte, bislang eher wenig Aufmerksamkeit gewidmet. Zwar gab es in der Frühzeit dieses Prozesses zahlreiche einschlägige Äußerungen von Repräsentanten der Europäischen Gemeinschaften,[33] aber eine offizielle Positionierung zu dieser Frage findet sich erst in einem auf dem Kopenhagener Gipfel der damals neun Mitgliedsstaaten der EG am 14. Dezember 1973 beschlossenen »Dokument über die europäische Identität«.[34] Diese Erklärung bezieht sich überwiegend auf das Verhältnis der Gemeinschaften zu den Staaten der Welt und betont, dass die europäische Einigung »gegen niemanden gerichtet« sei und »keinerlei Machtstreben« entspringe. Bekräftigt werden unter anderem das Bekenntnis zur Charta der Vereinten Nationen sowie das Streben nach mehr Gerechtigkeit und besserer Verteilung des Wohlstands in der Welt.

Zum inneren Zusammenhalt der Gemeinschaften werden in sehr allgemeiner Weise das »gemeinsame Erbe« und die Notwendigkeit für die europäischen Staaten betont, »sich zusammenzuschließen, um das Überleben einer Zivilisation zu sichern, die ihnen gemeinsam ist.« Zur weiteren Konkretisierung heißt es dann aber lediglich: »In dem Wunsch, die Geltung der rechtlichen, politischen und geistigen Werte zu sichern, zu denen sie sich bekennen, in dem Bemühen, die reiche Vielfalt ihrer nationalen Kulturen zu erhalten, im Bewußtsein einer gemeinsamen Lebensauffassung, die eine Gesellschaftsordnung anstrebt, die dem Menschen dient, wollen sie die Grundsätze der repräsentativen Demokratie, der Rechtsstaatlichkeit, der sozialen Gerechtigkeit, die das Ziel des wirtschaftlichen Fortschritts ist, sowie der Achtung der Menschenrechte als die Grundelemente der europäischen Identität wahren.« Kulturelle Vielfalt plus Demokratie reichen aber für eine Bestimmung europäischer Identität schon deshalb nicht aus, weil eine solche Kombination von vielen multiethnischen Demokratien außerhalb Europas ebenfalls in Anspruch genommen werden kann, wie beispielsweise Ghana oder Indien. Das Dokument über die europäische Identität erwähnt mit »gemeinsames Erbe« und »gemeinsame europäische Zivilisation« die für sein Thema zentralen Stichworte, füllt sie aber nicht mit Inhalten. Für die Begründung einer europäischen Identität war und ist das zu wenig.

Auch der gescheiterte Entwurf für eine Verfassung der Europäischen Union von 2004 brachte in dieser Hinsicht nicht mehr Klarheit. Immerhin wird hier das »Erbe« mit drei Adjektiven angereichert: »Schöpfend aus dem kulturellen, religiösen und humanistischen Erbe Europas, aus dem sich die unverletzlichen und unveräußerlichen Rechte des Menschen sowie Freiheit, Demokratie, Gleichheit und Rechtsstaatlichkeit als universelle Werte entwickelt haben«, heißt es dort zu Beginn in der Präambel. Diese Formulierung war ein mühsam erreichter Formelkompromiss in einem heftigen Streit über die Frage, ob eine Verfassung der EU einen Gottesbezug enthalten sollte, wie es in einigen Verfassungen der Mitgliedsstaaten der Fall ist, so im deutschen Grundgesetz. Der Streit wie das Formelhafte seines Ergebnisses sind Hinweise auf eine verbreitete Unklarheit in der EU in Bezug auf die Bedeutung von ›Jerusalem‹ für die europäische Identität.

Weitere identitätspolitische Maßnahmen der EU seit den 1980er-Jahren hat Wolfgang Schmale in sechs Säulen zusammengefasst:[35] die Schaffung von greifbaren Symbolen (Flagge, Hymne, Europatag), die Einführung der EU-Staatsbürgerschaft mit gemeinsamem Reisepass und die damit verbundenen Wahlrechte, der Euro, die Betonung gemeinsamer Werte (wie schon im oben zitierten Dokument von 1973), die Gemeinsamkeitsstrategien in der EU-Politik (wie z. B. der gemeinsame Binnenmarkt) sowie Ansätze einer eigenen EU-Geschichtspolitik (z. B. mit dem »Haus der europäischen Geschichte« in Brüssel).

So bedeutsam die europäische Einigungspolitik im Rahmen der EU für Gegenwart und Zukunft Europas ist, so bemerkenswert ist in Bezug auf europäische Identität ihre konzeptuelle Schwäche. Erstaunlich ist dies schon deshalb, weil das Nachdenken über ein politisch geeintes Europa ja nicht erst nach dem Zweiten Weltkrieg begann, sondern sich bis in die Frühe Neuzeit zurückverfolgen lässt.[36] Gewiss ist es nicht die Aufgabe politischer Institutionen, der Bevölkerung eine kollektive Identität zu oktroyieren. Dies dürfte in freiheitlichen Gesellschaften auch schwerlich gelingen. Aber die politischen, ökonomischen und gesellschaftlichen Veränderungen, die mit der europäischen Integration nach der Epoche der souveränen Nationalstaaten teils schon gegeben sind, teils weiterhin angestrebt werden, werden nur dann zu einer auf längere Sicht stabilen neuen Ordnung in Europa führen, wenn sie von hinreichender Akzeptanz und Unterstützung in der europäischen Bevölkerung getragen sind. Pragmatische Erwägungen und ökonomische Vorteile dürften dafür aber kaum ausreichen, denn spätestens in ernsthaften Krisen – und auf längere Sicht gesehen gibt es nach aller Erfahrung kein gesellschaftliches Zusammenleben ohne solche Krisen – stiften reine Nützlichkeitserwägungen keinen hinreichenden Zusammenhalt. Die europäische Integrationspolitik wird deshalb ohne eine Verankerung des ihr zugrunde liegenden Verständnisses von Europa in tieferliegenden Schichten geteilter Erinnerungen und Traditionen auf Dauer nicht erfolgreich sein können.

Osteuropäische Sichtweisen

Die europäische Integration in der EU war bis zum Beitritt von zehn mittel- und osteuropäischen Staaten im Jahr 2004 für mehr als ein halbes Jahrhundert ein rein westeuropäisches Projekt. Schon der Begriff der ›Osterweiterung‹, der sich für diesen Beitritt in der EU etablierte, verweist auf diesen Hintergrund: Ein erfolgreicher Prozess wird erweitert, muss sich dadurch aber nicht verändern, weil die neuen Mitglieder sich in ihn einfügen werden. In rechtlicher Hinsicht ist dies zweifellos auch der Fall, aber in vielen anderen Hinsichten zeigte sich nach dem Beitritt bald, dass der ›Osten‹ sich nicht einfach nur ›verwestlichen‹ wird, weil in diesem Teil Europas, in Polen oder Ungarn etwa, auch andere historische Erfahrungen und Traditionen wirksam sind als in Frankreich oder Italien.

Die EU ist bekanntlich unter den Bedingungen der Ost-West-Teilung Europas und des Kalten Krieges nach 1945 entstanden. In den westlichen Demokratien war es in diesem Kontext sehr plausibel, dass ein freiwilliger Zusammenschluss unter mindestens teilweiser Aufgabe nationaler Souveränität nicht nur eine logische Folge aus den Erfahrungen der beiden Weltkriege war, sondern auch der Selbstbehauptung gegenüber den Bedrohungen durch den Kommunismus, der in einem weltweiten Konflikt mit dem Westen auf Dominanz und von seiner Ideologie her auf die weltweite Durchsetzung seiner autoritären politischen Ordnung zielt. Die Aufgabe des älteren Konzepts uneingeschränkter nationaler Souveränität durch die europäische Integration war daher in Westeuropa Mittel und Ausdruck der Verteidigung der Freiheit. Ganz anders in den Staaten Ost- und Südosteuropas: Hier war die nationale Souveränität durch die Eingliederung in das von der Sowjetunion beherrschte politische und ökonomische System des ›realen Sozialismus‹ zwischen 1949 und 1989 de facto gewaltsam beseitigt worden. Die Bewahrung und Verteidigung nationaler Identität war in diesem

Kontext ein Mittel des Widerstands gegen ein diktatorisches System. Ein Beitritt zur EU sollte aus dieser Perspektive nicht nur dem wirtschaftlichen Wohlstand und einer europäischen ›Wiedervereinigung‹ nach der gewaltsamen Teilung im Kalten Krieg dienen, sondern auch der Sicherung einer wiedergewonnenen nationalen Identität gegen potenziell erneute Bedrohungen aus dem Osten, sprich durch Russland.

In der Flüchtlingskrise ab 2015 brachen diese unterschiedlichen Perspektiven als offene Gegensätze auf. Konkret war es der massive und bemerkenswert einheitliche Widerstand der östlichen Staaten gegen eine Aufnahme von Flüchtlingen und Migranten aus dem arabischen Raum, der bislang das Haupthindernis für eine einheitliche Migrations- und Flüchtlingspolitik der EU darstellt. Woher rührt dieser Widerstand, der im Westen der EU, mit Ausnahme der populistischen Bewegungen, weithin auf Unverständnis stößt? Dahinter steht, so Ivan Krastev in seiner eindrücklichen Analyse der in Ost- und Südosteuropa vorherrschenden Sichtweisen auf Europa, ein Solidaritätskonflikt, hinter dem sich wiederum ein Konflikt um das Verständnis von europäischer Identität verbirgt:

> »Was wir heute in Europa erleben, ist kein Mangel an Solidarität, wie es Brüssel gerne darstellt, sondern ein Solidaritätskonflikt, bei dem nationale, ethnische und religiöse Solidaritätspflichten mit unseren Pflichten als Menschen in Konflikt geraten. Und dieser Solidaritätskonflikt findet sich nicht nur innerhalb der Gesellschaften, sondern auch im Verhältnis zwischen Nationalstaaten. […] Die Flüchtlingskrise hat deutlich gemacht, dass Osteuropa gerade jene kosmopolitischen Werte als Bedrohung empfindet, auf denen die Europäische Union basiert, während für viele in Westeuropa ebendiese kosmopolitischen Werte den Kern der neuen europäischen Identität ausmachen.«[37]

Gleichzeitig stellen aber Polen, Ungarn und Tschechien in erheblichem Umfang Aufenthaltstitel für Zuwanderer aus Drittstaaten aus. Im Jahr 2018 waren es in Polen 635.335 und damit fast 100.000 mehr als in Deutschland, in Ungarn 56.000 und in Tschechien 71.000, beides Staaten mit rund 10 Millionen Einwohnern.[38] Der scheinbare Widerspruch löst sich auf, wenn man die Herkunft dieser Immigranten betrachtet. Den größten Anteil bilden Ukrainer, aber auch Arbeitsmigranten aus Südostasien spielen hierbei eine, wenn auch geringere Rolle. Es ist deutlich erkennbar, dass diese osteuropäischen Staaten Einwanderung nach dem eigenen Arbeitskräftebedarf steuern und dabei Zuwanderer bevorzugen wollen, die ethnisch näher verwandt und/oder Christen sind.

Die Differenzen in der Flüchtlingspolitik lassen sich über den aktuellen Anlass hinaus wohl am besten als Ausdruck einer tieferliegenden kulturellen Distanz zwischen den Eliten im östlichen und westlichen Teil Europas deuten, die in der ersten Zeit nach dem Ende des Kalten Krieges von hoffnungsvollen Erwartungen überdeckt wurde: »Ein normales Land zu sein war der Traum der osteuropäischen Gesellschaften. Die Normalität des Westens fand ihre Verkörperung im Wohlstand, der Bürgerlichkeit und dem wirtschaftlichen Erfolg dieser Länder. Drei Jahrzehnte später gilt das postmoderne Europa vielen Osteuropäern als kulturell anomal.«[39] Was aber genau ist es, was am »postmodernen Europa« aus einer Außensicht als »anomal« betrachtet werden kann? Krastev konkretisiert dies mit Hilfe einer Unterscheidung, die David Goodhart vorgenommen hat, der Unterscheidung zwischen »Überall-Leuten« und »Irgendwo-Menschen«, »zwischen Menschen, die die Welt von überall her, also von jedem beliebigen Ort aus, betrachten, und solchen, die sie von irgendwo her, also von einem bestimmten Ort aus, ansehen.«[40] In Westeuropa seien die Eliten, so Krastev, vom Einfluss der »Überall-Menschen« geprägt. Eine meritokratische Kultur, in der Leistung und Erfolg auf einer internationalen

Ebene besonders hochgeschätzt werden, präge die westeuropäischen Gesellschaften, führe aber zu neuen Spaltungen und fördere den Populismus:

> »In den Augen der meritokratischen Eliten ist ihr Erfolg außerhalb des Landes ein Beweis für ihre Fähigkeiten. Aber in den Augen vieler anderer ist gerade diese Mobilität ein Grund, ihnen nicht zu vertrauen. […] Die Menschen befürchten, dass die Meritokraten in schwierigen Zeiten lieber weggehen als die Kosten des Bleibens auf sich zu nehmen. Genau darin unterscheiden sich meritokratische von landbesitzenden aristokratischen Eliten, die an ihren Ländereien hängen und sie nicht mitnehmen könnten, falls sie sich davonmachen wollten.« Hier setze der Populismus an: »Populisten versprechen ihren Wählern nicht Kompetenz, sondern Intimität. Sie versprechen, das Band zwischen Eliten und Volk wiederherzustellen.«[41]

Nun verläuft die Trennlinie zwischen »Überall-Leuten« und »Irgendwo-Leuten« offenkundig nicht einfach entlang der Grenzen des Kalten Krieges durch Europa, sondern auch durch andere moderne Gesellschaften hindurch. Der Brexit und die Wahl Trumps sind Beispiele dafür. Dennoch spielt die Abgrenzung gegen im Westen unter den liberalen Eliten weit verbreitete politisch-kulturelle Vorstellungen bei osteuropäischen Vorbehalten eine große Rolle. Dies betrifft neben deren Internationalismus auch die Neigung zu einer moralisierenden Identitätspolitik, wie sie oben bereits kritisch angesprochen wurde, sowie die in diesen Kreisen ebenfalls weithin übliche Religionsdistanz. Der Soziologe und Vizepräsident des Europäischen Parlaments Zdzisław Krasnodebski bringt aus einer polnischen Sicht diese Kritik an den auch die EU-Politik prägenden Eliten so auf den Punkt:

»Als ich in einem Bericht zur Lage der Erziehung davon sprach, daß die europäische Identität nicht nur auf christlichem Glauben, sondern auch griechischer Philosophie und römischem Recht beruhe, war es nicht nur der Hinweis auf das Christentum, der aus dem Text gestrichen werden mußte – das hatte ich erwartet –, sondern auch die Anspielung auf die klassische Antike. Selbst ein Verweis auf den Begriff der ›Tugend‹, die ich als ein wesentliches Ziel der Erziehung bezeichnete, wurde als ›reaktionär‹ abgelehnt – auch für sie scheint kein Platz zu sein in einem offiziellen Dokument der Europäischen Union. [...] gerade heute erleben wir eine nie dagewesene Moralisierung der Politik, nicht nur (wenn auch vor allem) in Deutschland, sondern auch in der EU. Typisch hierfür ist die traditionelle Donnerstagssitzung des EU-Parlaments in Straßburg: Einen halben Tag lang verbringen die Parlamentarier ihre Zeit damit, in langen Listen alle möglichen Verstöße gegen die Menschenrechte überall auf der Welt moralisch zu ›verurteilen‹ [...] Die Botschaft ist eindeutig: Das Parlament glaubt, durch seine ›Erklärungen‹ und ›Verurteilungen‹ die Welt zu einem besseren Ort zu machen [...] und die moralische Botschaft ist klar: Nur wenn die gesamte Welt von der EU, oder zumindest wie die EU, regiert wird, kann das ›Böse‹ als ausgerottet gelten und das ›Gute‹ triumphieren – ein wahrer Messianismus politisch korrekten Denkens [...]. [...] kaum ein offizielles Dokument der EU [wird] verabschiedet, welches nicht in der einen oder anderen Weise auf die Frage nach alternativen ›Gender‹- und Familienmodellen rekurriert und, wo die Entwicklung noch nicht ›so weit ist‹, auf die Umsetzung jener Ideologie abzielt, wie etwa an der Peripherie der modernen EU, wo einige rückständige Barbaren (wie die Bewohner meines Heimatlandes und ihre Regierung) an einem angeblich überwundenen gesellschaftlichen Modell festhalten und in der einen oder anderen Weise ›zur raison gebracht werden‹ müssen«.[42]

Man muss Krasnodebski nicht in allen Punkten zustimmen, um das Gefühl der Bevormundung wahrzunehmen, das bestimmte EU-Politiken im östlichen Europa auslösen – und um den von ihm eingangs geschilderten Umgang mit den historischen Wurzeln europäischer Identität als borniert zu bezeichnen. Die ost- und südosteuropäischen Gesellschaften sind, bei allen Unterschieden im Einzelnen, traditioneller, religiöser, geschichtsbewusster und ihre nationale Identität stärker betonender als dies in den Ländern, die schon vor 2004 der EU angehörten, der Fall ist. Anzunehmen, diese Ost-West-Spaltung werde sich durch Angleichung des Ostens an den vorgeblich ›fortschrittlicheren‹ Westen von selbst erledigen, wäre ein fataler Fehler, denn von allen Krisen, mit denen die EU derzeit konfrontiert ist, bedroht »nur die Ost-West-Spaltung, die nach der Flüchtlingskrise wiederauflebte, […] den Fortbestand der Union«.[43] Diesem drohenden Zerfall wird die EU nur durch Aufeinander-Zugehen und damit durch größere Offenheit für die politischen Mentalitäten in ihren östlichen und südöstlichen Mitgliedsländern entgegenwirken können.

Kulturkreise in der Weltgesellschaft als kollektive Identitätsformen

Auf welcher Ebene sind – unterhalb der Gemeinschaft aller Menschen – die am weitesten gefassten und gleichwohl politisch bedeutsamen kollektiven Identitäten angesiedelt? Bereits in den 1990er-Jahren gab Samuel Huntington auf diese Frage eine viel diskutierte Antwort: in großen Kulturkreisen. Huntington sieht die heutige (und, soweit absehbar, auch die künftige) Menschheit in sieben bis acht solcher Kulturkreise geteilt: neben dem Westen den sinischen (chinesisch-konfuzianisch geprägten), den japanischen, den hinduistischen, den islamischen, den orthodoxen, sowie, mit gewissen Vorbehalten, den lateinamerikanischen und den afrikanischen. Diese »Kulturkreise sind das umfassendste ›Wir‹, in dem wir uns kulturell zu Hause fühlen, gegenüber allen anderen ›Sie‹ da draußen«.[44] Sie bilden nach Huntington den Bezugspunkt für die bevorzugten Kooperationen zwischen den Staaten, während es an deren Rändern leicht zu »Bruchlinienkriegen« komme. Deshalb und weil die Kulturkreise miteinander um Macht konkurrieren, sieht Huntington die Zukunft der Weltpolitik nach dem Ende des Ost-West-Konflikts von solchen kulturell geprägten Konflikten geprägt. Bereits der Titel seines einschlägigen Buches – »Kampf der Kulturen« (im Original »Clash of Civilizations«) – bringt diese Erwartung zum Ausdruck. Da die Kulturkreise in starkem Maße durch die jeweils vorherrschende Religion geprägt sind, wird, so ergibt sich aus Huntingtons Prognosen, die Relevanz der Religionen in der künftigen Weltpolitik stark zunehmen.

Für Huntington führen die universalistischen Vorstellungen des Westens unweigerlich zu Konflikten mit anderen Kulturkreisen. Er rät dem Westen, die eigene kulturelle Identität zu stärken, aber auch zu akzeptieren, dass diese keinen weltweiten Geltungsanspruch erheben könne. Deshalb solle der Westen sich aus Konflikten in anderen Kulturräumen heraushalten. Insofern vertritt Huntington einen Kulturrelativismus konservativer Prägung, mit erstaunlichen Ähnlichkeiten zu heute in Teilen der politischen Linken, etwa im Postkolonialismus, dominierenden kulturrelativistischen Ansätzen. Die Moderne ist für ihn eine Art Alleinstellungsmerkmal des Westens, jedenfalls wenn sie nicht alleine technisch oder ökonomisch, sondern auch politisch und kulturell verstanden wird.

Huntingtons Position ist vielfach kritisiert worden. Unter anderem ist ihm, nicht ganz zu Unrecht, ein zu starres und wenig dynamisches Verständnis von Kultur und eine zu starke Gewichtung der Kulturkreise im Kontext unterschiedlicher

Ebenen kollektiver Identitätsbildung vorgehalten worden.[45] Auch lässt sich an manchen Stellen fragen, wie schlüssig die Einteilung der Kulturkreise ist, beispielsweise ob Lateinamerika tatsächlich als einheitlicher Kulturkreis betrachtet werden kann. Mit Blick auf europäische Identität stellt sich bei Huntingtons Einteilung das Problem, dass er mit seiner Unterscheidung des orthodoxen Kulturkreises vom Westen zwar eine historisch zutreffende Trennung in Europa anspricht, damit aber eine gesamteuropäische Identität faktisch ausschließt. Folgt man dieser Unterscheidung, dann hätten die vom orthodoxen Christentum geprägten Länder Griechenland, Rumänien, Bulgarien und Zypern nicht Mitglieder der EU werden können – was sie bis auf Griechenland jedoch auch noch nicht waren, als Huntingtons Buch erschien. Auf der anderen Seite lässt sich kaum bestreiten, dass in den letzten Jahrzehnten die politische Relevanz der Faktoren Religion und Kultur stark zugenommen hat. Die Verwandlung des israelisch-palästinensischen Konflikts von einem Nationalitätenkonflikt in eine mehr und mehr religiös geprägte Auseinandersetzung ist ein Beispiel, die Konflikte und Kriege nach den islamistischen Anschlägen vom 11. September 2001 ein zweites, die (von Huntington bereits antizipierte) Entwicklung der Türkei unter der AKP-Herrschaft ein drittes.

Differenzierter als Huntington, aber ebenfalls mit Blick auf die weiterhin kulturprägende und politisch relevante Rolle der Religion, hat der israelische Soziologie Shmuel N. Eisenstadt prägende Strukturen in unterschiedlichen modernen Gesellschaften analysiert. Die Moderne sei zwar, so Eisenstadt, in Europa entstanden. Aber: »Anstatt auf die Europäische Moderne als auf das einzig gültige Modell zu schauen […], muss die historische Erfahrung Europas zwar als das erste, aber auch als ein sehr spezifisches Muster der Moderne angesehen werden, das keine allgemeine Gültigkeit beanspruchen kann«.[46] Die heutige globale gesellschaftliche Wirklichkeit sei vielmehr durch »multiple modernities«, oder mit einer sprachlichen Hilfskonstruktion auf Deutsch, durch »Vielfalt in der Moderne« geprägt.[47] Eisenstadt erkennt also einerseits die vom Westen ausgegangene Modernisierung als eine globale Entwicklungstendenz an, betont aber andererseits die differenzierenden Effekte der Kulturkreise und der sie prägenden Religionen. Anders gesagt: Nach Eisenstadt kann sich beispielsweise der islamische Kulturkreis sehr wohl modernisieren, ohne sich dabei zu verwestlichen.

Sowohl Huntington als auch Eisenstadt sehen in den großen Weltreligionen, die im Zeitraum von rund 800 v. Chr. bis zur Spätantike entstanden, kultur- und identitätsprägende Faktoren von größter Relevanz für unsere Zeit und die absehbare Zukunft. Mit beiden Theorien lässt sich die Notwendigkeit unterstreichen, bei der Frage nach der europäischen Identität den Blick auf die Bedeutung des Christentums für Europa zu richten.

Die Vorläufigkeit von Identität: christliche Perspektiven

Aber kann die Antwort auf die Frage nach der Bedeutung des Christentums für europäische Identität tatsächlich lauten: Europa und die Europäer brauchen eine erneuerte christliche Identität? Ist eine neue europäische Renaissance als ›Wiedergeburt‹ oder Erneuerung von ›Jerusalem‹ gleichbedeutend mit einer Art christlicher Füllung des Identitätsbegriffs?

Diese Fragen uneingeschränkt zu bejahen, wäre gerade aus christlicher Sicht ein problematischer Kurzschluss. Denn ›Identität‹ ist im christlichen Denken ein ambivalentes Konzept. Dies gilt bereits für die *personale* Identität des Individuums. Auf der einen Seite ist die Vorstellung von der Einzigartigkeit jedes Menschen gerade der Kern des christlichen Verständnisses vom Individuum als Person: »Dass jeder Mensch von Gott einzigartig und unverwechselbar geschaffen ist, seine einmaligen Gaben und Fähigkeiten entwickeln soll und in die ganz persönliche Verantwortung vor Gott gestellt ist, ist eine Grundaussage des biblischen Schöpfungsglaubens.«[48] Wie im nächsten Kapitel noch genauer gezeigt werden wird, ist der für die europäische Kultur so bedeutsame Individualismus eine direkte Folge des Christentums. Insofern spricht zunächst wenig dagegen, wenn Menschen für die Erfahrung von Kohärenz in ihrer Biographie auch den Begriff der Identität verwenden.

Auf der anderen Seite aber ist im christlichen Verständnis Identität weder Selbstzweck noch Lebensziel. Sie muss schon deshalb fragmentarisch bleiben, weil Menschen sich in einem tieferen Sinn nicht wirklich selbst durchschauen können. Auch diese Einsicht in die Begrenztheit unseres Verständnisses unserer selbst ist ein Teil des christlichen Erbes. Aurelius Augustinus, der nordafrikanische Bischof und herausragende lateinische Kirchenlehrer in der Spätantike (354-430), formulierte sie so: »Der Mensch ist sich selbst ein gewaltiger Abgrund.«[49] Paulus beschreibt in diesem Sinn in seinem Römerbrief eine einfache menschliche Erfahrung: »Wollen habe ich wohl, aber das Gute vollbringen kann ich nicht. Denn das Gute, das ich will, das tue ich nicht; sondern das Böse, das ich nicht will, das tue ich.« (Röm 7,18 f.) Für Paulus geht es hier allerdings nicht um eine moralische Frage, sondern um strukturelle und unaufhebbare Aspekte unserer irdischen Existenz. Wie unser Wissen von der Welt bleibt auch die Selbsterkenntnis von Menschen begrenzt: »Wir sehen jetzt durch einen Spiegel in einem dunklen Bild; dann aber von Angesicht zu Angesicht. Jetzt erkenne ich stückweise; dann aber werde ich erkennen, gleichwie ich erkannt bin.« (1 Kor 13,12)

Das »dann« in diesem Zitat verweist auf die Begegnung mit Gott. Augustinus greift diese Sätze von Paulus auf und bindet sie in den Kontext einer langen und subtilen Reflexion über Zeit ein. Im Unterschied zwischen der Ewigkeit Gottes und dem Leben in der Zeit sieht er den tiefsten Grund für die Schwierigkeit von Menschen – in moderner Sprache formuliert –, mit der Heterogenität von Erfahrungen umzugehen:

> »Mein Leben ist zerteilendes Ausdehnen [distentio]. Doch dein Arm fing mich auf, in meinem Herrn, dem Menschensohn. Er vermittelt zwischen deiner Einheit und unserer Vielfalt. Wir leben in vielfachen Lebensbezügen unter vielfachen Rücksichten. Aber durch ihn soll ich erkennen, so wie ich in ihm erkannt bin. […] du Herr, bist mein Trost und mein ewiger Vater. Ich hingegen, ich bin zersplittert in die Zeiten, deren Zusammenhang ich nicht kenne. Meine Gedanken, die innersten Eingeweide meiner Seele, werden zerfetzt vom Aufruhr der Mannigfaltigkeiten – bis ich in dir zusammenfließe, gereinigt und flüssig geworden im Feuer deiner Liebe.«[50]

Offenbar ist das heute mit dem Konzept ›Identität‹ adressierte Problem des biographischen Umgangs mit Vielfalt nicht so neu wie viele Identitätstheoretiker meinen. Auch eine christliche Antwort auf dieses Problem fällt in unserer Zeit im Kern nicht anders aus als bei Paulus oder Augustinus:

> »Was ermöglicht meine Identität angesichts wechselvoller Kontexte und angesichts einer wechselvollen biographischen Entwicklung? Die christliche Antwort lautet: Die Beziehung zum lebendigen Gott. […] Diese Beziehung ist das schlechthin Dauerhafte in meinem Leben […]. Durch die Gottesbeziehung, so könnte man sagen, wird ein ›Identitätsraum‹ im Menschen eröffnet, ein innerer ›Bereich‹, der in den verschiedensten Kontexten und Situationen Erfahrungen des Mit-sich-identisch-Seins ermöglicht.«

Allerdings bleibt die so gewonnene Identität fragmentarisch und entwicklungsoffen: »Christliche Identität ist nie etwas Fertiges, nie etwas, das man irgendwann einmal erreicht hat, das man wie einen Besitz irgendwann hat und festhalten kann.«[51] Martin Luther hat diese dynamische Sicht auf Identität – ohne den Begriff zu kennen – so zum Ausdruck gebracht: »Dieses Leben ist keine Frömmigkeit, sondern ein Fromm-werden. Keine Gesundheit, sondern ein Gesund-werden. Kein Wesen, sondern ein Werden. Keine Ruhe, sondern ein Üben. Wir sind es noch nicht; werden es aber.«[52]

Aus christlicher Sicht sind daher Vorstellungen von einer ›ganzheitlichen‹, auf ›Vervollkommnung‹ zielenden Identitätsentwicklung von Menschen illusionär und hochgradig ideologieverdächtig. Aber auch die postmoderne Tendenz, die Vorstellung vom Menschen als Subjekt gleich ganz aufzugeben und sie durch die eines permanent in wechselnden Kontexten mit seiner ›Identitätsarbeit‹ beschäftigen Wesens zu ersetzen, ist eine nicht lebbare Illusion. Nicht permanente ›Identitätsarbeit‹, sondern Gelassenheit angesichts der Bruchstückhaftigkeit jeder Biographie und Vertrauen auf Gott sind Merkmale eines christlichen Verständnisses von personaler Identität. Es ist weder essenzialistisch noch beliebig. Und es schärft das Bewusstsein für die Grenzen des Konzepts ›Identität‹: Der Mensch geht nicht in seiner Identität auf.

Wie verhält es sich mit dem Christentum als sozialem Raum für *kollektive* Identität? Zweifellos ist ›Christ sein‹ mit sozialen Zugehörigkeiten einerseits und mit Unterscheidungen zu anderen religiösen und nicht religiösen Gruppierungen andererseits verbunden. Insofern ist die Frage nach der kollektiven Identität der Christen berechtigt. Sie lässt sich auf mindestens zwei verschiedene Referenzgrößen beziehen: auf unterschiedliche christliche Kirchen und mit ihnen verbundene Gemeinschaften und Organisationen sowie auf die Gesamtheit aller Christen im Unterschied beispielsweise zu Muslimen oder Atheisten. Trotz der großen Zahl an selbständigen Kirchen – zu Beginn dieses Jahrhunderts waren es weltweit geschätzt etwa 33.000[53] – lassen sich deren jeweils spezifische Identitätsmerkmale anhand von Bekenntnisschriften, Organisationsstrukturen und Mitgliedschaften meist relativ leicht bestimmen. Aber auch in Bezug auf die Gesamtheit der Christen in Geschichte und Gegenwart lassen sich fundamentale Gemeinsamkeiten jenseits der konfessionellen Trennungen identifizieren, vor allem der Bezug auf die Schriften des Neuen Testaments. Auch das Glaubensbekenntnis von Nizäa-Konstantinopel (325/381) überspannt die späteren Trennungen in katholische, orthodoxe und protestantische Kirchen, ebenso wie Taufe und Abendmahl als zentrale Riten bzw. Sakramente.

Kollektive Identität im Christentum ist aber nicht erst durch diese konfessionellen Trennungen, sondern von Beginn an durch einen inneren Pluralismus geprägt.[54] Bereits die im Neuen Testament versammelten Schriften stammen nicht nur von unterschiedlichen Verfassern, sie beziehen auch zu bestimmten Fragen differente Positionen. So wurden bekanntlich gleich vier Evangelien in den Kanon des NT aufgenommen, die sich nicht nur in Details des geschilderten Lebens Jesu widersprechen, sondern auch erkennbar unterschiedliche theologische Perspektiven einnehmen. Ganz offen berichten die Apostelgeschichte und Paulus von dem Grundsatzstreit in der ersten Generation der jungen christlichen Gemeinden darüber, ob nur Juden Christen werden können und Andersgläubige (Heiden), die sich den christlichen Gemeinden anschließen wollen, sich deshalb zuvor nach jüdischem Ritus beschneiden lassen müssen. Bekanntlich haben Paulus und seine Anhänger eine universalistische, nicht auf das Judentum begrenzte Orientierung des entstehenden Christentums durchgesetzt. Aber genau deshalb herrschte in diesen neuen Gemeinden von Anfang an große Vielfalt:

> »Menschen mit unterschiedlicher kultureller und sozialer Herkunft kamen zusammen, Männer und Frauen, Griechen, Juden und Römer, Freie und Sklaven, Arme und Wohlhabende usw., mit unterschiedlichen Begabungen, die sich entfalten sollten in der Gemeinde. Und von vornherein gab es auch unterschiedliche Frömmigkeitsstile der einzelnen christlichen Gemeinden sowie unterschiedliche theologische Orientierungen – das wird schon klar, wenn man die Gemeinden betrachtet, an welche die Briefe des Paulus im Neuen Testament gerichtet sind.«[55]

Was folgt daraus für europäische Identität und den Beitrag des Christentums zu ihr? Jedenfalls die Erkenntnis, dass Identität kein Heilsversprechen sein darf und dass eine erneuerte europäische Identität aus dem Geist des Christentums nicht als geschlossene identitäre Festung vorstellbar ist. Eine christliche Sicht auf Identität betont auch deren Vorläufigkeit und notwendige Offenheit für Veränderungen – zumal im Zentrum dessen, was das Christentum zum kulturellen Konstrukt Europa historisch beigetragen hat, nicht ein Set von sozialen Rollen steht, sondern ein neues Verständnis von Freiheit: die des Individuums, das seinem Gewissen folgt.

2. Herkunft:

Die christlichen Wurzeln Europas

»Liebe und tue, was du willst.«
(Augustinus)[56]

»Europa ist eine wieder und wieder erzählte Geschichte.«[57] So verhält es sich bei der Frage nach der europäischen Identität nicht anders als bei anderen kollektiven Identitäten, allen voran bei nationalen: Sie vergewissern sich ihrer selbst durch Rekurse auf eine gemeinsame Historie und ihre Erzählungen darüber. Julian Nida-Rümelin meint gar, dass Europa ähnlich wie die Nationalstaaten eines Gründungsmythos bedürfe und schlägt als solchen den erfolgreichen Widerstand der antiken griechischen Stadtrepubliken gegen das mächtige Perserreich vor.[58] Daran stört freilich nicht nur eine gewisse Idealisierung der griechischen Polis, deren Freiheitsverständnis mit dem des heutigen Europa wenig zu tun hat, wie weiter unten noch zu zeigen sein wird. Es stört auch die sehr einseitige Fixierung auf ›Athen‹, mit der unterschätzt wird, dass erst die Verbindung dieser Tradition mit ›Rom‹ und ›Jerusalem‹ Europa als kulturelles Konstrukt ermöglichte und dass dabei das Christentum eine Schlüsselrolle innehatte. Denn das Christentum »war der erste Schmelztiegel dieser Synthese: Seine grundlegenden Texte wurden auf griechisch erfasst, und seine Theologie war eine einzigartige Verschmelzung aus griechischem Denken und biblischer Tradition; auch die Kirche selbst hat sich institutionalisiert und organisiert, indem sie das römische Rechts- und Verwaltungsmodell übernahm.«[59]

So gesehen wäre ein anderer ›Gründungsmythos‹ vielleicht plausibler, den Papst Benedikt XVI. vorgeschlagen hat, der Beginn der Missionstätigkeit von Paulus auf europäischem Gebiet, wie er in der biblischen Apostelgeschichte geschildert wird: »Die Vision des heiligen Paulus, dem sich die Wege in Asien verschlossen und der nächtens in einem Gesicht einen Mazedonier sah und ihn rufen hörte: Komm herüber und hilf uns (Apg 16,6–10) – diese Vision darf als Verdichtung des von innen her nötigen Aufeinanderzugehens zwischen biblischem Glauben und griechischem Fragen gedeutet werden.«[60] Die Apostelgeschichte überliefert auch den Namen der ersten Person in Europa, die von Paulus getauft wurde: Lydia, eine Purpurhändlerin, die in Philippi wohnte.

Im Folgenden sollen zentrale Impulse aus 2000 Jahren Geschichte des Christentums in Europa rekonstruiert werden, die für europäische Identität in Gegenwart und Zukunft von herausgehobener Bedeutung sind. Ein solches Vorhaben im Rahmen eines knappen Buchkapitels zu realisieren, ist angesichts der Fülle des Materials an Quellen, Forschung und Sekundärliteratur zu 2000 Jahren Geschichte des Christentums riskant. Keinesfalls wäre es möglich mit dem Anspruch, auf der Grundlage eigenen Quellenstudiums neue Erkenntnisse vorlegen zu wollen. Verantwortbar erscheint es aber deshalb, weil mehrere umfangreiche und auf neuerem Forschungsstand beruhende Studien vorliegen, die für das Thema dieses Kapitels einschlägig sind und es aus unterschiedlichen Perspektiven beleuchten: Der zuletzt in Oxford lehrende amerikanische Historiker, Philosoph und Politikwissenschaftler Larry Siedentop hat eine Ideengeschichte des europäischen Liberalismus verfasst, die dessen normativen Grundlagen in den universalistischen Ideen des Christentums von Freiheit und Gleichheit von der Antike bis zur Frühen Neuzeit nachgeht.[61] Aus einer politik- und rechtswissenschaftlichen Perspektive fragt, vom heutigen freiheitlichen Verfassungsstaat ausgehend, die Göttinger Politikwissenschaftlerin Tine Stein nach dessen religiösen Voraussetzungen in der jüdischen und christlichen Geistesgeschichte.[62] Eine umfassende

Kulturgeschichte des Christentums aus einem vorwiegend (kultur-)protestantischen Blickwinkel hat der Marburger Theologe Jörg Lauster vorgelegt.[63] Aus einer stärker katholisch geprägten Perspektive hat der Theologe und Kirchenhistoriker Arnold Angenendt sich in großer Breite mit dem Spannungsverhältnis zwischen Toleranz und Gewalt in der Christentumsgeschichte und dabei auch mit zahlreichen antichristlichen Ressentiments auseinandergesetzt.[64] Auf diese vier Publikationen wird im Folgenden immer wieder verwiesen werden, weil sie hervorragende Möglichkeiten bieten, die hier nur knapp angesprochenen Aspekte zu vertiefen und zu weiterführenden Detailstudien und Originalquellen zu gelangen.

Eine moralische Revolution

Das Christentum und hierin vor allem die Theologie von Paulus habe die antike Welt mit einer moralischen Revolution »auf den Kopf gestellt«, so fasst Siedentop die Wirkungen der christlichen Botschaft im Römischen Reich und für die Zeit danach zusammen.[65] Worauf bezog sich diese moralische Revolution?

Ganz im Zentrum der antiken Welt stand die von einem Hausherrn geleitete patriarchalische Familie. Dieser Familie hatte die gesamte Loyalität ihrer Angehörigen zu gelten. Der Vater übte eine unumschränkte Autorität aus, bis hin zum Recht, unerwünschte Kinder zu töten. Er war nicht nur Repräsentant der Familie nach außen, sondern Richter und Priester nach innen, zu dessen Aufgabe es gehörte, auf einem Hausaltar zu Ehren der Familiengottheit ein heiliges Feuer nicht verlöschen zu lassen. Aus Zusammenschlüssen von kleineren Familien, Clans und Stämmen entstand der antike Polytheismus und schließlich auch die antike Stadt, die Polis, die wiederum jeweils einen gemeinsamen Kult entwickelte, der die vorhandenen Kulte der Familien ergänzte. Aus solchen größeren Zusammenschlüssen entstanden auch die heute noch vertrauten Göttergestalten wie Apollo, Neptun oder Venus, mit denen aber die Bindung der Religion an die jeweilige Polis nicht verschwand: »Zwar mochten zwei Stadtstaaten gleichzeitig ›Jupiter‹ verehren, doch besaß er in beiden Gemeinschaften unterschiedliche Attribute. [...] Daher hatte die Priesterschaft einer Polis keinen Kontakt zur Priesterschaft einer anderen. Es gab keine gemeinsamen religiösen Lehren.«[66] In der antiken Polis gingen Familie, Religion und Territorium eine untrennbare Verbindung ein, weshalb »die Verbannung die härteste Strafe war, die einen Bürger der Polis treffen konnte. Sie war schlimmer als der Tod, oder vielmehr, sie war ein lebendiger Tod.«[67] In gewisser Weise gehörte der Bürger der Stadt und nicht umgekehrt.

So bedeutsam die Phase der athenischen Demokratie zwischen dem 5. und 3. Jahrhundert v. Chr. für die Geschichte der Demokratie in Europa auch ist, den grundlegenden Charakter der Beziehung zwischen Individuum und Kollektiv änderte sie nicht. Zwar ermöglichte sie der Minderheit, die den Bürgerstatus erhielt (keine Frauen, keine Sklaven), die Mitgestaltung der öffentlichen Angelegenheiten und verpflichtete sie auch dazu. Aber undenkbar war, dass der Einzelne Rechte gegen die Stadt geltend machte. »Den Begriff individueller Rechte gab es nicht.«[68]

Ohne Zweifel hat die europäische Philosophie ihre Wurzeln in dem guten halben Jahrtausend griechischer Philosophie, von den Vorsokratikern über die Klassiker Sokrates, Platon und Aristoteles bis zur Stoa, deren jüngste Periode bis in die ersten beiden Jahrhunderte nach Christus hineinreichte. Da hier mit ›Philosophie‹ noch die gesamten systematischen Anstrengungen um ein vernünftiges Weltverstehen gemeint waren, dieses Verständnis von Philosophie also das Verstehen der Natur ebenso umfasste wie ethische und politische Fragen, haben auch die modernen Wissenschaften hier ihren Ursprung. Es mag ein Bonmot sein, aber ganz falsch ist es nicht, wenn der Physiker Harald Lesch auch im 21. Jahrhundert sagen kann: »Physik ist nichts anderes als griechische Naturphilosophie mit viel mehr Geld.«[69] Auf diesen Zusammenhang gründet sich die metaphorische Berufung auf ›Athen‹ als eine der Wurzeln europäischer Identität.

Aber diese Philosophie war in der Antike eine aristokratische Angelegenheit. Die Vernunft wurde als Mittel zur Deutung der natürlichen wie der sozialen Ordnung verstanden, aber diese Vernunft wurde als so ungleich unter den Menschen verteilt betrachtet wie die Hierarchie unter den Menschengruppen als natürlich galt. »So waren Vernunft oder der Logos und eine hierarchische Ordnung der Dinge – ›alles an seinem Platz‹ – praktisch unzertrennlich.«[70] Erst in der Stoa, besonders in ihren späten Formen um die Zeitenwende, geriet der Mensch als einzelnes Wesen in den Blick, das auch unabhängig von seinem sozialen Stand seine Verantwortung in einem geordneten Kosmos wahrnehmen soll, indem er seiner Vernunft folgt, seine Leidenschaften kontrolliert und durch seine Arbeit dem Gemeinwesen dient. Die Stoa gewann erheblichen Einfluss in der Oberschicht im Römischen Reich, wie sich im 1. Jahrhundert n. Chr. besonders an Seneca und Marc Aurel zeigt, ging aber dann praktisch im Christentum auf.

Die neue Sicht auf den Menschen, die mit dem Christentum in die Welt kam, ähnelt zwar in manchem dem stoischen Denken, geht aber weit über dieses hinaus und löste sich gänzlich von den aristokratischen Konnotationen der antiken Philosophie. In gewisser Weise den Boden dafür bereitet hatten die Aushöhlung der griechischen Polis-Kultur durch die römische Zentralmacht und ein wachsendes Interesse für den Monotheismus, den eine rund um das Mittelmeer lebende jüdische Diaspora vertrat.[71] Es fanden sich zunehmend Anhänger des jüdischen Gottesglaubens, die sich jedoch nicht beschneiden ließen.

Sie wurden als ›Gottesfürchtige‹ bezeichnet; aus ihrem Kreis gewann auch das junge Christentum viele Anhänger,[72] auch die oben erwähnte Lydia in Philippi war eine von ihnen.

Was machte diese neue Sicht des Christentums auf den Menschen aus? Angesichts der Vielfalt christlichen Denkens und Lebens schon in der Frühzeit des Christentums und nicht weniger im weiteren Verlauf der Jahrhunderte bis in unsere Zeit hinein scheint diese Frage auf den ersten Blick nur schwer beantwortbar zu sein. Und doch gibt es eine für diese Frage verlässliche Quelle: die Briefe des Paulus von Tarsus.[73] Das Neue Testament enthält 13 Paulus namentlich zugeschriebene Briefe, von denen nach heutigem Forschungsstand sieben als von ihm selbst verfasst gelten, während sechs weitere als sogenannte Pseudepigraphen bezeichnet werden, die vermutlich von Schülern des Paulus geschrieben wurden.[74] Aus mehreren Gründen sind insbesondere die von Paulus selbst verfassten Briefe für die hier in Rede stehende Frage von substanzieller Bedeutung. Es handelt sich bei ihnen um die ältesten überlieferten Texte des Christentums, älter als die vier Evangelien. Paulus war als umtriebiger und weit gereister Missionar für die Ausbreitung des frühen Christentums von großer Bedeutung; zugleich verbinden sich in seiner Biographie als griechisch gebildeter Jude, römischer Bürger und vor seinem Bekehrungserlebnis aktiver pharisäischer Verfolger der ersten Christen wie in einem Brennglas die Problemkonstellationen, in denen sich das Christentum aus dem Judentum heraus entwickelte. Schließlich erarbeitet Paulus in diesen Briefen eine ausgefeilte Theologie, die meisterhaft zwei wesentliche Merkmale christlichen Denkens miteinander verknüpft: die Einfachheit seiner zentralen Botschaften, die sich an alle Menschen richten und für jeden verständlich sind, auf der einen Seite und auf der anderen Seite deren Begründung mit komplexen theologischen Reflexionen, die das Christentum schon früh anschlussfähig machten an gebildete Diskurse und die bis in unsere Zeit die intellektuelle Diskussion – immer wieder auch kontrovers – befruchten.[75] »Ohne Paulus gäbe es das Christentum nicht, jedenfalls nicht in der Form, in der wir es kennen.«[76]

Paulus bricht radikal mit zwei Grundhaltungen, die die antike Welt prägen: den Überzeugungen, dass die Menschen unverrückbar den Anforderungen unterworfen sind, die in einer nicht veränderbaren sozialen Ordnung an sie gestellt werden – wir würden heute sagen: Rollenzuweisungen und kollektiven Identitäten –, und dass diese Ordnung Ausdruck der von Natur aus bestehenden Ungleichheit der Menschen ist. Für Paulus führt der Glaube an Christus zu einem inneren Neubeginn: »Ist jemand in Christus, so ist er eine neue Kreatur; das Alte ist vergangen, siehe, Neues ist geworden.« (2 Kor 5,17) Dorothee Sölle hat diesen Aspekt des christlichen Glaubens mit »Das Recht ein anderer zu werden« bezeichnet.[77] Dieser Neubeginn ist nach Paulus möglich durch die Versöhnung Gottes mit der Welt und die Vergebung der Sünden durch Gottes Gnade. Er steht jedem Menschen offen.

> »Paulus' Botschaft richtet sich nicht nur an Juden, sondern an die ganze Menschheit. Sie enthält die Aufforderung, nach einem tieferen Selbst zu suchen, nach einer inneren Vereinigung mit Gott. Sie bietet die Möglichkeit, der Vernunft selbst größere Tiefe zu verleihen. Damit verliert die Rationalität ihre aristokratischen Konnotationen. Sie wird nicht mit Status und Stolz assoziiert, sondern mit Demut, die befreit.«[78]

Diese Botschaft ist strikt universalistisch und impliziert die moralische Gleichheit aller Menschen. Deshalb kann Paulus über die christliche Gemeinde sagen: »Hier ist nicht Jude noch Grieche, hier ist nicht Sklave noch Freier, hier ist nicht Mann noch Frau; denn ihr seid alle einer in Christus Jesus.« (Gal 3,28) »In Christus« sein heißt für Paulus letztlich: durch Liebe verbunden zu sein – und zwar Liebe nicht oder jedenfalls nicht primär im Sinn von Eros, sondern von Agape (griechisch) oder Caritas (lateinisch). Dies unterscheidet christliche Gemeinschaften nach Paulus »von Zusammenschlüssen, die sich auf Geburt, Geschlecht oder sozialen Status gründen. Menschliche Handlungsmacht bekommt eine neue Unabhängigkeit und Würde.«[79]

Die moralische Gleichheit aller Menschen ist deshalb im Christentum auch mit einem neuen Verständnis von Freiheit verbunden. Freiheit ist ein Kernkonzept im Denken von Paulus: »Zur Freiheit hat uns Christus befreit. So steht nun fest und lasst euch nicht wieder das Joch der Knechtschaft auflegen!« (Gal 5,1) Auf einer oberflächlichen Ebene bezieht sich diese neue Freiheit zunächst auf den Umgang mit den detaillierten Vorschriften der jüdischen Religionsgesetze: »Nun aber sind wir vom Gesetz frei geworden und dem gestorben, was uns gefangen hielt, sodass wir dienen im neuen Wesen des Geistes und nicht im alten Wesen des Buchstabens.« (Röm 7,6) Aber dabei bleibt es nicht. Die neue Freiheit stiftet eine innere Unabhängigkeit des Einzelnen, aber auch eine Verantwortlichkeit gegenüber anderen Menschen, die sich nicht mehr auf den engen Kreis der eigenen Familie oder der Polis beschränkt. »Jetzt erschöpft sich die Identität von Individuen nicht mehr in den sozialen Rollen, die ihnen zufällig obliegen. Eine Lücke klafft zwischen den Individuen und den Rollen, die sie einnehmen. Die Lücke ist das Zeichen einer neuen Freiheit, der Gewissensfreiheit. Allerdings bringt sie moralische Verpflichtungen mit sich, die aus der Erkenntnis folgen, dass alle Menschen Kinder Gottes sind.«[80] Bei Paulus liest sich das so: »Alles ist erlaubt, aber nicht alles dient zum Guten. Alles ist erlaubt, aber nicht alles baut auf. Niemand suche das Seine, sondern was dem andern dient.« (1 Kor 10,23) Was genau dies ist, unterliegt der kritischen Prüfung vor dem eigenen Gewissen. Deshalb kann Paulus der Gemeinde für den Umgang mit innerer Vielfalt und Kontroversen raten: »Prüft aber alles und das Gute behaltet.« (1 Thess 5,21)

Christliche Freiheit meint also weder Beliebigkeit noch Egoismus. Für Paulus gewinnt der Mensch gerade dadurch seine Freiheit und Autonomie, dass er Christus nachfolgt und sich damit dem in Christus offenbarten Willen Gottes unterwirft. »Was bedeutete es, sich dem Christus zu unterwerfen? Christlich betrachtet, verlangte es menschliche Beziehungen, in denen die *caritas* alle anderen Beweggründe überlagerte.«[81] Deshalb folgen auf den zu Beginn dieses Kapitels zitierten Satz von Augustinus bei ihm diese Erläuterungen: »Liebe und tue, was du willst. Wenn du schweigst, so schweige aus Liebe; wenn du redest, so rede aus Liebe; wenn du zurechtweist, so weise aus Liebe zurecht; wenn du vergibst, so vergib aus Liebe; in dir sei die Wurzel der Liebe, denn aus dieser Wurzel kann nur Gutes hervorgehen.«

Diese Orientierung an der Nächstenliebe als oberstem Prinzip des Handelns hatte im frühen Christentum auch praktische, das gesellschaftliche Leben verändernde Konsequenzen.

> »Rasch entfaltete das Christentum ein Programm sozialer Fürsorge, wie es die Welt bis dahin nicht gesehen hatte. Zwar kannte auch die heidnische Antike Almosen und Unterstützungsleistungen, aber nicht als verlässliche Institution und nicht als Ausdruck eines religiösen Programms. Das christliche Fürsorgesystem erstreckte sich hingegen auf Waisen und Witwen, auf Kranke, Schwache und Arbeitsunfähige, deren aussichtslose Lebenssituation nach Kräften verbessert werden sollte. Ein besonderes System gegenseitiger Gastfreundschaft entwickelte sich ebenso wie eine überregionale Vermögensumverteilung. Reiche Gemeinden unterstützten ärmere. Gefangene wurden in den Bergwerken besucht, Sklaven erhielten in den Gemeinden die vollen Rechte. Bei schweren Schicksalsschlägen wie einer Pestepidemie griff tätiges Mitleid ein, zuletzt wenigstens durch die Ermöglichung eines Begräbnisses. Geradezu fassungslos

> beobachteten christentumskritische Heiden, dass die Christen ihre Menschenfreundlichkeit nicht nur ihren eigenen Leuten, sondern auch Fremden zukommen ließen. Die von den frühen Christen praktizierte Nächstenliebe sprengte die Dimensionen antiker Vorstellungen, sie war ein unerhörtes Novum, das wesentlich zur Attraktivität der aufstrebenden Religion beitrug.«[82]

Die moralische Revolution, die das frühe Christentum herbeiführte, bezieht sich somit zunächst auf ein neues, universalistisches Verständnis von Freiheit und moralischer Gleichheit jedes Menschen. Siedentop sieht daher diese moralische Revolution durch Paulus als früheste Wurzel des Liberalismus, der »Erfindung des Individuums«, wie er sein Buch nennt. Hinzu kommt die Begründung von Praktiken und Einrichtungen sozialer Fürsorge für Notleidende als Folge einer ebenfalls universalistisch gedachten Nächstenliebe, die sich gerade nicht auf Nahestehende beschränkt, sondern auch als Fernstenliebe, sogar als Feindesliebe gedacht ist. Genau hier, lange vor der europäischen Aufklärung und der Moderne, sind die normativen Grundlagen für das zu finden, was heute oft und allzu oberflächlich (vgl. Kapitel 3) als ›europäische Werte‹ bezeichnet wird: Freiheit, Gleichheit und Solidarität. Und wie sich das universalistische Freiheitsverständnis des Christentum mit dem vom Judentum übernommenen Monotheismus und mit der aus der griechischen Philosophie stammenden Naturrechtslehre zusammendenken ließe, hat der byzantinische Theologe Maxismus der Bekenner im 7. Jahrhundert in einem einzigen Satz zum Ausdruck gebracht: »Geschaffen im Ebenbild Gottes, sind die Menschen von Natur aus frei.«[83]

Bürger zweier Welten: das Reich Gottes und die weltlichen Ordnungen

Die christliche Freiheit schafft nicht nur eine Lücke zwischen den Individuen und den sozialen Rollen, die sie einnehmen. Sie hat auch »dramatische Konsequenzen für den Charakter der irdischen politischen Gemeinschaft«[84]. Vom Judentum übernahm das Christentum den Glauben an die Schöpfung der Welt durch Gott. Die erste Schöpfungsgeschichte ganz zu Beginn des Alten Testaments bringt in aller Klarheit ein zentrales Element des Monotheismus zum Ausdruck: die Entgötterung der Welt. Wenn alles von Gott geschaffen ist, kann es in der Welt keine Götter geben – Menschen nicht, Tiere nicht und nichts in der unbelebten Natur, auch nicht die leuchtenden Himmelskörper, von denen es lapidar heißt, sie seien »Zeichen für Zeiten, Tage und Jahre« und Lichter für die Erde (Gen 1,14 f.). Hiernach kann es beispielsweise weder einen Sonnengott (wie in Ägypten, Babylonien oder mit Helios in der griechischen Mythologie) noch einen gottgleichen Kaiser (wie im Römischen Reich) geben. »So wie die Schöpfungsvorstellung die Natur von Göttern befreit, so wird auch die politische Herrschaft desakralisiert.«[85]

Es klafft also aus christlicher Sicht auch eine Lücke zwischen dem Heiligen und dem Säkularen. Diese Lücke macht eine säkulare Wirklichkeit überhaupt erst möglich. In diesem Sinn ist die Vorstellung einer säkularen Ordnung von Staat und Gesellschaft selbst eine Folge religiösen Denkens. Aber die säkulare Wirklichkeit als Ganze ist aus christlicher Sicht eine unter Vorbehalt. Paulus schlägt dabei einen weiten Bogen vom alltäglichen Leben zum generellen Weltverhältnis: »Auch sollen die, die Frauen haben, sein, als hätten sie keine; und die weinen, als weinten sie nicht; und die sich freuen, als freuten sie sich nicht; und die kaufen, als behielten sie es nicht; und die diese Welt gebrauchen, als brauchten sie sie nicht. Denn das Wesen dieser Welt vergeht.« (1 Kor 7,29–31)

Anders als die von Aristoteles geprägte griechische Philosophie, nach der die Welt weder einen Anfang noch ein Ende haben und mit der unendlich laufenden Zeit ewig bestehen sollte, betrachtet das Christentum die Welt als endlich. Sie ist geschaffen und sie wird enden. Sie werde, wie Augustinus gegen Ende seiner »Bekenntnisse« schrieb, »wenn sie ihren bemessenen Weg durchlaufen hat, vergehen: Sowohl ein Morgen als auch ein Abend ist ihr nämlich zuerkannt.«[86] Es sollte bis ins 20. Jahrhundert dauern, bis die moderne Naturwissenschaft in dieser Hinsicht das aristotelische Erbe überwinden konnte und seitdem ebenfalls von der Endlichkeit des Universums ausgeht (vgl. Kapitel 4).

In den zitierten ›als ob‹ bei Paulus geht es zwar mehr um existenzielle als um kosmologische Fragen. Aber die eschatologische Perspektive von einem Ende dieser Welt war bei ihm sehr präsent. Die erste Generation der Christen erwartete dieses Ende durch eine Wiederkunft Christi und das göttliche Gericht noch zu ihren Lebzeiten. Diese ›Naherwartung‹ hat sich nicht erfüllt. Nun galt es, drei für das Verhältnis der Christen zu weltlichen Ordnungen besonders bedeutsame Jesusworte neu zu interpretieren. Eines ist die Antwort Jesu auf die Fangfrage von Pharisäern, ob es recht sei, dem Kaiser Steuern zu zahlen. Wie Matthäus berichtet, ließ sich Jesus daraufhin eine Münze zeigen, auf der Bild und Aufschrift des Kaisers zu sehen waren, und antwortete: »So gebt dem Kaiser, was des Kaisers ist, und Gott, was Gottes ist!« (Mt 22,15–22) Noch pointierter stellte sich dieses Problem mit Blick auf die Antwort Jesu auf die Frage des Pilatus, ob er der König der Juden sei: »Mein Reich ist nicht von dieser Welt.« (Joh 18,36) Schließlich ist eine bei Lukas zu lesende Antwort Jesu in einem anderen Disput mit Pharisäern in diesem Kontext bedeutsam. Es ist die Antwort auf die Frage, wann das Reich Gottes komme: »Das Reich Gottes kommt nicht mit äußeren Zeichen; man wird auch nicht sagen: Siehe hier!, oder Da! Denn sehet, das Reich Gottes ist mitten unter euch.«

(in einer älteren Übersetzung Luthers: »ist inwendig in euch«) (Lk 17,20 f.)

Nachdem die Naherwartung sich nicht erfüllte, stellte sich die Frage nach dem Verhältnis beider Verpflichtungen zueinander, dem Kaiser und Gott gegenüber. Dies war nicht etwa ein rein akademisches Problem – wer als Christ sich weigerte, den römischen Göttern zu opfern, zu denen auch der Kaiser gehörte, musste mit der Todesstrafe rechnen, was in den Christenverfolgungen der ersten Jahrhunderte häufig vorkam. Aber diese Frage stellte sich nicht nur in solchen Grenzsituationen, sondern ganz grundsätzlich wie auch in der Lebenspraxis. Wie umgehen mit dem starken Gegensatz zwischen den Maßstäben für ein gelingendes Zusammenleben in den christlichen Gemeinden auf der Basis von Freiheit, Gleichwertigkeit und Nächstenliebe und einer nach ganz anderen Maßstäben funktionierenden gesellschaftlichen und politischen Umwelt, in der Gemeindemitglieder doch zugleich auch lebten? In gewisser Weise noch dringlicher musste sich diese Frage stellen, nachdem im vierten Jahrhundert das Christentum sich im Römischen Reich durchgesetzt und dann sogar zur Staatsreligion geworden war. Gab es nicht jetzt Gelegenheit und Auftrag, einen christlichen Staat auf der Basis einer christlichen Gesellschaft oder doch wenigstens in Einheit mit einer vom Druck der paganen Welt befreiten Kirche zu errichten? Zwar gab es Ansätze zu einer solchen christlich geprägten römischen ›Reichstheologie‹, so etwa bei dem bedeutenden Kirchenhistoriker Eusebius von Caesarea (330–379). Einen Nachhall fand sie im Westen in der früh- und hochmittelalterlichen Vorstellung von der gemeinsamen Verantwortung von Kaiser und Papst für das Heilige Römische Reich und im oströmischen, byzantinischen Reich, wo es bis zu dessen Untergang 1453 zu einer engen Verbindung von Staat und orthodoxer Kirche kam. Allerdings blieb es auch in Byzanz, ebenso wie im Westen, immer bei der institutionellen Trennung der Ämter von Kaiser und kirchlichem Patriarchen.

Im Westen wurde die römische Reichstheologie bereits von Augustinus mit seinem monumentalen Werk »De civitate Dei« – meist missverständlich mit »Der Gottesstaat« übersetzt, denn civitas kann auch Bürgerschaft oder Gemeinschaft im weiteren Sinn meinen – einer fundamentalen Kritik unterzogen. Augustinus unterscheidet strikt die *civitas dei* von der *civitas terrena,* der irdischen Gemeinschaft. »Beide civitates existieren nebeneinander und miteinander; in ihnen vollzieht sich der Lauf der Geschichte bis zum Jüngsten Gericht.«[87] Zwar streben Christen nach der Gemeinschaft in der civitas dei, die sich durch das Leben aus dem Glauben auszeichnet, während die civitas terrena von Selbstliebe, Laster und Streben nach Macht und Herrschaft geprägt ist. Aber weder ist die civitas dei einfach mit der empirischen Kirche identisch, noch ist es nach Augustinus Christen verwehrt, an der Gestaltung der staatlichen Ordnung mitzuwirken. Politische Ordnungen mit ihren Gesetzen und Institutionen sind zwar notwendig, aber sie sind keine Quelle göttlichen Heils. Niemals lässt sich mit den Mitteln der Politik das Reich Gottes auf Erden verwirklichen. Aber damit bleibt auch durch die Geschichte hindurch eine Spannung zwischen dem Reich Gottes und den irdischen Ordnungen bestehen.

> »Nach Augustinus zeichnen sich wahre Gläubige dadurch aus, dass sie sich als Gäste auf Erden betrachten. Deshalb weigern sie sich aber nicht, am öffentlichen Leben teilzunehmen oder zu versuchen, die Verhältnisse hier und jetzt zu verbessern. Im Endeffekt aber definieren sie sich anders. Sie sind nicht Sklaven weltlicher Ambitionen oder Vergnügungen. Sie lassen sich nicht durch Konventionen ihrer Gesellschaft oder staatlich gezogene Grenzen einschränken. Sie haben eine größere Hoffnung, eine Hoffnung, die sie in ihre Beziehungen zu anderen hineinnehmen.«[88]

Christen sind somit Bürger zweier Welten: der Gesellschaften und Staaten in der je konkreten historischen Wirklichkeit und der unsichtbaren, in der *caritas* aber spürbaren Gemeinschaft der Gläubigen, die den mystischen ›corpus Christi‹ bildet.

Augustinus hat, im Anschluss an Paulus, entscheidende Anstöße zu einer christlich begründeten »Trennung von Herrschaft und Heil« gegeben.[89] Sie wurde zu einem prägenden Merkmal europäischer Geschichte, aber auch zu einem Dauerthema europäischer Politik, das sich bereits im Investiturstreit des 11. und 12. Jahrhunderts konflikthaft zuspitzte.

Gut tausend Jahre nach Augustinus wurde dessen Unterscheidung zweier civitates von Martin Luther in seiner Zwei-Reiche-Lehre erneut und mit wiederum weitreichenden Wirkungen in der europäischen Geschichte aufgegriffen.[90] Vielleicht noch deutlicher als bei Augustinus wird bei Luther im Reich der Welt dem Staat die legitime und notwendige Aufgabe zugewiesen, dem Bösen auch mit Mitteln der Macht entgegenzutreten und ein friedliches Zusammenleben zu sichern, während zur gleichen Zeit in der Gemeinde Christi Nächstenliebe und Vergebung die Beziehungen der Menschen prägen. Auch hier gehören Christen gleichzeitig beiden ›Reichen‹ an. Auf lange Sicht hat diese christliche Trennung von Herrschaft und Heil zur »Herausbildung zweier Freiheitsprinzipien« geführt, »die für die weitere Geschichte der europäischen Staaten grundlegend sein sollten: Freiheit des Glaubens von staatlicher Zwangsgewalt einerseits, Freiheit der Politik von kirchlicher Gängelung andererseits.«[91]

Lange Linien und ihre Windungen

Von den Anfängen des Christentums zum heutigen Europa mit seinen freiheitlichen Staaten und Gesellschaften verläuft kein gerader Weg. Die Geschichte des Christentums wie die Europas ist keine eines kontinuierlichen Fortschritts, und so berechtigt die Kritik von Augustinus an den ›Reichstheologen‹ seiner Zeit war, die im christlichen Römischen Reich die Vollendung der menschlichen Geschichte sahen, so wenig hat das moderne Europa Grund, sich als Höhepunkt der Zivilisation zu verstehen.

Am ehesten lässt sich wohl der 2000-jährige Einfluss des Christentums in und auf Europa in Anlehnung an den französischen Historiker Fernand Braudel als *loungue durée* verstehen, also als eine tiefer liegende Ebene von Strukturen und Denkweisen, die unterhalb der Ereignisgeschichte eine langfristige Wirkung entfalten und ohne die ein bestimmter Bereich der menschlichen Geschichte nicht zu verstehen ist.[92] Diese longue durée des christlichen Europa ist alles andere als starr und homogen. Eher lässt sie sich metaphorisch als ein Geflecht von langen Linien denken, die zwar Antike und Gegenwart Europas verbinden, die aber in vielen Windungen verlaufen, sich teilen und manchmal neu verbinden, ihre Gestalt verändern und dennoch als zusammengehörig erkennbar sind, wenn auch gelegentlich erst retrospektiv. Diesen Linien und ihren Windungen im Ganzen folgen zu wollen, würde nicht nur dieses Kapitel, sondern jedes einzelne Buch überfordern. Es können deshalb in diesem Abschnitt nur wenige Schlaglichter auf längerfristige Entwicklungen geworfen werden, die auch heute noch für die Frage nach der europäischen Identität von hoher Relevanz sind.

Zunächst aber ist die *Durchsetzung des Christentums in Europa* nach dem Ende des (West-)Römischen Reichs selbst eine lange Linie mit vielen Windungen. So ist die populäre Vorstellung vom ›christlichen Mittelalter‹ eine Selbsttäuschung romantischen Denkens in der Neuzeit, mindestens aber eine grobe Vereinfachung. Sie verdeckt »nicht nur, daß die meisten europäischen Länder erst im Verlauf des Mittelalters christianisiert wurden – die nordeuropäischen Länder erst im 11. und 12., Polen zwar schon im 10., aber die sich dann nach Nordosten anschließenden Gebiete erst im 13. und 14. Jahrhundert. Es wird auch überdeckt, daß die meisten Menschen in diesem christlichen Mittelalter durch die christliche Religion in einem sehr geringen Maße geformt waren.«[93] Eine gewaltsame Mission wie unter Karl dem Großen gegenüber den Sachsen blieb zwar die Ausnahme. Aber da das Konzept individueller Entscheidung für oder gegen eine Religion den vorchristlichen germanischen und slawischen Völkern fremd war, verlief die Missionierung meist über die Könige, Fürsten und Stammesführer, denen das einfache Volk wie selbstverständlich folgte. Entsprechend ging eine solche Bekehrung oft nicht sehr tief und es konnte Generationen dauern, bis eine tiefere Verankerung des christlichen Glaubens im Weltverstehen der Menschen möglich wurde.[94]

Erhebliche kulturelle Hindernisse galt es dabei zu bewältigen. Das aus dem Römischen Reich kommende Christentum war und ist eine Buchreligion, aber kaum jemand nördlich dieses untergegangenen Reiches konnte lesen und schon gar nicht lateinische oder gar griechische Texte. Die indigenen Sprachen der Germanen und Slawen bereiteten aber größte Schwierigkeiten, die Metaphorik biblischer Texte sowie deren mystische Aspekte und die Betonung der Innerlichkeit im Christentum verständlich zu machen.[95] So belegen für das Mittelalter »zahllose Quellen […], dass das christliche Glaubenswissen oft sogar beim Klerus, erst recht aber bei den Laien sich in einem beklagenswerten, um nicht zu sagen grotesk unterentwickelten Zustand befand.«[96] Noch für das frühe 16. Jahrhundert belegen überlieferte Visitationsberichte für den ländlichen Raum große Mängel im Glaubenswissen von Geistlichen.[97]

Hinzu kamen große Lücken in der kirchlichen Infrastruktur. »Zwischen Taufe und Tod aber kam der Christ in den ersten Jahrhunderten des Mittelalters sehr leicht überhaupt nicht mit einem Geistlichen in Kontakt [...].« Erst im frühen 13. Jahrhundert »war es keine utopische Forderung, wenn das 4. Laterankonzil 1215 vorschrieb, dass jeder erwachsene Christ einmal im Jahre beichten und das Abendmahl nehmen solle. Jetzt erst konnte die Kirche tatsächlich daran denken, alle Gläubigen zu erfassen [...].«[98] Es ist mit Blick auf alle diese Schwierigkeiten nicht aus der Luft gegriffen, wenn Angenendt erst um das Jahr 1500 herum für das Christentum die Voraussetzungen gegeben sah, sich in Europa zu verwirklichen.[99] Bestimmte problematische Aspekte der Christentumsgeschichte, wie beispielsweise die im nächsten Abschnitt etwas näher beleuchteten Kreuzzüge und Hexenverfolgungen, sind ohne diese Akkulturationsprobleme des Christentums in Europa in den Jahrhunderten nach dem Untergang des weströmischen Reiches kaum hinreichend zu verstehen. Auch ist es zumindest bemerkenswert, dass es seit dem 19. Jahrhundert immer wieder neopaganistische Gruppierungen gab und gibt, die auf die eine oder andere Weise vorchristliche Kulte wiederbeleben wollen. Politisch gefährlich waren und sind sie vor allem im Kontext völkischer Bewegungen, die gegen das Christentum auf die Reaktivierung vorgeblich ›arteigener‹ Religionen zielen, so im Nationalsozialismus im Umfeld von Heinrich Himmler und im neuen Rechtsextremismus.[100]

Es verwundert nicht, dass angesichts dieser Ausgangslage ab dem fünften Jahrhundert die *Bewahrung und Förderung von Bildung und Wissen* zu einer langfristig orientierten Aufgabe des Christentums werden musste. Zum einen gab es nach dem Ende des weströmischen Reiches, besonders in den europäischen Regionen nördlich der Reichsgrenzen, schlicht keine anderen Institutionen als kirchliche, die sich dieser Aufgabe hätten widmen können. Zum anderen war das Christentum von Beginn an, darin ein jüdisches Erbe aufnehmend,[101] eine Bildungsreligion. Bereits in den Schriften des Neuen Testaments wird dies deutlich.[102] Jesus erscheint hier häufig als Lehrender – vor seinen Anhängern, in Synagogen und an öffentlichen Orten wie am See Genezareth: »Und abermals lief das Volk in Scharen bei ihm zusammen und wie es seine Gewohnheit war, lehrte er sie abermals.« (Mk 10,1) Neben Redeformen wie Predigten und Lehrgesprächen waren Gleichnisse sein bevorzugtes – wenn man so will, didaktisches – Mittel zu einer Lehre, die auf Irritation und anspruchsvolles Verstehen zielt. Auch die Paulusbriefe setzten durchweg auf vernünftiges Verstehen und reflektiertes Urteilen; eigens betont Paulus, Gott habe »in der Gemeinde eingesetzt erstens Apostel, zweitens Propheten, drittens Lehrer« (1 Kor 12,28).

Von entscheidender Bedeutung für diese christliche Tradierung von Bildung und Wissen in Europa waren die Klöster.[103] Die ersten Klöster im Westen Europas entstanden im Zeitraum vom vierten bis zum sechsten Jahrhundert. »Die klösterliche Lebensweise stellte eine herausgehobene religiöse Anstrengung dar, die sich von der Lebensführung des normalen Christen erheblich unterschied.«[104] Aber genau dadurch gewannen die Klöster hohes Ansehen in ihrem Umfeld – und wurden nicht nur durch disziplinierte Arbeit, sondern vor allem auch durch Spenden und Vermächtnisse in einer Weise wohlhabend, die sie immer wieder in Konflikt mit ihren Idealen einer asketischen Lebensführung ohne persönlichen Besitz brachten. Die Folge waren im Laufe der Jahrhunderte immer neue Ordensgründungen, denen es als Reformbewegungen um die Erneuerung einer ursprünglichen mönchischen Lebensweise ging, so insbesondere den Zisterziensern, Franziskanern und Dominikanern im Hochmittelalter.

Für die Tradierung von Bildung und Wissen wurden die Klöster wichtig, weil sie in ihren Bibliotheken und Skriptorien die noch vorhandenen Texte antiker und christlicher Gelehrsamkeit bewahrten und vervielfältigten. »Sie wurden zu Stätten der Gelehrsamkeit, stellten in der Binnenkolonialisierung einen beträchtlichen Wirtschaftsfaktor dar und prägten entscheidend die Entwicklung der Musik, der Kunst und der Architektur in Europa.«[105] An den Klöstern entstanden auch die ersten Schulen des frühen Mittelalters. Später kamen Stifts- und Domschulen hinzu, im weiteren Verlauf des Mittelalters auch städtische Bildungseinrichtungen. Die kirchlich verantworteten Schulen dienten zunächst vor allem der Ausbildung des geistlichen Nachwuchses, aber schon im Zuge der karolingischen Renaissance unter Karl dem Großen[106] gab es Öffnungen für Laien. »Der Besuch von kleineren Schulen führte oft nur zu Grundkenntnissen des Lesens, Schreibens und Rechnens […]. An den größeren Schulen, die häufig auch der Nachwuchs des Adels besuchte, bildeten die sieben freien Künste einen Teil der Unterrichtsinhalte. Hinzu kam das Studium der Bibel und der kirchlichen Ordnungen.«[107] Allerdings besuchte bis ins Hochmittelalter nur ein sehr kleiner Teil der Bevölkerung Schulen jeder Art.

Die wohl wichtigste und nachhaltigste Leistung des Mittelalters im Bereich der Bildung war aber die Gründung der ersten europäischen Universitäten, beginnend 1088 in Bologna. Oft entstanden sie aus bereits bestehenden Domschulen, die sich mit anderen Bildungseinrichtungen zusammenschlossen, um das für Jahrhunderte übliche Fächerspektrum der Universitäten aufbauen zu können: die sieben freien Künste, die artes liberales, als aus der Antike übernommene Basis höherer Bildung (Grammatik, Dialektik, Rhetorik, Arithmetik, Geometrie, Astronomie und Musik), auf die die höheren Fakultäten für Medizin, Jura und Theologie aufbauten. Die Theologie galt als die angesehenste dieser Fakultäten, weshalb der ideale akademische Bildungsweg von den spezialisierteren Fächern zu den grundsätzlicheren Fragen des Glaubens, des Ursprungs und Sinns der Welt und der Rolle des Menschen führte. Für das Christentum bedeutete die Gründung der Universitäten die Akademisierung des Nachdenkens über den Glauben und auf lange Sicht gesehen auch des Berufsstandes der Kleriker. Zudem brachten die

Universitäten die Theologie in einen engen Austausch mit den anderen Wissenschaften. »Dieses Bemühen um eine anschlussfähige Rationalität der christlichen Religion ist eines der schönsten und wirkungsvollsten Vermächtnisse des Mittelalters für das Christentum.«[108] Überdies verstärkten die Universitäten noch einmal die ohnehin schon große Mobilität in der – zahlenmäßig kleinen – Gruppe von Gelehrten, die sich im Mittelalter, auch dank der gemeinsamen akademischen Sprache Latein, »zwischen Städten und Ländern mit einer behänden Leichtigkeit [bewegten], von der das moderne Europa heute nur träumen kann.«[109]

Die europäischen Universitäten waren nicht die weltweit ersten Hochschulen (bereits im 5. Jahrhundert entstand die buddhistische Nalanda-Universität im heutigen indischen Bundesstaat Bihar[110]). Sie waren aber ein zentraler Ausgangspunkt für eine Stärkung christlich geprägter akademischer Bildung in Europa und stehen damit auch für den Beginn eines Aufschließens zur und Überholens der islamischen Welt im Bereich der Wissenschaften, die während der Zeit des europäischen Mittelalters eine große kulturelle und wissenschaftliche Blüte erlebte, aber etwa ab dem 15. Jahrhundert unter der Macht einer konservativen Orthodoxie mehr und mehr erstarrte[111] (vgl. auch Kapitel 3).

Einen weiteren Schub für die Entwicklung des Bildungswesens in Europa brachte die Reformation. Sie ist im hier erörterten Kontext vor allem deshalb von besonderer Bedeutung, weil durch sie mit einer dezidiert christlichen Begründung schulische Bildung für tatsächlich alle Kinder, unabhängig von Stand und Geschlecht, gefordert und angestoßen wurde – auch wenn es bis ins 19. Jahrhundert hinein dauern sollte, bis diese Forderung in der Praxis durchgesetzt werden konnte. Erhoben wurde sie bereits 1524 von Martin Luther in seiner Schrift »An die Ratsherrn aller Städte deutschen Landes, dass sie christliche Schulen aufrichten und halten sollen«. Theologischer Hintergrund war das protestantische Konzept des ›Priestertums aller Gläubigen‹.

Es ging von der gleichen unmittelbaren Stellung aller Menschen zu Gott aus und lehnte damit einen besonderen sakralen Charakter des Klerus ab. Überdies sollte allein die Bibel (›sola scriptura‹) und nicht ein kirchliches Lehramt der Maßstab für das rechte Verständnis des Glaubens sein. Der Bezug zur Forderung nach Bildung für alle lag auf der Hand: Aus protestantischer Sicht mussten alle Gläubigen (und nicht nur die Kleriker) in die Lage versetzt werden, die Bibel selbst zu lesen und sich auf dieser Basis ihr eigenes Urteil in Glaubensfragen zu bilden.[112] Es war dann zuerst und mit langanhaltender Wirkung Johann Amos Comenius, der im 17. Jahrhundert mit seinem Werk »Didactica Magna« eine ausgefeilte didaktische Theorie zu der Frage vorlegte, wie man sich Schule und Unterricht für tatsächlich alle Kinder praktisch vorstellen kann.

Comenius argumentierte konsequent von der Gottebenbildlichkeit des Menschen her, der sich durch den Gebrauch seines Verstandes, durch Wissen, Tugend und Glauben seinem Urbild annähern solle. Vergleichbar, wenn auch noch ohne den Bezug zu einer schulpraktischen Umsetzung, argumentierte bereits rund dreihundert Jahre früher der Dominikaner Meister Eckhart. Auf ihn wird auch der deutsche Begriff der ›Bildung‹ im pädagogischen Sprachgebrauch zurückgeführt. Nach Meister Eckhart trägt jeder Mensch als Ebenbild Gottes ein Bild Gottes in seiner Seele; dies muss er finden, indem er über verschiedene Stufen seine Erkenntnisfähigkeit entwickelt. Hiernach *bildet* sich der Mensch, indem er sich in diesem Prozess einer mystischen Verschmelzung mit Gott verbindet. Selbsterkenntnis und Erkenntnis Gottes fallen auf diese Weise im Bildungsprozess zusammen. Die modernen Verständnisse von Bildung als Vervollkommnung des Individuums beziehungsweise als Entwicklung aller seiner Fähigkeiten, die im Neuhumanismus des 19. Jahrhunderts mit Wirkungen bis in die pädagogischen Diskurse der Gegenwart formuliert wurden, sind im Kern nichts anderes als Säkularisierungen christlicher Bildungsvorstellungen.[113]

Das neuzeitliche Bildungsdenken in Europa wurzelt somit tief in der christlichen Tradition. Theorien wie Praktiken der Bildung des Menschen sind zwar kein europäisches Monopol.[114] In ihrer europäischen Variante folgen sie aber letztlich einer langen Linie, die ihren Anfang in den biblischen Ideen der Gottesebenbildlichkeit und moralischen Gleichheit der Menschen hat.

Eine weitere lange Linie zeigt die *Entwicklung des Rechts* in Europa. Richtigerweise wird dessen Ursprung im römischen Recht gesehen, wofür metaphorisch ›Rom‹ als eine der geistigen Quellen Europas steht. Aber mit dem Untergang des weströmischen Reiches gingen bis ins Hochmittelalter hinein die staatlichen Strukturen verloren, auf die Pflege und Durchsetzung dieses Rechts angewiesen waren. Die Könige und Kaiser waren schwach und ihre Macht basierte auf persönlichen Beziehungen, die über das Lehenswesen geregelt wurden. Einen zentralen Verwaltungsapparat gab es allenfalls in rudimentärer Form, weshalb die frühmittelalterlichen Könige mit ihrem gesamten Hof ständig durch ihr Reich reisten, um ihren Herrschaftsanspruch durchzusetzen. Ein einheitliches geltendes Recht gab es nicht mehr; in der Praxis wurden rechtliche Streit- oder Strafsachen, oftmals von den Grundherren, auf der Grundlage von Stammestraditionen oder Gewohnheitsrecht entschieden: »Das Recht wird von Fall zu Fall, jedesmal, wenn ein Urteil zu fällen ist, aus der Erinnerung heraufgeholt – und auf diese Weise fortgebildet.«[115]

Dennoch lebte auch das alte römische Recht weiter. »Es bildete sich dort fort, wo sich noch weiterwirkende Spuren der Verwaltung des antiken Rom fanden: in der Kirche. Die Kirchenhierarchie, die einzige Verwaltungskörperschaft, die ununterbrochen von der Spätantike bis ins Mittelalter überdauert hatte, fußte auf der antiken römischen Reichsbürokratie.«[116] Es war das kanonische Recht der katholischen Kirche, in dem das römische Recht auch nach dem Untergang des weströmischen Reiches tradiert wurde. *Ecclesia vivit lege Romana,* die Kirche lebt nach römischem Recht, war ein Grundsatz des Kirchenrechts. Nachdem es im 12. Jahrhundert im Kontext des Investiturstreits im corpus iuris canonici als allgemeines kirchliches Gesetzbuch zusammengefasst wurde, bildete es den Ausgangs- und Bezugspunkt für die langsame Entwicklung einer staatlichen Gesetzgebung und einer juristischen Elite, die das römische Recht an den neuen Universitäten studieren konnte. ›Rom‹ hätte somit ohne Mitwirkung aus ›Jerusalem‹ im neuzeitlichen Europa nicht wirksam werden können.

Im Zusammenhang mit der europäischen Rechtsgeschichte hat sich in der neueren Forschung auch das Bild der kirchlichen Inquisition im Mittelalter gewandelt. Dies gilt besonders im Vergleich zur weltlichen Gerichtsbarkeit in jener Zeit. Unbeschadet von aus heutiger Sicht – auch ohne Besserwisserei von Nachgeborenen, die in günstigeren Umständen leben dürfen – berechtigter Kritik an Auswüchsen der Inquisition (siehe dazu auch den nachfolgenden Abschnitt) erscheint manch »wohlfeile Anklage gegen die Schrecken der Inquisition [...] durch die neuere Forschung überholt.«[117] Ein interessantes Beispiel bietet der als besonders berüchtigt geltende Inquisitor Bernard Gui, dem Umberto Eco in seinem Roman »Der Name der Rose« ein unrühmliches Denkmal gesetzt hat. Für den Zeitraum vom 3.3.1308 bis 19.6.1323 liegt ein genaues Register der von ihm geführten Verfahren und der verhängten Strafen vor.[118] Hiernach gab 907 Verfahren gegen 637 Personen, von denen 41 mit der Todesstrafe und 31 mit lebenslanger Haft endeten. Am anderen Ende der Skala standen als milde Strafen Bußwallfahrten (17) und das Tragen von gelben Stoffkreuzen (136). Dazwischen lagen zeitliche Gefängnisstrafen. Das Register weist auch 274 nachträgliche Strafumwandlungen bzw. Straferleichterungen aus. Auch wenn sichere Daten zur gesamten Tätigkeit der katholischen Inquisition in Europa nicht vorliegen, relativieren doch zahlreiche Einzelstudien lange verbreitete Vorurteile. So ergibt eine Auswertung von fast 50.000 Prozessen der spanischen Inquisition zwischen 1540 und 1700 eine Hinrichtungsquote von 1,8 Prozent.[119] Insgesamt waren bei der weltlichen Justiz bis in die Frühe Neuzeit die Strafpraxis inklusive der Zahl der Hinrichtungen sowie der Verhängung brutaler Körperstrafen, aber auch die Haftbedingungen wesentlich härter als bei der kirchlichen Inquisition.[120]

Neben der Inquisition gab es weitere kirchliche Gerichte und es gibt sie für innerkirchliche Streitigkeiten bis in die Gegenwart. Im Mittelalter und der Frühen Neuzeit wurden sie oft auch bei profanen Rechtsstreitigkeiten herangezogen: »Während die Macht weltlicher Gerichtsherren wegen der territorialen Zersplitterung oft nur geringe Reichweite hatte, war die Kirche überall gegenwärtig und verfügte über rechtskundige, des Lesens und Schreibens mächtige Richter, die gelehrtes schriftliches Recht anwandten. Ihr Prozessrecht war einfach besser.«[121]

Neben der Vorreiterrolle bei der Entwicklung rechtsförmiger Verfahren für Urteilsfindung und Bestrafung hatte die kirchliche Gerichtsbarkeit weitere langfristige Effekte, die die modernen Rechtssysteme in Europa prägen. Dies sind vor allem Aspekte, die einen schematischen Tat-Strafe-Zusammenhang relativieren, indem die Persönlichkeit von Angeklagten und Besonderheiten des Einzelfalls mit in den Blick genommen werden.[122] Selbst die Inquisition kannte und verfolgte den Gedanken der *Besserung* eines Täters als Ziel eines Strafverfahrens, was sich heute im Konzept der Resozialisierung niederschlägt. Dieser Gedanke der *Buße* lässt sich ebenso auf den christlichen Einfluss zurückführen wie die Unterscheidung von Vorsatz und Fahrlässigkeit, Härtefallklauseln oder die Möglichkeit, aus Billigkeit von Strafe abzusehen. Außerhalb des Strafrechts sind die bürgerliche Einehe, die auf übereinstimmender Erklärung der Ehegatten beruht, und der »soziale Grundton, der das Europäische Recht auch schon vor der Ausbildung des modernen Sozialstaates durchzog«[123], direkte Folgen des christlichen Einflusses auf die Rechtsentwicklung in Europa.

Schließlich seien als lange Linien die *Spaltungen des europäischen Christentums in Konfessionen* angesprochen, deren Folgen ebenfalls bis in die Gegenwart reichen. Seit seiner Frühzeit hat es im Christentum immer wieder unterschiedliche Strömungen gegeben. Sie waren teils mit intensiven theologischen Debatten und heftigen Kontroversen und auch schon in der Antike mit Ab- und Ausgrenzungen verbunden. Hier ging und geht es dem Christentum nicht anders als anderen Religionen oder auch säkularen sozialen und geistigen Bewegungen, sei es nun Sozialismus oder Liberalismus oder seien es politische Parteien mit ihren jeweiligen Flügeln.

Die Geschichte christlicher Teilungen kann hier nicht in aller Breite nachgezeichnet werden. Lediglich zwei für die europäische Geschichte besonders wirkmächtige dieser Teilungen sollen angesprochen werden: das ›morgenländische Schisma‹ und die Reformation.

Am 16.7.1045 betrat ein Gesandter des römischen Papstes die Hagia Sophia in Konstantinopel und legte auf dem Altar eine Bannbulle nieder, mit der der Patriarch von Konstantinopel exkommuniziert wurde. Die Antwort folgte mit einer Gegenbulle wenige Tage darauf am 20. Juli. Damit war das große oder morgenländische Schisma vollzogen, mit dem ein Trennungsstrich zwischen die römisch-katholische und die orthodoxen Kirchen gezogen wurde.

Diesem Ereignis war ein langer Prozess zunehmender Entfremdung vorausgegangen, der sich nicht nur in theologischen Differenzen ausdrückte. Kaiser Konstantin verlegte als damals alleiniger römischer Kaiser die Residenz 330 in das nach ihm benannte Konstantinopel und suchte das Bündnis mit der Kirche, in deren innere Kontroversen er sich aktiv vermittelnd einzuschalten versuchte, so insbesondere mit der Einberufung eines Konzils nach Nicäa im Jahr 325. Es sollte das erste von sieben ökumenischen Konzilen sein, die bis 787 im byzantinischen Reich stattfanden, das aus der 395 erfolgten inneren Teilung des Römischen Reiches in einen west- und einen oströmischen Teil mit jeweils eigenen Kaisern entstand. Diese Reichsteilung erfolgte recht genau entlang einer inneren Sprach- und Kulturgrenze; im Westen wurde Latein gesprochen, im Osten Griechisch. Im Lauf des 5. Jahrhunderts erfolgte dann der Niedergang des weströmischen Reiches – 410 wurde Rom von Goten unter Alarich erobert und geplündert, 476 wurde der letzte weströmische Kaiser, Romulus Augustus, von einem germanischen Heermeister abgesetzt. Damit endete faktisch das weströmische Reich – nicht aber das oströmische.

Die sprachliche, kulturelle und politische Teilung des Römischen Reiches spiegelte sich im Christentum in der Auseinanderentwicklung von römisch-katholischer Kirche unter dem Primat des Papstes und den östlichen orthodoxen Kirchen. Die orthodoxen Kirchen waren in regionale Patriarchate gegliedert, die zunächst der römischen Verwaltungsstruktur folgten. In späteren Jahrhunderten entwickelten sich daraus Nationalkirchen, so beispielsweise in Georgien, Bulgarien, Serbien, Griechenland und vor allem in Russland, das sich nach dem Fall von Konstantinopel zu einer Art Schutzmacht der Orthodoxie entwickelte, da Moskau nun von vielen orthodoxen Christen als ›drittes Rom‹ angesehen wurde.[124] Zwei weitere Zentren sind bis heute für die orthodoxen Kirchen wichtig: die orthodoxen Klöster auf dem Berg Athos in Griechenland als spirituelles Zentrum und das bis heute bestehende Ökumenische Patriarchat von Konstantinopel mit Sitz in Istanbul. Dem Ökumenischen Patriarchen kommt eine Art Ehrenprimat der Orthodoxie ohne Weisungsbefugnisse für die nationalen Kirchen zu, jedoch auch mit einer administrativen Verantwortung für kleinere orthodoxe Minderheitenkirchen weltweit, so unter anderem innerhalb der EU in Deutschland, Österreich, Ungarn, Frankreich, Italien, Belgien, Spanien, Portugal und Skandinavien, aber auch beispielsweise in den Amerikas und Korea. Weltweit wird die Zahl der orthodoxen Christen derzeit auf etwa 260 Millionen geschätzt, mit allerdings abnehmendem relativen Anteil an der Zahl der Christen insgesamt.[125]

Theologisch sieht sich die Orthodoxie in direkter Linie zu den Aposteln und Kirchenväter der Alten Kirche. Als maßgeblich gelten allein die Entscheidungen der ersten sieben Konzile zwischen 325 und 787. In der Glaubenspraxis spielen Liturgie und (rein vokale) Kirchenmusik sowie die Verehrung (nicht Anbetung) von Ikonen eine zentrale Rolle.

In der Tradition der Orthodoxie wird auch die europäische Geschichte durchaus anders erzählt als im Westen.[126] Aus östlicher Sicht ging das Römische Reich nicht im 5. Jahrhundert unter, sondern 1453 mit der Eroberung Konstantinopels durch das Osmanische Reich, das nun unter der Bezeichnung Istanbul Hauptstadt dieses islamischen Reiches wurde. Bei der Verteidigung von Konstantinopel fühlte man sich trotz eines Hilfegesuchs vom Westen im Stich gelassen, ebenso wie es zuvor im Zusammenhang mit den Kreuzzügen schwere Zerwürfnisse gab, die im nächsten Abschnitt näher angesprochen werden. Nicht ganz zu Unrecht beklagt der derzeitige Ökumenische Patriarch eine gewisse Ignoranz im Westen gegenüber dem Beitrag der orthodoxen Kirchen zur Geschichte des Christentums und Europas: »Byzanz ist das bestgehütete Geheimnis des Westens.«[127]

Andererseits gab es nach 1045 immer wieder Versuche, das morgenländische Schisma zu überwinden.[128] Erfolg hatten sie letztlich erst nach über 900 Jahren im Zusammenhang mit dem Zweiten Vatikanischen Konzil: Am 7.12.1965 hoben Papst Paul VI. und der Ökumenische Patriarch Athenagoras die Bullen der gegenseitigen Exkommunikationen wieder auf, ohne dass damit auch inhaltliche Differenzen bereits aufgelöst worden wären.

Die *Reformation* wurde oben bereits im Zusammenhang mit christlicher Bildung angesprochen. Sie hat mit ihren verschiedenen Zweigen die nachfolgende religiöse, politische und kulturelle Entwicklung in Europa nachhaltig beeinflusst. Genauer müsste man allerdings von *Reformationen* im Plural sprechen.[129] Auf

Luthers 1517 veröffentlichte 95 Thesen folgte schon wenige Jahre später Zwinglis Züricher Variante der Reformation und bald darauf die asketisch geprägte reformatorische Republik Calvins in Genf. Von Beginn an gab es zwischen Luther auf der einen und den Schweizer Reformatoren auf der anderen Seite Differenzen, die sich theologisch vor allem am Verständnis des Abendmahls festmachten und dazu führten, dass es praktisch von Beginn an mit ›Lutheranern‹ und ›Reformierten‹ zwei Großströmungen im Protestantismus gab, die bis heute weiterwirken.

Bei diesen Unterschieden blieb es nicht. Ebenfalls schon zu Luthers Lebzeiten zeigten sich weitere Ansätze protestantischen Denkens, die sich wie entgegengesetzte Pole betrachten lassen: auf der einen Seite der (erst rückblickend im 19. Jahrhundert so bezeichnete) Humanismus im Kontext der Renaissance, aus dem vor allem Erasmus von Rotterdam und Philipp Melanchthon mit Luther im Dialog standen, auf der anderen Seite politische Radikalisierungsversuche wie bei Andreas Bodenstein (alias Karlstadt) sowie bei Thomas Müntzer, den Täufern und aufständischen Bauern. Mit beiden Polen hatte sich Luther auseinanderzusetzen und er tat dies auch, im akademischen streitbaren Diskurs mit dem ersten und durch harte theologische und politische Verurteilung mit dem zweiten. Aber die Reformation blieb nicht einfach eine auf das 16. Jahrhundert begrenzte Epoche, die mit der Gründung von evangelischen Kirchen mit tatkräftiger Unterstützung lutherischer und reformierter Landesfürsten im Heiligen Römischen Reich, in Skandinavien und mit dem besonderen Fall der anglikanischen Kirche in England ihren Schlusspunkt gefunden hätte. In den Folgejahrhunderten sind immer neue protestantische Bewegungen und oft auch Kirchen entstanden: von den Pietisten und Puritanern im 17. und 18. Jahrhundert (die durch europäische Auswanderer nach Übersee den Geist der amerikanischen Demokratie massiv geprägt haben) bis zum liberalen Kulturprotestantismus im Bürgertum des 19. Jahrhunderts, von den evangelikalen Freikirchen bis zur Pfingstbewegung. Wenn man es optimistisch sieht, kann man die protestantische Vielfalt als vitalen Ausdruck des Grundsatzes und der Notwendigkeit sehen, dass die Kirche immer wieder zu reformieren ist – ecclesia semper reformanda.

Andererseits gehört zu den Folgen der Reformation als Epoche auch eine »dramatische Überdoktrinalisierung des Christentums, in der alle Konfessionen schon bei geringster Abweichung in der Lehre einen Gegner zu erkennen meinten und ihn entsprechend behandelten«[130]. Dies führte zwar nicht zwingend zur europäischen Katastrophe des Dreißigjährigen Krieges von 1618 bis 1648, weil – wie meist in der Politik – in diesem Kampf um die Vorherrschaft im Heiligen Römischen Reich eine Vielzahl an widerstreitenden Interessen der Kriegsparteien von Bedeutung waren, aber nebensächlich waren die konfessionellen Gegensätze zwischen Katholiken und Protestanten (die Orthodoxen spielten hierbei keine Rolle) in diesem Krieg eben auch nicht.

Im heutigen Christentum in Europa bestehen zwar die konfessionellen Trennungen weiter, aber die Gegensätze zwischen den Konfessionen haben erheblich an Gewicht verloren. Religionsfreiheit als Individualrecht ist unumstritten und praktische Kooperationen zwischen verschiedenen Kirchen bis hin zu ökumenischen Gottesdiensten sind keine Seltenheit. Theologische Differenzen bestehen zwar weiter, aber an deren Minderung wird nicht ohne Erfolge gearbeitet. Auf die Aufhebung des gegenseitigen Bannes zwischen Vatikan und Orthodoxie wurde bereits hingewiesen. Die lutherischen und reformierten Kirchen haben 1973 in der Leuenberger Konkordie ihre gegenseitigen Verwerfungen aus der Reformationszeit als nicht mehr zutreffend erklärt, sich in zentralen theologischen Streitfragen verständigt und eine »Gemeinschaft Evangelischer Kirchen in Europa« gegründet, der bisher 105 Kirchen angehören. Zu einer der zentralen theologischen Streitfragen der Reformation, der Rechtfertigungslehre, wurde 1999 eine gemeinsame Erklärung des Lutherischen Weltbundes und des Päpstlichen Rates zur Förderung der Einheit der Christen veröffentlicht.

Was bewirkten die Kernideen der Reformation auf lange Sicht in Europa? Lauster fasst einige wesentliche dieser Ideen, bezogen auf Luther, treffend folgendermaßen zusammen:

> »Er verstand die Kirche nicht mehr als eine dem Glaubenden vorgeordnete Institution […]. Die Kirche war für ihn die Gemeinschaft derer, die sich vom Wort Gottes getroffen wussten. Luther ging so weit, die wahre Kirche als unsichtbar zu bezeichnen, weil sie an dieses innere Erlebnis gebunden ist und nicht an Äußerlichkeiten wie Amtspersonen und Zeremonien. Die amtlichen Repräsentationsformen wertete er zugunsten eines Priestertums aller Gläubigen radikal ab, Amtsträger verloren die Funktion als Vermittlungsinstanz des Heils und damit auch ihre wichtigste Legitimation. Das Heil des Menschen hing nun ohne Vermittlungsinstanz von seiner eigenen Gottesbeziehung ab.«[131]

Deutlich ist im Spiegel dieser Kurzzusammenfassung der starke Rückbezug Luthers auf Paulus und Augustinus zu erkennen. Versteht man die Reformation als Ausgangspunkt eines neuen Zweigs im Geflecht der langen Linien christlicher Traditionen, dann lassen sich mit Habermas ihre langfristigen Effekte auf das moderne Europa so beschreiben: »sie förderte die autonome Selbststeuerung und eine fortschreitende Individualisierung des Einzelnen; sie leitete zu prinzipienorientiertem Handeln über, gab dem Eigensinn und der Autorität unabhängiger Wissenschaften Raum und hat, indem sie zur genauen hermeneutischen Auslegung der Bibel anregte, ein neues historisches Bewusstsein vorbereitet und damit den Reflexionsdruck auf das dogmatische Selbstverständnis der Gläubigen gesteigert.«[132]

Dunkle Seiten und antichristliche Ressentiments: Kreuzzüge und Hexenverfolgungen

Gewalt ist, so ungern man es schreibt, eine Konstante im menschlichen Zusammenleben. Selbst in funktionierenden Rechtsordnungen, in denen das Recht die gewaltsame Lösung von Konflikten verhindern soll, bildet die Drohung mit staatlicher Gewalt die ultima ratio zur Sicherung des Friedens. Gerade die Bibel hat in dieser Hinsicht ein sehr nüchternes Bild vom Menschen; nach ihr beginnt die menschliche Geschichte mit einem Mord, dem von Kain an seinem Bruder Abel. »Jeder kann zum Mörder werden«, betitelt eine forensische Psychiaterin eine Sammlung von Fallberichten aus ihrer beruflichen Praxis.[133] Wie dünn die Kruste der zivilisatorischen Einhegung von Gewalt sein kann, haben die Europäer erst wieder in den Kriegen und Diktaturen des 20. Jahrhunderts auf erschreckende Weise erfahren müssen.

Von daher wäre es höchst verwunderlich, wenn es in 2000 Jahren Christentumsgeschichte nicht auch zur Anwendung von Gewalt gekommen wäre. Zwar ächten das fünfte Gebot aus dem Alten Testament sowie das Gebot der Nächsten- und Feindesliebe unmissverständlich die Ermordung anderer Menschen. Aber zugleich leben Christen im ›Reich der irdischen Welt‹ in seinen unterschiedlichen kulturellen und politischen Formen und Konflikten, in denen es immer Situationen geben kann, bei denen die Anwendung von Gewalt bis hin zur Tötung von Menschen als legitim gilt. Wann diese Legitimität gegeben ist und unter welchen Umständen Christen in dieser Hinsicht staatliche Gewaltanwendung unterstützen, ja sogar selbst im Interesse des Christentums nutzen dürfen und wann sie ihr widersprechen müssen, kann aus christlicher Sicht eine äußerst schwierige Frage sein. Ein berühmtes Beispiel ist der Fall des Mailänder Bischofs Ambrosius, der im Jahr 390 Kaiser Theodosius, unter dem das Christentum zehn Jahre zuvor Staatsreligion geworden war, unter Androhung der Exkommunikation zwang, für ein Massaker in Thessaloniki öffentlich Buße zu tun.

Bekanntlich war das Verhältnis von Kirche und Staat im Blick auf den Umgang mit Gewalt längst nicht immer so klar wie in diesem Beispiel. Es hat Fälle von Gewaltanwendung der Kirche oder mit kirchlicher Legitimation gegeben, die nicht nur aus heutiger Sicht, sondern auch vor dem Hintergrund der jeweiligen Umstände nicht zu rechtfertigen sind – und deshalb oft auch bereits von Christen in der jeweiligen Zeit kritisiert worden sind. Aber die klischeehafte, oft mit völlig überzogenen Zahlen hantierende und sich manchmal zum bloßen Ressentiment steigernde Ansicht, die gesamte Geschichte des Christentums sei eine einzige Folge blutrünstiger Gewalttaten, wird gerade durch die neuere historische Forschung nicht gestützt.

Den Dilemmata, Wegen und Irrwegen des Christentums im Umgang mit Gewalt und neueren Forschungen dazu ist Arnold Angenendt in großer Breite nachgegangen.[134] Hier sollen in der gebotenen Kürze nur zwei Fallkomplexe beleuchtet werden, die bei antichristlichen Ressentiments regelmäßig eine große Rolle spielen: die Kreuzzüge und die Hexenverfolgungen in Europa.

Die *Kreuzzüge* waren ein vielschichtiges Phänomen, selbst wenn man sie – was hier geschieht – auf die militärischen Expeditionen in den Nahen Osten und nach Byzanz zwischen 1095 und 1291 beschränkt und spätere Feldzüge unter dieser Bezeichnung in Europa außen vor lässt. Für den Aufruf zum ersten Kreuzzug durch Papst Urban II. im Jahr 1095 gab es zwei Gründe und einen gewünschten Nebeneffekt. Erstens gab es zunehmende Behinderungen oder Zurückweisungen christlicher Pilger, die die Grabeskirche in Jerusalem besuchen wollten. Jerusalem war 637 im Zuge der militärischen Expansion der muslimischen Araber erobert worden. Dass solche Zurückweisungen auch heute politischer Sprengstoff wären, mag dieses Gedankenexperiment veranschaulichen: »Man stelle sich vor, Mekka sei von

Nichtmuslimen besetzt und Muslimen würde der Zugang zur Kaaba verwehrt. Nichtchristen dürfen diese heiligen Stätten nicht einmal betreten.«[135] Zweitens gab es ein Hilfegesuch des byzantinischen Kaisers angesichts zunehmender militärischer Bedrohungen durch das muslimische Seldschukenreich, das bereits byzantinische Gebiete in Anatolien erobert hatte. Daraufhin rief der Papst zu einem Kreuzzug auf, den er – erstmals überhaupt – als bewaffnete Wallfahrt verstanden wissen wollte, mit der das Heilige Land befreit werden sollte.

Der erstrebte Nebeneffekt zielte auf die Lage der Ritterschaft in Europa. Andere bewaffnete Organe gab es praktisch nicht. Die Ritter waren im 11. Jahrhundert noch immer »der kaum christianisierte Kriegeradel einer Gentilgesellschaft, dem es um Ehre, Ruhm und Abenteuer, Treue und Blutrache ging. Die Fehde war ein legitimes Rechtsinstitut und zugleich eine Landplage. Seit dem 10. Jahrhundert betrieb die Kirche die Domestikation des Kriegeradels zum ›christlichen Ritter‹ durch religiöse Riten wie die Ritterweihe und den Schwertsegen. So entstand erst das Ideal der ›Ritterlichkeit‹.«[136] Mühsam wurde im 11. Jahrhundert von der Kirche versucht, einen ›Gottesfrieden‹ durchzusetzen, beispielsweise indem man die Ritterschaft zu zwingen versuchte, wenigstens über den Sonntag hinweg, also von Samstagmittag bis zum Sonnenaufgang am Montag, auf private Kampfhandlungen zu verzichten.[137] Indem Urban II. nun den Teilnehmern am Kreuzzug unter der Voraussetzung eines zeremoniellen Gelübdes die Vergebung ihrer Sünden versprach, konnte er, so schien es, die beiden ersten Ziele zumindest mit einem Beitrag zur Befriedung in Europa verbinden. Der Preis, den er dafür zu zahlen bereit war, sollte sich als hoch erweisen: Erstmals wurde hier im Christentum das Konzept eines ›heiligen Krieges‹ eingeführt, das bis dahin – anders als im Islam, in dem der Dschihad von seinen Anfängen an eine Rolle spielte – allenfalls über die Bedingungen diskutiert hatte, unter denen ein Krieg als ›gerecht‹ gelten konnte. Aus dem Neuen Testament oder der kirchlichen

Tradition heraus war dieses Konzept nicht zu rechtfertigen. Zur Legitimation dienten deshalb »die in den letzten beiden Büchern des Alten Testaments geschilderten Kämpfe der Makkabäer, deren Ziel ebenfalls die Befreiung und Reinigung heiliger Stätten gewesen war, insbesondere Jerusalems.«[138] Gleichwohl gab es in der Kirche unter Theologen auch beträchtliche Kritik an diesem Konzept.[139] Bei der nächsten Konfrontation mit der islamischen Welt, dem ersten Versuch des Osmanischen Reiches zur Eroberung Wiens 1529, widersprach Luther zwar nicht der militärischen Verteidigung gegen diesen Angriff, wohl aber dessen Aufwertung als ›Kreuzzug‹ durch den Papst.[140]

Papst Urbans Aufruf hatte einen Effekt, den er vermutlich selbst nicht erwartet hatte. Statt eines Heeres von vielleicht einigen hundert oder wenigen tausend Rittern fanden sich nach heutigen Schätzungen bis zu 120.000 Freiwillige ein, von denen die weit überwiegende Mehrzahl keine Ritter, sondern von fanatisierten Wanderpredigern angestachelte Menschen waren. Der Aufbruch der großen Masse dieser Freiwilligen und ihr Zug durch Europa »glich einer brandschatzenden Horde«[141], deren Raserei sich auf ihrer Route pogromartig gegen heimische Juden richtete, im Osten Europas auf Widerstand einheimischer Truppen stieß und deren Reste in Kleinasien von Seldschuken zerschlagen wurden. Geordneter und erfolgreicher verlief der Kreuzzug der geschätzt inklusive Begleitpersonals rund 20.000 Ritter, die in mehreren Gruppen aufbrachen und binnen drei Jahren bis nach Palästina kamen, im Jahr 1099 Jerusalem eroberten und mehrere lateinische Staaten gründeten, darunter das Königreich Jerusalem. Das entsprach nun allerdings ganz und gar nicht den Absichten von Byzanz, wo man sich Unterstützung aus dem Westen nicht als Gründung neuer, vom lateinischen Christentum geprägter Staaten gewissermaßen vor der eigenen Haustür vorgestellt hatte.

Die Kreuzritterstaaten konnten sich nach wechselhaften Auseinandersetzungen, muslimischen Rückeroberungen und zwei weiteren Kreuzzügen noch bis 1291 halten. In diesen knapp zwei Jahrhunderten herrschte keineswegs ein durchgehender Kriegszustand. Es gab auch Zeiten langer Waffenstillstände, respektvoller Begegnungen und kulturellen Austauschs. Die Kreuzzüge verstanden sich nicht als Missionsbewegung, und einer ihrer Effekte war, dass 1144 die erste lateinische Übersetzung des Koran erschien.[142] Der Johanniterorden, der schon vor den Kreuzzügen existierte und ein Hospital für christliche Pilger in Jerusalem betreute, ist nach der Episode als bewaffneter Orden wie der Malteserorden, mit dem er auf verwickelte Weise verbunden ist, wieder zu seinen wohltätigen Ursprüngen zurückgekehrt und so noch heute eine lebendige Brücke in die Zeit der Kreuzzüge.

Noch erwähnt werden muss der vierte Kreuzzug, der 1202 begann, nur bis Konstantinopel kam und dort 1204 mit der Eroberung und Plünderung dieser Stadt ein unrühmliches Ende nahm. Dies war die »endgültige Perversion des Kreuzzugsgedankens«[143]. Statt das byzantinische Reich zu unterstützen, was ja ein Ausgangsmotiv der Kreuzzüge war, wurde es mit dieser Aktion massiv geschwächt. Sie ist in der Erinnerung der orthodoxen Kirchen bis in die Gegenwart hinein lebendig geblieben.

Eine Gesamtbewertung der Kreuzzüge, die sich nicht auf schnelle moralisierende Urteile beschränkt, fällt nicht leicht. Gewiss wäre eine Expedition, die sich auf die Absichten beschränkt hätte, mittels einer begrenzten Intervention einerseits dem byzantinischen Kaiserreich beizustehen und andererseits den freien Zugang nach Jerusalem für christliche Pilger zu sichern, nicht verwerflich gewesen. Aber hätte dies die Energien mobilisiert, die für ein solches Unternehmen nötig gewesen wären? »Kreuzfahrer nahmen beträchtliche Opfer auf sich, sie ließen ihre Familien zurück, sie verkauften zum Teil ihr Hab und Gut, sie litten unter gewaltigen Strapazen und sie führten brutale Gefechte, in denen stets auch der eigene Tod drohte.«[144]

Auf der anderen Seite wiegt der Tabubruch schwer, der die Idee eines ›heiligen Krieges‹ für das Christentum war, und bei dem es Jahrhunderte dauerte, ihn wieder aus dem theologischen Denken zu verbannen. Vielleicht spricht doch manches für das Fazit des bedeutenden Kreuzzugforschers Jonathan Riley-Smith: »Ich habe die Kreuzfahrer als das akzeptiert, was sie waren, und ich habe mich geweigert, ein Urteil über sie zu fällen.«[145]

Die *Hexenverfolgungen* fanden in Europa zwischen 1430 und 1780 statt, mit der Hochphase zwischen 1560 und 1630. In diesen 350 Jahren sind ihnen nach heutigem Kenntnisstand um die 50.000 Menschen zum Opfer gefallen, davon rund die Hälfte in Deutschland.[146] Im deutschen Bereich waren die Mehrzahl der Betroffenen Frauen (73 Prozent), in manchen anderen europäischen Ländern Männer, so in Island zu 90 Prozent und in Estland zu 60 Prozent.[147] Teilweise wurden auch Kinder verfolgt. Nicht nur die regionale Verteilung in Europa war sehr unterschiedlich, auch bei der Beteiligung kirchlicher Institutionen gab es erhebliche Unterschiede:

> »Wo die Inquisition, also die kirchlichen oder (Spanien) königlichen Ketzergerichte (nur in katholischen Ländern, aber nicht in allen), mächtig war (Spanien, Portugal mit ihren Kolonien und Italien), hat sie Hexenverfolgungen weitestgehend unterbunden. In Deutschland ist die Inquisition Anfang des 16. Jahrhunderts faktisch gescheitert. Die Hexenverfolgungen wurden Sache der Klein- und Kleinstherrschaften, die sich ganz verschieden verhielten. In freien Reichsstädten gab es so gut wie keine Hexenverfolgungen. [...] Je größer und stabiler ein Herrschaftsgebiet, umso weniger legale Hexenverfolgungen gab es.«[148]

Schon diese wenigen Eckdaten sind geeignet, verbreitete und oftmals hartnäckige Fehlvorstellungen und Ressentiments zum

Thema Hexenverfolgungen in Frage zu stellen. Weder waren diese ein mittelalterliches Phänomen (sondern in Europa ganz überwiegend eines der Frühen Neuzeit), noch gab es (wie zeitweise gemutmaßt wurde) Millionen von Opfern, noch waren sie ein von der Kirche planmäßig betriebenes Vorhaben (wenngleich kirchliche Akteure in unterschiedlicher Weise mitbeteiligt waren). Hexenglaube und Hexenverfolgung sind auch kein spezifisch europäisches Phänomen. Der Historiker Wolfgang Behringer stellt dazu fest:

> »Ich bin inzwischen der Überzeugung, dass im 20. Jahrhundert mehr Menschen wegen Hexerei getötet wurden als in der ganzen Periode der europäischen Hexenverfolgung […]. Im Fall von Tansania wurden zwischen 1960 und 2000 ungefähr 40.000 Menschen ermordet, die wegen vermeintlicher Hexerei angeklagt wurden. Hexerei ist kein Delikt im tansanischen Strafrecht, aber es sind oft Dorfgerichte, die entscheiden, dass bestimmte Menschen getötet werden sollen. Es sind nicht einfach Willkürakte, dahinter stehen auch Strukturen. Deswegen bin ich zu dem Schluss gekommen, dass die Hexenverfolgungen kein historisches Problem sind, sondern ein brennendes Problem unserer Gegenwart.«[149]

Die katholische Organisation Missio rief deshalb 2020 erstmals den 10. August als ›Internationalen Tag gegen Hexenwahn‹ aus und verweist auf 36 Länder, in denen derzeit Menschen unter Hexenwahn leiden.[150]

Die Ähnlichkeiten zwischen vergangenen europäischen und heutigen Hexenverfolgungen sind frappierend. Auf der Grundlage eines magischen Weltbildes, bei dem angenommen wird, dass in die Zusammenhänge des Weltgeschehens auf magische Weise eingegriffen werden kann – im Fall der Hexenverfolgung durch Schadenszauber – werden Erklärungen und Verantwortliche für ein Unglück gesucht, insbesondere für kollektives Unglück wie Ernteausfälle oder Viehsterben. Vorstellungen von der Beeinflussbarkeit der Wirklichkeit durch Magie waren in der vorchristlichen Antike weit verbreitet und sind bis heute keineswegs völlig verschwunden: Dass es Hexen geben könnte, hielten nach einer Allensbach-Umfrage unter Westdeutschen 1956 8 Prozent, 1973 10 Prozent, 1982 13 Prozent und 1989 16 Prozent der Befragten für möglich.[151]

Auch in den Hexenverfolgungen der Frühen Neuzeit in Europa standen oft Unglückserfahrungen am Beginn. »Ein Grundzug der Hexenverfolgung ist die Struktur des Pogroms. Die Bevölkerung ging meist auf dem Land gegen Menschen vor, die sie für das ›Böse‹ verantwortlich machten, das ihnen widerfuhr. Dazu gehörten dann Krankheiten, Epidemien, durch ungünstige Wetterlagen hervorgerufene Missernten oder mysteriöse Häufungen von Unglücksfällen.«[152] Es ist wahrscheinlich, dass eine im 15. Jahrhundert einsetzende Klimaveränderung, eine ›Kleine Eiszeit‹ mit kälteren Wintern, starken Spätfrösten, Überschwemmungen und 1628 gar einem ›Jahr ohne Sommer‹, in diesem Zusammenhang von Bedeutung war.[153]

Aus heutiger Sicht erscheint es als völlig selbstverständlich, dass der Hexenglaube mit dem christlichen Glauben unvereinbar ist. Der Glaube an den einen Gott und Schöpfer der Welt ist mit dem gleichzeitigen Glauben an die beliebige Manipulierbarkeit dieser Welt durch Menschen mit magischen Kräften nicht verträglich. So sehen es heute die christlichen Kirchen – und so sah es im Kern die Kirche in den ersten 1000 Jahren ihres Bestehens auch. Zwar ging man – wie auch das Neue Testament – von der Existenz von Dämonen aus, vor allem um bestimmte Krankheiten zu erklären. Aber noch in dem von Regino von Prüm 906 verfassten *Canon Episcopi*, der Teil des kanonischen Rechts der Kirche wurde, galt beispielsweise die Vorstellung, Hexen könnten nachts über viele Länder hinwegfliegen, dezidiert als Wahnvorstellung oder als von Dämonen erzeugte Illusion. »Im Früh-

und Hochmittelalter wurden Zauberei und Zaubergläubigkeit nur als Glaubensirrtum behandelt.«[154]

Wie kam es dann zur Verwicklung kirchlicher Akteure in die europäischen Hexenverfolgungen? Von Beginn an stand der christliche Glaube im Spannungsverhältnis zum magischen Denken weitester Teile der Bevölkerung.[155] Die sogenannte Volksfrömmigkeit war vielfach ein fragiler Kompromiss zwischen beidem. Auch die aus vorchristlicher Zeit übernommene Überzeugung, dass Schadenszauber möglich sei, blieb weit verbreitet. Mit Blick auf die Kirche ist überdies bis in die Frühe Neuzeit hinein das oben bereits angesprochene Problem des niedrigen Bildungsstandes sehr vieler Kleriker auf dem Land in Rechnung zu stellen. Nur so lassen sich bestimmte Formen von Heiligen- und Reliquienkulten erklären oder auch die Praxis des Ablasshandels zu Luthers Zeiten, bei der von der durchaus komplexen katholischen Sünden- und Gnadentheologie, die hinter dem Konzept des ›Ablasses‹ stand, nur noch ein magisch aufgeladenes Handelsgeschäft blieb. Einen christlichen Anknüpfungspunkt fand der Hexenglaube in der Personifizierung des Bösen in der Gestalt des Teufels. In der Behauptung, Hexen hätten ihre magischen Kräfte aus einem Pakt mit dem Teufel erhalten, fand die europäische Hexenverfolgung ihre (pseudo-)christliche Legitimation.

Eine berüchtigte Rolle spielte dabei der *Malleus Maleficarum*, der ›Hexenhammer‹, ein 1487 erschienenes Buch des Dominikaners Heinrich Kramer (lat. *Institoris*). Der Hexenhammer war als eine Art Handbuch für Hexenprozesse vor allem für die weltliche Justiz gedacht. Kramer stellte dem Buch eine päpstliche Bulle sowie ein gefälschtes theologisches Gutachten der Kölner theologischen Fakultät voran und gab als Mitautor den hochangesehenen Theologen Jakob Sprenger an, dessen Autorenschaft in der Forschung aber stark angezweifelt wird. Behringer spricht in diesem Zusammenhang von einem »Täuschungsmanöver Kramers«, um Sprengers Autorität in

Anspruch zu nehmen, der sich allerdings »mit Verweisen, Strafandrohungen, Beherbergungs- und Predigtverboten« gegen Kramer zur Wehr setzte.[156]

Der Hexenhammer war eine auf perfide Weise systematisch ausgearbeitete, scheinbar theologisch und empirisch abgesicherte, mit vielen Beispielen angereicherte und auf konkrete Vorgehensweisen zur Bekämpfung der Hexen hinauslaufende immanente Gesamtdarstellung des Hexenglaubens. Kramer, der auch selbst als Hexenverfolger auftrat, wollte damit die weltliche Gerichtsbarkeit zum Führen von Hexenprozessen gleichermaßen antreiben wie befähigen und ihr dafür eine kirchliche Legitimation verschaffen. Allerdings hat der Hexenhammer nie eine kirchenrechtliche Geltung erlangt, was seiner dank des Buchdrucks weiten Verbreitung und damit beträchtlichen Wirkung nicht entgegenstand.

Besonders verheerend wirkte sich in den europäischen Hexenprozessen die teils exzessive Anwendung der Folter aus. Sie erklärt sich weniger aus dem Vorwurf des Schadenszaubers selbst als vielmehr aus der Vorstellung, Hexen würden sich zum Hexensabbat treffen und von daher Komplizen kennen, die es nun ausfindig zu machen gelte. Die Folter sorgte in vielen Fällen dafür, dass die gewünschten Namen auch geliefert wurden und die Verfolgung weitere Kreise zog: »Nicht selten hat die Verfolgungswut im zweiten Akt diejenigen auf den Scheiterhaufen gebracht, die zuvor an Hexenverfolgungen aktiv beteiligt waren, darunter Bürgermeister, Adlige und Kleriker.«[157]

In den Kirchen gab es über Kramer/Institoris hinaus durchaus weitere Befürworter der Hexenverfolgung. Im Heiligen Römischen Reich waren in dieser Hinsicht besonders die drei katholischen Kurfürstentümer problematisch, weil hier die Fürstbischöfe zugleich weltliches Recht exekutierten und damit der anderenorts bremsende Effekt kirchlicher Vorbehalte entfiel. In diesen drei Staaten allein kam es zu etwa 5000 entsprechenden Hinrichtungen. Aus den Kirchen meldeten sich allerdings auch schon ab dem frühen 16. Jahrhundert zahlreiche Kritiker der Hexenverfolgungen zu Wort, die naturkundliche, juristische und theologische Argumente vorbrachten.[158] Der wirksamste unter ihnen war der Jesuit Friedrich Spee, der 1631 in seiner Schrift *Cautio Criminalis* sowohl theologisch als auch juristisch luzide argumentierte und entscheidend dazu beitrug, die Legitimität von Hexenprozessen zu untergraben.[159] Als Beichtvater und Seelsorger vieler der Hexerei Beschuldigter und anschließender genauer Prüfung der Verfahrensakten kam er zu dem Schluss, dass Schuldlose schuldig gesprochen wurden. Verfahrensrechtlich forderte er unter anderem wirksame Strafverteidigung für die Angeklagten, die Anwendung des Grundsatzes der Unschuldsvermutung auch in Hexenprozessen und die völlige Abschaffung der Folter, weil sie sich als unzuverlässiges Mittel bei der Wahrheitssuche erwiesen habe. Spees Argumente setzten sich zwar nicht sofort, aber doch auf Dauer durch, zumal sie mit der beginnenden Aufklärung verstärkt auch von weltlichen Juristen Unterstützung fanden. Dennoch wurde erst am 11. April 1775 mit Maria Anna Schwägelin in Kempten die letzte als Hexe Angeklagte verbrannt.[160]

Die europäische Hexenverfolgung war kein genuin christliches oder kirchliches Vorhaben, aber an der Mitverantwortung der Kirchen für sie ist nicht zu rütteln. Zu spät und viel zu wenig entschlossen wurde hier von kirchlicher Seite einer wahnhaften Vorstellungswelt entgegengetreten, die sich auf das Christentum berief, obwohl sie dem christlichen Glauben fundamental widersprach.

Eine christlich geprägte Kultur

Trotz der langen Dauer und der vielen Widrigkeiten der christlichen Akkulturation in Europa sind die europäischen Gesellschaften kulturell in hohem Maße vom Christentum geprägt worden. Dies betrifft viele alltagskulturelle Aspekte ebenso wie komplexe geistige Phänomene, die mit einem engeren Kulturbegriff meist gemeint sind, wie Kunst, Musik oder Architektur.[161]

Es beginnt schon mit der Strukturierung der Zeit. Die Zählung der Jahre ›vor und nach Christus‹ ist ebenso christlich begründet wie die Ordnung der Woche, die mit dem Sonntag als christlichem Feiertag endet. Im Jahresverlauf sind vor allem Ostern, Pfingsten und Weihnachten mit der Adventszeit auch heute markante Daten, selbst wenn ansonsten vieles aus dem Kirchenjahr seine alltagsprägende Kraft verloren hat. Aber noch immer tragen viele Menschen biblische Namen, seien es Anna, Elisabeth, Eva, Hanna, Judith, Lydia, Maria, Rebecca, Ruth oder Sara oder seien es Adam, Benjamin, David, Daniel, Elias, Johannes, Lukas, Markus, Noah oder Samuel. Europäische Städte und Dörfer sind bis heute von ihren Kirchengebäuden geprägt und selbst in Ostdeutschland, das heute nach zwei antichristlichen Diktaturen neben Tschechien als die unchristlichste Region Europas gilt, bemühen sich vielerorts neu gegründete Kirchenbauvereine um die Erhaltung und Renovierung ihrer Kirchen. Herausragendes Beispiel hierfür ist der Wiederaufbau der 1945 zerstörten Frauenkirche in Dresden. Der originalgetreue Wiederaufbau dieser barocken Kirche wurde überwiegend aus Spenden finanziert und fand zwischen 1993 und 2005 statt.

In den europäischen Kirchbauten spiegeln sich die großen künstlerischen Bewegungen, die vor der Moderne quer durch Europa liefen – Romanik, Gotik, Renaissance, Barock – und in denen sich durchweg auch der christliche Glaube immer neue ästhetische Ausdrucksformen geschaffen hat. Die vor 500 bis 800 Jahren entstandenen gotischen Kathedralen prägen Stadtbilder bis heute und faszinieren europäische wie außereuropäische Besucher. Wie hoch ihr symbolischer Wert bis in unsere Zeit ist, war an den europaweit bestürzten Reaktionen auf den Brand von Notre-Dame in Paris 2019 und der darauffolgenden hohen Spendenbereitschaft erkennbar. Kirchenarchitektur lässt sich »als materielle Nachformung der Glaubensinhalte in der fest gefügten Ordnung von Theologie und Liturgie verstehen.«[162] In den Kathedralen spielt die durch neue Bautechniken möglich gewordene Öffnung zum Himmel eine große Rolle: »Kathedralen verjüngen sich durch die Spitzgewölbe nach oben so, als würde sich der Raum auflösen.«[163] Die großen, meist farbigen Fensterflächen lösen die schweren Wände scheinbar auf und ermöglichen faszinierende Spiele mit Licht, die sich mit narrativen Bildprogrammen in den Fenstern verbinden und so nicht nur atmosphärisch, sondern auch inhaltlich Glaubensbotschaften an – zu deren Bauzeiten vielfach analphabetische – Besucher vermitteln. Einen modernen Nachhall zu diesen Effekten vermittelt die seit 1882 im Bau befindliche Basilika *Sagrada Familia* in Barcelona, deren Fassaden, Innenraum und farbige Fenster mit heutigen Mitteln ihren Besuchern den Effekt einer gotischen Kathedrale vermitteln sollen: jenseits ihres Alltagslebens eine Ahnung vom ›himmlischen Jerusalem‹ zu bekommen.

Die Geschichte aller Kunstrichtungen ist in Europa mit der des Christentums verwoben. Für die europäische Musik gilt: »Wenn wir die Musik mit einem Baum vergleichen würden, so wäre die geistliche Musik der ersten fünfzehn (!) Jahrhunderte unserer Zeitrechnung der Stamm dieses Baumes.«[164] Auch die postantike Malerei und Bildhauerei waren bis in die Neuzeit hinein sehr weitgehend auf christliche Motive bezogen, schon weil die Künstler in hohem Maße von kirchlichen Auftraggebern abhängig waren. Selbst die Kunstform des Romans entstand, wie Lauster unter anderem am Beispiel von Daniel Defoes *Robinson Crusoe* zeigt, »aus dem Geist des Pietismus«[165].

Erst im 18. und 19. Jahrhundert traten Kunst, Musik und Literatur »aus dem Schatten eines traditionellen Christentums heraus und emanzipierten sich von ihrer Rolle als bloße Medien religiöser Botschaften.«[166] Damit waren Gewinne, aber auch Gefahren verbunden – Gewinne, wo sie eine neu gewonnene Freiheit nutzen, um in immer neuen Ausdrucksformen tiefere Dimensionen von Welt und Wirklichkeit auszuloten und auf diese Weise zwar nicht unbedingt religiös zu sein, aber doch in einer Beziehung zu bleiben zu den Fragen des Menschseins, die auch die Religionen stellen. Lauster nennt als Beispiele für solche Kunst unter anderem Mozart und Beethoven, Brahms und Bruckner, Caspar David Friedrich, Monet und van Gogh. Gefahren unterliegen die modernen Künste vor allem dort, wo sie völlig von den Irrationalitäten des Kunstmarkts abhängig werden, sich selbst als ›Kunstreligion‹ auf quasi-religiöse Weise sakralisieren oder wo sie sich in selbstreferentieller Weise nur noch auf sich selbst beziehen. »Wo die Kunst der Gegenwart aufhört, sich für die tiefen Dimensionen des Welterlebens zu interessieren, mag sie zwar ihre Autonomie in Vollendung erreicht haben, sie wird aber banal.«[167]

3. Keine Lösungen:

Radikalisierte Aufklärung, religiöse Regression und Vielfalt als Selbstzweck

»Seit je hat Aufklärung im umfassendsten Sinn fortschreitenden Denkens das Ziel verfolgt, von den Menschen die Furcht zu nehmen. Aber die vollends aufgeklärte Erde strahlt im Zeichen triumphalen Unheils.«
(Max Horkheimer und Theodor W. Adorno)[168]

Zu den Erzählungen über Europa gehört eine, die in der Öffentlichkeit zumindest West- und Nordeuropas untergründig so selbstverständlich präsent ist, dass sie als eine konstruierte Narration oft gar nicht erkannt wird. Sie lässt sich in groben Strichen etwa so zusammenfassen: Nachdem die Menschen im dunklen europäischen Mittelalter von der Kirche in Unwissenheit gehalten worden seien, hätten in der Neuzeit die Naturwissenschaften gegen den massiven Widerstand der Kirchen begonnen, die Welt so zu sehen, wie sie tatsächlich sei. Mit der Aufklärung habe sich zunächst im 18. und darauf aufbauend im 19. und 20. Jahrhundert das vernünftige Denken gegen ein religiöses Weltbild mehr und mehr durchgesetzt und sich in Verbindung mit den Wissenschaften von Europa aus in der Welt verbreitet. In der Französischen Revolution sei die Aufklärung auch politisch wirksam geworden, was zur Entwicklung der Menschenrechte und gegen viele Widerstände, insbesondere aus den Kirchen, am Ende zur Durchsetzung der Demokratie in Europa geführt habe. In der von Europa ausgehenden modernen Welt habe das Christentum immer mehr an Bedeutung verloren und sei, wie andere Religionen und Weltanschauungen in den von Vielfalt geprägten europäischen Gesellschaften, bestenfalls zur Privatsache der Individuen geworden, wenn Religion nicht ohnehin durch den Fortschritt der Wissenschaft zum Verschwinden gebracht werde. Zusammengehalten würden moderne Gesellschaften hingegen vom Bekenntnis zur Vielfalt, von der Geltung der Menschenrechte und von den Werten der Aufklärung, mit anderen Worten: von einem nachreligiösen Humanismus. Genau auf dieses Fundament könne und müsse sich auch die europäische Integration stützen. Nur auf diesem Weg könne sie die Geschichte des Fortschritts weiterführen, durch den die Moderne geprägt sei.

Gewiss, in dieser Kurzfassung wird diese Narration beinahe zur Karikatur. Zu offensichtlich sind der Zentrismus einer solchen Weltsicht auf Europa und den Westen sowie die Ausblendungen von dunklen Seiten der Moderne, vor allem der Totalitarismen, Genozide und verheerenden Weltkriege des 20. Jahrhunderts. Aber das heißt nicht, dass diese Narration nicht wirksam wäre. Wer ihr folgt, kann den ersten Einwand als sachlich unvermeidbar und den zweiten, den Hinweis auf die dunklen Seiten, schlicht als Abirrungen von der langen Linie stetigen Fortschritts abtun. Ein aktuelles Beispiel ist der Bestseller »Aufklärung jetzt« von Steven Pinker, der schon im Untertitel »Für Vernunft, Wissenschaft, Humanismus und Fortschritt« Grundlinien dieser europäisch-westlichen Fortschrittserzählung schlagwortartig auflistet.[169] Aber die Mystifizierung von Aufklärung und Fortschritt, die auch Pinkers Buch kennzeichnet, begann schon im 19. Jahrhundert in die Alltagskulturen der europäischen Gesellschaften einzusickern. Beinahe jede Generation ist seither zumindest mitgeprägt durch die Vorstellung, sie sei ›weiter‹ als alle früheren, weiter nicht im zeitlichen Sinn, sondern im Sinne einer durch den ›Fortschritt‹ begründeten Überlegenheit.

In diesem Kapitel sollen einige Elemente dieser Erzählung kritisch beleuchtet und gefragt werden, in welche Sackgassen sie mit Blick auf die Begründung europäischer Identität für die Zukunft führen.

Aufklärung: keine singuläre Epoche

Die in Europa verbreitete Sicht auf die Aufklärung versteht diese als eine geistesgeschichtliche Epoche, die eine genuin europäische Erscheinung gewesen und von Europa ausgehend für die moderne Welt prägend geworden sei. Das Kernanliegen der Aufklärung hat Immanuel Kant in seinem einschlägigen, berühmten Aufsatz von 1784 so beschrieben: »*AUFKLÄRUNG ist der Ausgang des Menschen aus seiner selbstverschuldeten Unmündigkeit. Unmündigkeit* ist das Unvermögen, sich seines Verstandes ohne Leitung eines anderen zu bedienen. [...] Habe Mut, dich deines *eigenen* Verstandes zu bedienen! ist also der Wahlspruch der Aufklärung.«[170] Kant sprach auch die Frage nach Aufklärung als Epoche an: »Wenn denn nun gefragt wird: leben wir jetzt in einem *aufgeklärten* Zeitalter? so ist die Antwort: Nein, aber wohl in einem Zeitalter der *Aufklärung.*«[171]

Kant reagierte mit seiner Antwort auf die Frage des Berliner Pfarrers Johannes Friedrich Zöllner, die dieser in der September-Ausgabe 1783 der gleichen Zeitschrift, der Berlinischen Monatsschrift, gestellt hatte: »Was ist Aufklärung? Diese Frage, die beinahe so wichtig ist, als: was ist Wahrheit, sollte doch wohl beantwortet werden, ehe man aufzuklären anfinge! Und doch habe ich sie nirgends beantwortet gefunden.«[172] Hieran ist durchaus bemerkenswert, dass diese Frage offenbar gegen Ende des 18. Jahrhunderts noch keineswegs als geklärt galt. Geklärt war – und ist es heute – auch nicht, wann diese Epoche begonnen habe und, aus retrospektiver Sicht, wann sie endete. Das gesamte 18. Jahrhundert wird zwar gemeinhin der Aufklärungszeit zugeordnet. Entsprechend gelten neben Kant insbesondere auch Moses Mendelssohn, Lessing, Voltaire, Rousseau, Montesquieu, Adam Smith und John Stuart Mill sowie die Herausgeber des akademischen Großprojekts jener Zeit, der Encyclopédie, Diderot und d'Alembert, als Repräsentanten der Aufklärung. Was aber ist mit deren intellektuellen Vorläufern im

Empirismus und Rationalismus des 16. und 17. Jahrhunderts, mit John Locke, Leibniz oder Descartes? Und müsste man nicht bis zu Begründern der modernen Naturwissenschaften wie Kepler und Kopernikus oder gar bis zum Renaissance-Humanismus des Erasmus von Rotterdam zurückgehen? Aber damit wäre man bereits in der Zeit der Reformation angekommen.

So wenig klar der Beginn der europäischen Aufklärung als Epoche ist, so wenig klar ist, wann sie endete. Häufig werden die Französische Revolution als politisches Datum oder die Romantik als kulturelle Bewegung im frühen 19. Jahrhundert als Enddaten genannt, aber es gibt auch die Vorstellung, die Aufklärung gehe bis heute weiter und müsse fortgeführt werden, wie etwa in dem oben angesprochenen Buch von Pinker.

Überdies überdeckt die Rede von *der* europäischen Aufklärung als Epoche deren innere Pluralität in ganz grundsätzlichen Fragen. Das betraf insbesondere auch das Verhältnis zum Christentum. Hier standen auf der einen Seite die französischen Philosophen:

> »Ihnen galt die Vernunft als absolut. Von einem solchen apodiktischen Wahrheitsanspruch angespornt, kam es zu einer schier unversöhnlichen Gegenüberstellung von Vernunft und Religion. Diese Frontstellung stattete die französische Aufklärungsphilosophie mit einer an Glaubenskraft gemahnenden Energie aus. Ihr Anspruch als Vernunftreligion jedenfalls war umfassend. Sie suchte die Welt nach ihrem Bilde zu gestalten, sie vernünftig zuzurichten.«[173]

Ganz anders die angelsächsische[174] und die deutsche Aufklärungsphilosophie, die sich als wesentlich offener für eine Verbindung mit dem Christentum zeigten. Der erfolgreichste und nachhaltigste politische Effekt der Aufklärung des 18. Jahrhunderts, die 1776 erfolgte Gründung der Vereinigten Staaten von Amerika, war in keiner Weise ein antichristliches Projekt. Ganz im Gegenteil: Die Unabhängigkeitserklärung der USA berief sich auf von Gott gegebene Rechte aller Menschen und die protestantischen puritanischen Gemeinden der Einwanderer erwiesen sich gerade wegen ihrer religiösen Tradition mit ihrer Kultur der Selbstverwaltung als Schulen der Demokratie, wie Alexis de Tocqueville schon in den 30er-Jahren des 19. Jahrhunderts in seinem zweibändigen Werk »Über die Demokratie in Amerika« über seine Erfahrungen in den USA berichtete.[175] In der deutschen Philosophie zeigt sich die Nähe von Aufklärung und Christentum nicht zuletzt bei Kant, der im Verlauf des 19. Jahrhunderts geradezu zum Hausphilosophen des Protestantismus avancierte (vgl. Kapitel 4).

Tatsächlich gab es auch eine Wechselwirkung zwischen der europäischen Aufklärung und dem Christentum.[176] Als besonders offen zeigte sich der Protestantismus. Das protestantische Pfarrhaus entwickelte sich im 19. Jahrhundert zu einem wichtigen Kulturträger, getragen von einem Amtsverständnis, das dem »Ideal des gelehrten Begleiters und Förderers der Religion seiner Gemeinde« folgte. In der evangelischen Theologie legte schon im 18. Jahrhundert Johann Salomo Semler die ersten Grundlagen für die historisch-kritische Bibelwissenschaft.[177] Ferner gab es eine in Folge der Kulturkämpfe nach der Französischen Revolution fast vergessene katholische Aufklärung, die schon früh über Europa hinausgriff und auch in Amerika, China und Indien wirkte.[178]

Der lange einseitig auf religionskritische Positionen unter den französischen Philosophen fixierte historische Blick auf die Aufklärung ist aus heutiger Sicht nicht mehr haltbar. »Heute erkennen Historiker an, dass nur ein kleiner Teil der Aufklärer wirklich anti-religiös war; die überwiegende Mehrheit war hingegen an einer ausbalancierten Beziehung zwischen Vernunft und Glaube interessiert.«[179] Besonders abwegig ist es, wenn heute atheistische Autoren und Akteure sich als Hüter der Aufklärung verstehen,[180] denn, so Lauster mit Blick auf das 18. Jahrhundert: »Nicht nur die christlichen Theologen, sondern auch die meisten christentumskritischen Philosophen lehnten den Atheismus als eine Sondermeinung, die in der Nähe des Pathologischen anzusiedeln war, ab.«[181]

Nicht mehr haltbar ist aus heutiger Sicht ferner die Vorstellung, dass aufklärerisches Denken ein Monopol des neuzeitlichen Europas sei. Wie anders denn als Ausdruck aufklärerischen Denkens soll man es verstehen, wenn der im 11. und 12. Jahrhunderte in Bagdad wirkende islamische Gelehrte Abu Hamid al-Ghazali schrieb: »Wenn diese Worte keine andere Wirkung haben, als in dir Zweifel gegenüber dem zu wecken, was du aufgrund überlieferten Erbes glaubst, wäre dies schon ein ausreichender Nutzen. Denn diejenigen, die nicht zweifeln, forschen nicht, die nicht forschen, erkennen nicht, und die nicht erkennen, verweilen in Blindheit und Betäubung.«[182] Al-Ghazali blieb mit seiner Hochschätzung der Vernunft nicht der einzige Gelehrte, der während der Zeit des europäischen Mittelalters den starken Aufschwung der Wissenschaften und der Philosophie im islamischen Abbasidenreich prägte. Andere wurden auch im Westen rezipiert, nicht zuletzt als Kommentatoren zu Aristoteles, wie Ibn Sina (980–1037) unter dem lateinischen Namen Avicenna und Ibn Rushd (1126–1198) als Averroes. Man kann den hohen Stellenwert der Vernunft in jener Zeit der islamischen Kultur kaum anders als eine Form von Aufklärung verstehen. Allerdings hatte diese keinen dauerhaften Bestand, nachdem eine konservative islamische Orthodoxie etwa ab dem 15. Jahrhundert einen Niedergang von Wissenschaft und Bildung einleitete, unter deren Spätfolgen weite Teile der islamisch geprägten Welt bis heute leiden. Allerdings gab es im 19. Jahrhundert bis etwa zum Ende des Ersten Weltkriegs in Folge des Kontakts mit dem Westen durch die napoleonische Eroberung Ägyptens einen Modernisierungsprozess im Osmanischen Reich, den Christopher de Bellaigue in einer großen Studie ebenfalls als »islamische Aufklärung« bezeichnet hat.[183]

Vergleichbare Aufklärungsbewegungen gab es vielerorts außerhalb Europas. Ein aktueller Sammelband enthält einschlägige Studien zu Island, Turkestan, Japan, der Mongolei und Tibet.[184] Heute wird zudem klarer gesehen, dass auch die europäische Debatte über Aufklärung im 18. und 19. Jahrhundert in Verbindung mit einem globalen Austausch der Ideen verstanden werden muss, der nicht nur in einer Richtung verlief.[185] Überdies ist es problematisch, ältere Traditionen aufklärerischen Denkens in Europa zu vernachlässigen oder sie als bloße Vorgeschichte der Aufklärer des 18. Jahrhunderts abzutun. Waren, so wäre zu fragen, beispielsweise die mäeutische philosophische Praxis des Sokrates, das Höhlengleichnis Platons, die theologischen Debatten bei Paulus und den Kirchenvätern wie Origenes oder Augustinus etwa nicht Ausdruck des Gebrauchs der Vernunft? Gab es in der mittelalterlichen Scholastik keine vernünftigen Formen des Argumentierens, bei Anselm von Canterbury etwa oder bei Thomas von Aquin?

Wir sollten von ›Aufklärung‹ nicht mehr in erster Linie als einer Epoche, sondern als einer Geisteshaltung sprechen. Gewiss traf diese Geisteshaltung im Europa des 18. Jahrhunderts, nicht zuletzt nach den Erfahrungen mit den Religionskriegen des 17. Jahrhunderts, aber auch mit der geistigen Vorbereitung durch Renaissance und Reformation, auf günstige Bedingungen und relativ große Resonanz.[186] Aber sie war und ist kein Monopol des neuzeitlichen Europas.

Bemerkenswerterweise gibt es im unmittelbaren Umfeld von Kants oben zitierter berühmter Definition von Aufklärung einen weiteren Text, der ein solches offeneres Verständnis von Aufklärung durchaus nahelegt. Bereits vor Kant hatte in der Septemberausgabe 1784 der Berlinischen Monatshefte Moses Mendelssohn mit einem Artikel »Über die Frage: was heißt aufklären?« auf Zöllner geantwortet. Kant kannte diesen Artikel noch nicht, als er seinen verfasste, wie er selbst in einer Fußnote anmerkte. Zu Unrecht ist Mendelssohns Antwort auf Zöllner heute weitgehend vergessen. Mendelssohn bringt den Begriff der Aufklärung in einen systematischen Zusammenhang mit Kultur und Bildung: »Bildung, Kultur und Aufklärung sind Modifikationen des geselligen Lebens; Wirkungen des Fleißes und der Bemühungen der Menschen, ihren geselligen Zustand zu verbessern. [...] Bildung zerfällt in *Kultur* und *Aufklärung*.«[187] Kultur versteht Mendelssohn im weiten Sinn als Verfeinerung und Verbesserung der Hervorbringungen praktischer menschlicher Tätigkeiten, etwa in Handwerk, Künsten, Ackerbau oder Geselligkeitsformen. »Aufklärung hingegen scheinet sich mehr auf das Theoretische zu beziehen«[188], was wiederum nach Mendelssohn im Kern vernünftige Erkenntnis und die Fähigkeit dazu bedeutet. »Aufklärung verhält sich zur Kultur wie überhaupt Theorie zur Praxis; wie Erkenntnis zur Sittlichkeit; wie Kritik zur Virtuosität.«[189] Es liegt auf der Hand, dass Aufklärung in einem solchen Sinn sich nicht auf eine bestimmte Epoche begrenzen lässt. So nennt Mendelssohn als positives Beispiel für die Verknüpfung von Bildung, Kultur und Aufklärung – in idealistischer Überhöhung – die antiken Griechen und lässt sich, bezogen auf seine Zeit, zu lästerlichen Verallgemeinerungen hinreißen: »die Nürnberger haben mehr Kultur, die Berliner mehr Aufklärung; die Franzosen mehr Kultur, die Engländer mehr Aufklärung; die Sineser viel Kultur und wenig Aufklärung.«[190] Man kann über diese Klischees schmunzeln, aber immerhin zeigen sie doch, dass Mendelssohn Aufklärung weder als Epoche noch als einen in Zukunft zu vollendenden Prozess sah. Weil er Aufklärung in Verbindung mit Kultur und Bildung dachte, konnte er auch vor Verabsolutierungen des Aufklärungsdenkens warnen: »Mißbrauch der Aufklärung schwächt das moralische Gefühl, führt zu *Hartsinn, Egoismus, Irreligion* und *Anarchie*.«[191]

Hier scheint in den Worten eines Aufklärers eine erste Ahnung von einer inneren Ambivalenz – Horkheimer und Adorno sprechen später von einer Dialektik – der Aufklärung auf. Mendelssohn, der 1786 starb, hat die Französische Revolution nicht mehr erlebt, in deren Verlauf sich die Berechtigung solcher Ahnungen erstmals zeigen sollte.

Radikalisierte Aufklärung: die Französische Revolution und die Pathologien der europäischen Moderne

Die Französische Revolution gilt zu Recht als ein Wendepunkt der europäischen Geschichte in der Neuzeit. Aber anders als die amerikanische Revolution, die trotz aller Krisen und des Sezessionskrieges von 1861 bis 1865 eine stabile, von 1776 bis in die Gegenwart andauernde freiheitlich-demokratische Ordnung begründete, endete die Französische Revolution in der Diktatur Napoleons.[192] Die französische Menschenrechtserklärung von 1789 war von amerikanischen Vorbildern von 1776, der Virginia Bill of Rights und der Unabhängigkeitserklärung der USA, inspiriert, aber anders als in den USA wurde sie schon 1793 mit der Terrorherrschaft der Jakobiner unter Robespierre zur Makulatur.

Beide Revolutionen beriefen sich auf die Aufklärung. Doch während in den USA aufklärerisches und christliches Denken in ein produktives Miteinander kamen – Tocqueville sprach vom »Geist der Religion und dem Geist der Freiheit«, die sich hier wechselseitig durchdrungen hätten[193] –, traten die Revolutionäre in Frankreich von Beginn an in einen Konflikt mit der katholischen Kirche, der sich zur ersten Christenverfolgung in Europa seit der Antike auswuchs.[194] Zwar waren die Ausgangsbedingungen in dieser Hinsicht in Frankreich erheblich schwieriger als in Amerika. Der höhere Klerus war tief mit dem Ancien Régime verbunden und genoss als Erster Stand erhebliche Privilegien: »Viele Bischöfe hatten sich dem Lebensstil weltlicher Grandseigneurs angepasst […] und lebten oft weniger in ihren Diözesen als in Versailles, wo sie einen Teil des Hofstaates bildeten«.[195] Die Monarchie hatte überdies der katholischen Kirche durch rigorose Unterdrückung des Protestantismus seit dem späten 17. Jahrhundert das religiöse Monopol in Frankreich gesichert. Aber es waren nicht nur solche Missstände, es war auch die in der französischen Aufklärung besonders verbreitete antichristliche Haltung, die den Boden bereitet hatte für den bizarren und gewalttätigen Versuch einer Entchristianisierung Frankreichs im Verlauf der Revolution.

Es konnte keine Rede davon sein, dass die katholische Kirche zu Beginn der Revolution als Ganzes einer demokratischen Umgestaltung des erstarrten Ancien Régime entgegengestanden hätte. Insbesondere im niederen Klerus gab es große Sympathien für grundlegende Veränderungen in der französischen Gesellschaft. Dies zeigte sich deutlich in den Beratungen der Generalstände 1789, die am Beginn der Revolution standen. Als am 17. Juni eine Versammlung der Delegierten des Dritten Standes, also der nichtadligen Bürger, Handwerker und Bauern, beschloss, sich zur Nationalversammlung zu erklären mit dem Ziel, eine Verfassung auszuarbeiten, waren auch zahlreiche Pfarrer aus dem Ersten Stand, dem Klerus, beteiligt. Bereits zwei Tage später beschlossen die Delegierten des Ersten Standes mit knapper Mehrheit auch formell, sich dieser Nationalversammlung anzuschließen. Selbst als die Nationalversammlung am 2. November des gleichen Jahres den Beschluss fasste, alle Kirchengüter zu verstaatlichen, der katholischen Kirche also faktisch die finanzielle Basis zu entziehen und im Gegenzug die Bezahlung der Pfarrer durch den Staat zu übernehmen, war dies zumindest beim oft in ärmlichen Verhältnissen lebenden niederen Klerus nicht unpopulär, weil sich dessen wirtschaftliche Lage dadurch deutlich verbesserte.[196] Aber es blieb nicht bei diesem, für sich genommen schon gravierenden Eingriff in die Verhältnisse der Kirche. Im Februar 1790 wurde die Auflösung der

Klöster verfügt, im Juli eine Zivilverfassung, also eine staatlich vorgegebene innere Ordnung für die Kirche beschlossen, die dem Papst zwar nominell die Oberhoheit über die französische Kirche beließ, ihm aber jegliche innerkirchliche Gerichtsbarkeit entzog und die Bestellung der Bischöfe durch Wahl vorsah, von deren Ergebnis der Papst lediglich in Kenntnis zu setzen war. Die Mehrheit der französischen Bischöfe warb beim Papst für eine Zustimmung, aber Papst Pius VI. schwieg zunächst zu den Vorgängen in Frankreich.[197] Anders nach dem nächsten Schlag: Am 27. November 1790 verlangte die Nationalversammlung »von allen Beamten, auch den Priestern, einen Treueid auf die (noch gar nicht verabschiedete) Verfassung, einschließlich der Zivilkonstitution; Priester, die den Eid verweigerten, waren durch neue zu ersetzen.«[198]

Diese Herausforderung beantwortete der Papst 1791 mit einer scharfen Verurteilung nicht nur dieser Beschlüsse der Nationalversammlung, sondern auch der Leitideen der Revolution wie Menschenrechte und Volkssouveränität. Möglicherweise wollte der Papst jener Mehrheit der französischen Kleriker den Rücken stärken, die den Treueeid verweigerten – bei den 133 Bischöfen waren es bis auf vier alle.[199] Damit war im Grunde das Tischtuch zwischen der Französischen Revolution und der katholischen Kirche zerschnitten. Frankreich brach die diplomatischen Beziehungen zum Vatikan ab und Pius VI. blieb das Schicksal nicht erspart, nach einer französischen Besetzung Roms durch Napoleon 1799 nach Frankreich verschleppt zu werden und dort zu sterben – bevor Napoleon 1801 mit einem Konkordat mit dem Heiligen Stuhl die Phase des offenen Kampfes der Revolution gegen die Kirche beendete.

Zuvor jedoch kam es ab 1792 zu einer massiven Christenverfolgung, die Hand in Hand ging mit der gewaltsamen Bekämpfung tatsächlicher und vermuteter Oppositioneller und die 1793/94 in die Phase des Terrors während der Diktatur des ›Wohlfahrtsausschusses‹ unter Robespierre einmündete. Bereits

1792 kamen im Rahmen der sogenannten Septembermorde über 200 Priester ums Leben, zwischen 25.000 und 30.000 flohen in der Folgezeit in die Nachbarstaaten. Nun reichte in Frankreich »die institutionelle Zugehörigkeit zum Christentum aus, um in den Verdacht zu geraten, ein Konterrevolutionär zu sein.«[200] Der christliche Kultbetrieb wurde 1793 weithin eingestellt, die Pariser Kirchen wurden zu Tempeln der Vernunft umgewidmet, der Pariser Bischof zur Abdankung gezwungen. Ein neuer Kalender wurde eingeführt, der von allen christlichen Bezügen gereinigt werden sollte und der mit dem 22. September 1792 als Tag eins begann. Die Monate wurden nach Naturphänomenen benannt, die Wochen durch Dekaden ersetzt, die am zehnten Tag mit einem Feiertag endeten. Damit wurde der Sonntag wie alle anderen christlichen Feiertage abgeschafft. Straßen, Plätze und manchmal auch Menschen wurden umbenannt, um christliche Referenzen zu tilgen, neue Riten mit Anleihen beim antiken republikanischen Rom wurden eingeführt. Nicht mehrheitsfähig freilich war selbst bei den Jakobinern der Atheismus, weshalb man sich um die Einführung einer entchristlichten Zivilreligion bemühte, sei es mit Hilfe einer ›Göttin der Vernunft‹ wie im November 1793 bei einem ›Fest der Vernunft‹ in der Kathedrale Notre Dame oder sei es mit einem ›Kult des Höchsten Wesens‹, dem Robespierre 1794 ein bizarres Fest widmete, bevor er selbst im Juli des gleichen Jahres mit der Guillotine hingerichtet wurde, wie zuvor auch viele andere Verfechter der Revolution, die im Wohlfahrtsausschuss in Ungnade gefallen waren.

Die Zahl der Hingerichteten in der Phase des Terrors wird auf annähernd 50.000 geschätzt.[201] Weitere Opfer bei der Bekämpfung von Widerstand vor allem in ländlichen Regionen kamen hinzu. In der Vendée betrieb die Revolutionsregierung eine Politik der verbrannten Erde, der zwischen 1793 und dem Winter 1795/96 zwischen 100.000 und 250.000 Menschen zum Opfer fielen, so dass der französische Historiker Reynald Secher von einem »innerfranzösischen Völkermord« sprechen konnte.[202]

Die Französische Revolution löste bei vielen aufgeklärten Intellektuellen in Europa an ihrem Beginn Begeisterung und in ihrem weiteren Verlauf Entsetzen aus. Friedrich Schiller etwa, der 1792 wegen seines Werks »Die Räuber« zum Ehrenbürger Frankreichs ernannt worden war, schrieb 1799 in seinem Gedicht »Die Glocke« eine viel zitierte Abrechnung mit dieser Revolution:

> »[…] Freiheit und Gleichheit! hört man schallen,
> Der ruh'ge Bürger greift zur Wehr,
> Die Straßen füllen sich, die Hallen,
> Und Würgerbanden ziehn umher. […]
> Gefährlich ist's, den Leu zu wecken,
> Verderblich ist des Tigers Zahn;
> Jedoch der schrecklichste der Schrecken,
> Das ist der Mensch in seinem Wahn.
> Weh denen, die dem Ewigblinden
> Des Lichtes Himmelsfackel leihn!
> Sie strahlt ihm nicht, sie kann nur zünden
> Und äschert Städt' und Länder ein. […]«

Die Französische Revolution war für Europa äußerst folgenreich – weniger für die Entwicklung der freiheitlichen Demokratie, für die die lange Kontinuität des britischen Parlamentarismus und der amerikanischen Republik gewichtiger sind – und auch nicht allein durch die Wirkungen der napoleonischen Eroberungen auf die politische Neuordnung Europas im 19. Jahrhundert. Folgenreich war sie durch andere Geister, die sie rief oder die sie auf indirekte Weise, als abschreckendes Beispiel, stärkte. So ist die strikte Abwehrhaltung gegen die Moderne, die von den Päpsten durch das 19. Jahrhundert hinweg vertreten wurde, ohne den Schock durch die Französische Revolution kaum zu verstehen. Sie kulminierte in dem 1910 erlassenen Antimodernisteneid, der von allen katholischen Amtsträgern die

Verwerfung einer Liste von ›Irrtümern der Gegenwart‹ verlangte. Papst Paul VI. schaffte diesen Eid 1967 ab, nachdem das Zweite Vatikanische Konzil (1962–1965) die Frontstellung des Katholizismus gegen die Moderne beendet hatte. Aber lange versperrte die Frontstellung zwischen der radikalisierten französischen Variante der Aufklärung und der katholischen Kirche die Einsicht, dass der Kampfruf der Französischen Revolution – Freiheit, Gleichheit, Brüderlichkeit – durchaus als Kurzzusammenfassung christlicher Ethik verstanden werden kann. Vielleicht wäre Europa viel Leid erspart geblieben, wenn dies von beiden Seiten, der französischen Aufklärung und der Kirche, schon im späten 18. Jahrhundert hätte so gesehen werden können.

Stattdessen kam es in Frankreich durch das ganze 19. Jahrhundert hindurch zu Konflikten um das Verhältnis zwischen Staat und katholischer Kirche. Das bis heute gültige Ergebnis war das Laizitätsgesetz von 1905, mit dem eine gegen den kirchlichen Einfluss gerichtete Trennung von Staat und Kirche festgelegt wurde. Faktisch führte dies unter anderem dazu, dass religionsbezogene Fragen aus dem staatlichen Bildungssystem verdrängt und gänzlich zur Privatsache erklärt wurden. Aber gerade in jüngster Zeit zeigt sich, wie sehr dieses institutionell geforderte Desinteresse des öffentlichen Bildungssystems an Religion die Verbreitung des Islamismus in Frankreich gefördert hat.

Eine weitere Folge der Französischen Revolution war die Entwicklung des Nationalismus, der sich im 19. Jahrhundert in ganz Europa und später, vor allem im Zusammenhang mit der Entkolonialisierung, weltweit ausbreitete. »Das revolutionäre Frankreich wurde, indem es der Bindung an die Nation einen höheren Rang zusprach als allen anderen Bindungen, zur Pioniernation des modernen Nationalismus.«[203] Nach dem Kampf gegen Christentum und Monarchie wurde nun das Konzept der Nation, das seit dem Mittelalter zunächst als regionale Herkunftsbezeichnung – beispielsweise der Studenten an Universitäten – diente und später auch sprachliche und kulturelle

Gemeinsamkeiten markierte, zum politisch-staatlichen Integrationsbegriff. Von Anfang an war damit ein starker Homogenisierungsdruck verbunden. So verfügte in der Französischen Revolution das Schulgesetz vom 21. Oktober 1793, dass fortan alle Kinder französisch lesen und schreiben lernen sollten, um das Französische als Nationalsprache durchzusetzen. Selbstverständlich was das keineswegs:

> »Nur in 15 der 83 französischen Departments wurde durchweg französisch gesprochen; in den übrigen Departments herrschten die Dialekte, […] die vom Französischen so stark abwichen, daß es als Fremdsprache gelten mußte, die lediglich von den städtischen Ober- und Mittelschichten beherrscht wurde. Südlich der Garonne sprach man gar eine völlig andere Sprache, die *langue d'oc*; Racine hatte einst behauptet, daß er im *midi* ebenso einen Dolmetscher benötige, wie ein Moskowiter in Paris.«[204]

Nicht viel anders war die Lage auch in anderen Teilen Europas im frühen 19. Jahrhundert. An der Konstruktion der europäischen Nationen hatte die Normierung und Durchsetzung von Nationalsprachen einen wichtigen Anteil, ebenso wie die Narrationen der jeweiligen Nationalgeschichten und deren Vermittlung in den Schulen.

Konstruktionen sind Nationen in jedem Fall (vgl. auch Kapitel 1). In der Französischen Revolution wurde noch versucht, das Verbindende der Nation auch auf die Menschen- und Bürgerrechte und auf die Aufklärung, wenn auch in radikalisierter Form, zu stützen. Aber in der europäischen Romantik im 19. Jahrhundert wurde dieses Konzept mehr und mehr *völkisch* unterlegt: »Das Verständnis des Nationalcharakters veränderte sich durch das Bestreben, hier etwas Spirituelles zu feiern, die Seele oder den Geist des Volkes«[205], wodurch der Nationalismus einen quasi-religiösen Charakter annehmen konnte. In besonders drastischer Weise wurde dies später im Nationalsozialismus deutlich, der mit seinem Führerkult, Ritualen, Festen und anderen kultischen Inszenierungen deshalb auch als ›politische Religion‹ bezeichnet wurde.[206]

Der Nationalsozialismus war, wie andere faschistische Bewegungen, eine Pathologie der Moderne. Bei aller Rückwärtsgewandtheit seiner Ideologie, die die Einheit des Volks aus einer imaginierten gemeinsamen Vergangenheit begründen wollten, war er doch ›modern‹ in seiner Vorstellung, die gesamte Gesellschaft nach seinen Vorstellungen umgestalten und vereinheitlichen zu können. Aber er war nicht die einzige Form dieser Pathologie. In der europäischen Moderne entwickelte sich »der Glaube, durch bewußtes menschliches Handeln und kritische Reflexion die Welt verändern zu können. Die Gesellschaft selbst war zu einem Objekt bewußter Umgestaltung geworden.«[207] Es waren die Jakobiner in der Französischen Revolution, bei denen sich zuerst eine »totalistische Weltsicht« entwickelte und damit verbunden »umfassende Ideologien zur totalen Umgestaltung der sozialen und politischen Ordnung«.[208] So finden sich schon 1793/94 bei Saint-Just Vorstellungen über den Revolutionsstaat, in denen er »eine radikale Verstaatlichung der Kindererziehung, eine rigorose Beschränkung des Fleischverbrauchs und eine Pflicht aller Erwachsenen zur Nennung ihrer jeweiligen Freunde vorgesehen [hatte]. Hätte er dieses Programm verwirklichen können, wäre sein Frankreich zum ersten ›totalitären‹ Staat der Geschichte geworden: ein System, das den ganzen Menschen für sich in Anspruch nahm und einen neuen Menschen hervorzubringen entschlossen war.«[209]

Einen ›neuen Menschen‹ hervorbringen zu wollen – diese Vorstellung ist letztlich eine Folge der »Umwandlung der christlichen Eschatologie«[210] in säkulare Zukunftsvisionen. Besonders deutlich zeigt sich dieser Zusammenhang im Marxismus: »Der ganze Geschichtsprozeß, wie er im Kommunistischen Manifest dargestellt wird, spiegelt das allgemeine Schema der jüdischchristlichen Interpretation der Geschichte als eines providentiellen Heilsgeschehens auf ein sinnvolles Endziel hin.«[211] Die von Gleichheit geprägte Urgesellschaft entspricht dem Paradies, die Einführung des Privateigentums dem Sündenfall, die Geschichte als Geschichte der Klassenkämpfe der irdischen Existenz, der Kommunismus dem künftigen Reich Gottes – und die kommunistische Partei der Kirche als ›Gemeinschaft der Heiligen‹, die den Sündern den Weg zur Erlösung weist.

> »Die grundlegende Voraussetzung des *Kommunistischen Manifestes* ist nicht der Antagonismus von Bourgeoisie und Proletariat als zweier einander gegenüberstehender Klassen, der Antagonismus liegt vielmehr darin, daß die eine Klasse Kinder der Finsternis und die andere Kinder des Lichts sind. Ebenso ist die Endkrise der bürgerlich-kapitalistischen Welt, die Marx in Form einer wissenschaftlichen Voraussage prophezeit, ein letztes Gericht, wenngleich es durch das unerbittliche Gesetz des Geschichtsprozesses gefällt werden soll.«[212]

Europa und die Welt haben im 20. Jahrhundert durch den Stalinismus sowie andere Formen marxistisch geprägter Diktaturen und terroristischer Bewegungen leidvoll erfahren, wie unerbittlich Priesterschaft und Inquisition in dieser ›politischen Religion‹ sein können.

Die großen totalitären politischen Systeme mögen in Europa verschwunden sein, die Vorstellung von der Herstellbarkeit des ›neuen Menschen‹ ist es nicht. Nach dem Scheitern der rechten und linken Sozialutopien des 19. und 20. Jahrhunderts wandelt sich die Vorstellung von der Machbarkeit des ›neuen Menschen‹ mehr und mehr zu einer technizistischen Utopie[213]: Im ›Transhumanismus‹ soll der Mensch verbessert werden, indem er über seine bisherige biologische Konstitution hinaus planmäßig weiterentwickelt wird. Mittel dafür sollen beispielsweise genetische

Veränderungen des Erbguts, Leistungssteigerungen durch technische Implantate oder technische Wege zur ›Unsterblichkeit‹ sein, sei es durch biotechnologische Eingriffe in den Alterungsprozess oder durch Digitalisierung des Bewusstseins, also eine Art Uploads des Menschen auf ein neues Trägermedium.

Aber auch diese Vorstellungswelten sind letztlich Säkularisierungen des christlichen Denkens über Sünde und Erlösung. Mit den Utopien der Veränderungen des Menschen durch planmäßige Umgestaltung der sozialen Verhältnisse teilen sie die aus der radikalisierten Aufklärung erwachsene Idee, dass der Mensch die Macht, die er fälschlicherweise Gott zugedacht habe, nunmehr übernehmen müsse. Diese Idee ist der Kern einer pathologischen Linie in der europäischen Moderne.

Aber diese Pathologien schlagen auf die menschlichen Verhältnisse selbst zurück, wie Max Horkheimer und Theodor W. Adorno in ihrer »Dialektik der Aufklärung« hellsichtig erkannt haben.[214] Der für eine Radikalisierung der Aufklärung anfällige Grundzug modernen Denkens besteht in der Annahme, Mensch und Natur seien »autonome, von inneren Gesetzen geleitete Wirklichkeiten, die durch menschliche Vernunft und Wissenschaft restlos erforscht und begriffen werden könnten.«[215] Aber der Anspruch auf *restloses* Begreifen führt am Ende zur Unterwerfung des Begriffenen, von Natur und von Menschen. »Alles, was erscheint, muss gewusst, beherrscht, erobert, nutzbar gemacht werden«, so beschreibt Hartmut Rosa dieses Weltverhältnis[216] (vgl. auch Kapitel 4). Von Beginn an und bis heute waren und sind in der Moderne diese Ambivalenzen der Aufklärung zu spüren. Auf aufklärerisches Denken lassen sich eben nicht nur Fortschritte in der Medizin, Verbesserung der Ernährung oder neue Möglichkeiten des Reisens und der Kommunikation zurückführen, sondern ebenso Mechanisierung des Tötens bis hin zum Tiefpunkt der Massenvernichtungswaffen, Umweltkrise und algorithmisch gesteuerte Überwachung und Kontrolle menschlichen Verhaltens.

Die Säkularisierungsthese und ihr Scheitern

Die Bezeichnung ›Säkularisierungsthese‹ (oder ›Säkularisierungstheorie‹)[217] steht für eine Denkschule in den Sozial- und Kulturwissenschaften, deren Kern in der Annahme besteht, die Moderne bewirke notwendigerweise und unaufhaltsam einen Rückgang der Religion und eine Verweltlichung (›Säkularisierung‹) ehemals religiöser Denkweisen, Praktiken und Lebensbereiche. Je mehr sich moderne Gesellschaften weiter modernisierten, insbesondere durch Wissenschaft, technischen und medizinischen Fortschritt, aber auch durch steigenden Wohlstand, desto geringer werde die Relevanz von Religion. Hans Joas fasst diese Vorstellung und ihre Wirksamkeit in den westlichen Wissenschaften so zusammen:

> »Spätestens seit der zweiten Hälfte des neunzehnten Jahrhunderts, teilweise aber schon seit dem achtzehnten Jahrhundert und mit besonderer Selbstsicherheit seit den 1960er Jahren hatten die Vertreter der Annahme, dass Modernisierung mit einer Art innerer Notwendigkeit zur Säkularisierung führe, die Hegemonie in allen Debatten über die Religion und die Zukunft der modernen Gesellschaft überhaupt. Dies galt für Philosophie, Geistes- und Sozialwissenschaften wie für das allgemeine intellektuelle Leben. Für Ungläubige bedeutete diese Annahme, dass sie selbst an der Spitze des welthistorischen Fortschritts stünden. […] In den letzten zwanzig Jahren aber hat sich die Situation radikal gewandelt.«[218]

Dieser Wandel lässt sich beispielhaft an den Arbeiten des bekannten Religionssoziologen Peter L. Berger illustrieren. Berger prognostizierte 1968 in einem Artikel in der New York Times, im Jahr 2000 werde es praktisch keine religiöse Institution mehr geben, allenfalls vereinzelte Gläubige in einem Meer von Säkularität.[219] Gut ein halbes Jahrhundert später beschreibt er seinen eigenen wissenschaftlichen Lernprozess in der Folgezeit:

> »In den Anfangsjahren meiner akademischen Laufbahn habe ich die Säkularisierungstheorie als offensichtlich zutreffend angesehen, einfach weil so gut wie jeder in dem Forschungsfeld das getan hat und sie eine kohärente Erklärung der religiösen Landschaft zu bieten schien. […] In den späten 1980er Jahren war ich mir einigermaßen sicher, dass die empirischen Belege für die Bedeutung von Religion in der gegenwärtigen Welt die Säkularisierungstheorie nicht stützten. […] Damit war ich keineswegs allein. Zu dem Zeitpunkt waren die meisten Wissenschaftler in dem Feld zu derselben Schlussfolgerung gelangt. Es war klar geworden, dass der größte Teil der Welt tief religiös war. Zwei Ausnahmen von dieser allgemeinen Regel gab es: eine geografische, nämlich West- und Zentraleuropa; und eine soziologische, in Form einer internationalen säkularen Intelligenz. […] Inwiefern hatte sich die Säkularisierungstheorie geirrt? Im Wesentlichen stellte sie ein sehr eurozentrisches Unterfangen dar, in das die Besonderheiten der europäischen Situation eingegangen waren. Theorien sind die Produkte von Intellektuellen, einer aus historischen Gründen stark säkularisierten Schicht. Mitglieder dieser Gruppe sprechen üblicherweise nur untereinander und verstärken somit wechselseitig ihre Überzeugungen. Intellektuelle sehen sich selbst als Kinder der Aufklärung. Für viele von ihnen, so vermute ich, war die Säkularisierungstheorie eine Wunschvorstellung. Für andere aber, zu denen ich selbst und ironischerweise auch eine ganze Reihe von Theologen gehören, ging es darum, dem ins Auge zu sehen, was schlicht die Faktenlage zu sein schien.«[220]

Gleichwohl ist davon auszugehen, dass die in der Säkularisierungsthese zum Ausdruck kommende Grundvorstellung einer auf Fortschritt zielenden historischen Entwicklung in der Moderne im Westen noch immer weit verbreitet, implizit oder explizit auch im Bildungssystem und in den Medien wirksam und daher in den Weltverständnissen relativ vieler Menschen stark verankert ist. Worauf konnte sich die Säkularisierungsthese stützen? In Westeuropa gewiss auf eine zunehmende Freisetzung gesellschaftlicher Teilsysteme wie Schule, Kunst oder Politik von der Kontrolle religiöser Akteure, auf den Rückgang der Bindungswirkung der großen Kirchen und daraus folgend der geringer werdenden Zahl der Kirchenmitglieder sowie aus einem spürbaren Rückzug von Religion aus dem öffentlichen Raum. Zwar verliefen diese Entwicklungen nicht in allen westlichen Ländern gleichförmig, vor allem in den USA nicht, die von Anhängern der Säkularisierungstheorie denn auch als erklärungsbedürftige Ausnahme gesehen wurden, aber gleichwohl schienen bestimmte Entwicklungen die Grundannahmen der Säkularisierungsthese zu bestätigen. Dennoch drängen sich auch mit Blick auf Westeuropa bereits kritische Fragen auf:[221] Gilt die Abnahme der Bindungswirkung der Kirchen nicht in vergleichbarer Weise auch für andere Großorganisationen wie Parteien, Gewerkschaften oder Sportverbände? Verschwindet mit der Distanz zu den großen Kirchen tatsächlich jede Religiosität – oder transformiert sie sich nur, wenn auch auf unter Umständen problematische Weise, etwa durch Individualisierung und Privatisierung oder durch eine Art Auswandern in andere weltanschauliche Systeme, die dadurch quasi-religiös aufgeladen werden, wie bei den im vorigen und im nachfolgenden Abschnitt genannten Beispielen?

Die entscheidende Schwäche der Säkularisierungsthese, ihr Eurozentrismus, wurde etwa ab den 1980er-Jahren mit der zunehmend globalen Ausrichtung der Sozialwissenschaften und der religionsgeschichtlichen Forschung offenbar. So wurde nun bereits »die Vorstellung etwa vom 19. Jahrhundert als einer Epoche der umfassenden Säkularisierung vollends unhaltbar. Im

Gegenteil wird diese Zeit als die Zeit einer geradezu triumphalen Expansion der Religion erkennbar.«[222] Dies zeigt sich durchaus auch bei einem global orientierten Blick auf die Entwicklung des Christentums im 20. Jahrhundert. Einige Zahlenbeispiele mögen dies illustrieren: »Um 1900 leben in Afrika 10 Millionen Christen und 34,5 Millionen Muslime. Nur hundert Jahre später zählt man in Afrika 360 Millionen Christen und 317 Millionen Muslime.«[223] In Nord- und Südkorea zusammen betrug die Zahl der Christen 1945 etwa 300.000, bis um 2010 stieg sie in Südkorea auf 14,2 Millionen. Selbst in China, das äußerst restriktiv auf freie Religionsausübung reagiert, wird die Zahl der Christen, die der halb- und illegalen kleinen Gemeinschaften eingeschlossen, auf über 130 Millionen geschätzt.[224] Alleine die überhaupt erst im 20. Jahrhundert entstandenen pfingstlerischen und charismatischen christlichen Gemeinschaften zählen heute rund 600 Millionen Anhänger,[225] mit besonders schnellem Wachstum in Lateinamerika. Insgesamt hat sich die Gesamtzahl der selbstständigen christlichen Kirchen von rund 1800 um die Wende vom 19. zum 20. Jahrhundert auf geschätzte 33.000 in der Gegenwart vervielfacht – »[e]ine solche Entwicklung hat sich nie zuvor in der Religionsgeschichte beobachten lassen.«[226] Galten in den Hochzeiten der Säkularisierungsthese die USA, die ein Zentrum der westlichen Moderne und zugleich immer stark religiös geprägt waren, als erklärungsbedürftige Ausnahme, so gilt dies heute eher für Westeuropa:

> »Von einem von Westeuropa sich ausbreitenden Prozess der Säkularisierung im Sinn der Zurückdrängung von Religion ist augenblicklich wenig in der Welt zu spüren. Im Gegenteil: die Religion scheint in vielen Teilen der Welt eher im Vormarsch zu sein. […] Westeuropa gerät in Sachen Religion zunehmend in eine Sonderrolle, die in der Religionssoziologie einen theoretischen Erklärungsnotstand hervorruft«.[227]

Interessant sind die dazu zitierten Zahlen auch deshalb, weil sie der Fremdwahrnehmung (und vermutlich in weiten Teilen auch der Selbstwahrnehmung) des Christentums in Westeuropa diametral entgegenstehen und weil sie geeignet sind, die starke Fixierung religionsbezogener Diskurse in der europäischen Öffentlichkeit auf den Islam zu relativieren. Eine solche Fixierung entwickelte und dynamisierte sich im Nachgang zu den islamistischen Anschlägen am 11. September 2001 in den USA. Diese terroristischen Akte gaben den Anstoß für eine neue Wahrnehmung von Religion in der Wissenschaft und einer breiteren Öffentlichkeit – nicht nur von deren Persistenz, sondern auch von deren hoher Relevanz für die globale Politik in unserer Zeit. In Deutschland zeigt sich das Problematische der Säkularisierungsthese besonders deutlich an muslimisch geprägten Kulturen. So ist der Stellenwert der Religion unter Muslimen deutlich höher als in der nichtmuslimischen Mehrheit. Auch in der dritten und vierten Generation unterscheiden sich die Jugendkulturen junger Muslime von denen nichtmuslimischer Jugendlicher vor allem im höheren Stellenwert von Religion für das eigene Selbstverständnis.[228] Es gibt auch Untersuchungen, die sogar auf eine starke *Zunahme* der Religiosität unter jungen Muslimen in den letzten Jahrzehnten hinweisen.[229] Überdies wird in islamischen Jugendszenen die eigene Religiosität vielfach öffentlich, kollektiv und selbstbewusst inszeniert.[230] So wirft gerade diese – zahlenmäßig wachsende – religiöse Minderheit auch für die Mehrheitsgesellschaft wieder die Gretchenfrage aus Goethes »Faust« auf: »Nun sag, wie hast du's mit der Religion?«

Traditionsbruch und religiöse Regressionsphänomene

Wie hoch ist die Wahrscheinlichkeit, dass jemand, der die Gretchenfrage heute im westlichen Europa ›Menschen auf der Straße‹ stellt, also nicht vor allem Theologen oder kirchlich hoch Engagierten, eine einigermaßen plausible und kohärente Antwort erhält? Oder anders gefragt, wie christlich ist die große Mehrheit der Europäer und was versteht sie darunter? Erstaunlicherweise gibt es zu dieser Frage praktisch keine verlässlichen und repräsentativen empirischen Daten. Begrifflichkeiten und methodische Vorgehensweisen einschlägiger Studien sind so unterschiedlich, dass nicht einmal für die – nur scheinbar einfache – Frage nach der Religionszugehörigkeit in verschiedenen europäischen Ländern sichere und vergleichbare Aussagen gemacht werden können.[231] So schwanken beispielsweise für Frankreich die Angaben zum Anteil der Katholiken an der Bevölkerung in verschiedenen Studien zwischen 44,8 und 91,9 Prozent, bezogen auf das gleiche Publikationsjahr 1999; zwischen 2010 und 2012 erschienene Studien geben für diesen Anteil Zahlen zwischen 60,4 und 82,3 Prozent an.[232]

Bei der Frage nach der aktuellen Lage des Christentums und nach Trends in der religiösen Landschaft in Europa ist man daher in starkem Maße auf begrenzte Einzelstudien, qualitative Beobachtungen und zeitdiagnostische Analysen angewiesen. Hierbei ergeben sich allerdings deutliche Hinweise auf bestimmte Entwicklungen, die zwar nicht auf ein Verschwinden von Religion hindeuten, aber doch ein zunehmend diffuser werdendes religiöses Feld zeigen. So gibt es mit Blick auf religiöse Überzeugungen und Praxen nicht einmal zwischen Kirchenmitgliedern und Konfessionslosen eine klare Grenze. Art und Intensität des Glaubens an Gott, der Teilnahme an religiösen Praktiken (wie z. B. Gebet oder Gottesdienst), die Neigung zu Synkretismus oder Dogmatismus, die Einstellungen zu ethisch-moralischen

Fragen und ggf. daraus folgendem gesellschaftlichen Engagement, all dies kann sich sowohl innerhalb einer Konfession als auch zwischen den Religionen oder zwischen Religiösen und Konfessionslosen unterscheiden. Es kann durchaus der Fall sein, dass Menschen aus Gewohnheit Mitglied einer Kirche bleiben und nur schwach oder gar nicht an Gott glauben, wie es umgekehrt Konfessionslose geben kann, die an Gott glauben und ein christlich fundiertes Wertesystem vertreten, aber aus Verärgerung über die Kirche ausgetreten sind – unter Umständen sogar aus der falschen, wie etwa, als sich in Deutschland während des Skandals um den katholischen Limburger Bischof Tebartz-van Elst 2013 auch Austritte aus evangelischen Kirchen häuften.

Deutlich erkennbar ist allerdings mit Blick auf christliche Überlieferung und Kulturgeschichte ein Traditionsbruch. Schlichtes Wissen und erst recht angemessenes Verstehen wesentlicher Elemente des christlichen Glaubens, christlicher Traditionen sowie der christlichen Kulturgeschichte und ihrer Bedeutung werden immer weniger selbstverständlich von Generation zu Generation weitergegeben. Wiederum am Beispiel Deutschland: So zeigt sich in Westdeutschland im Vergleich zwischen den Altersgruppen von über 66 sowie von 16–25 Jahren ein kontinuierliches Absinken der Zustimmung auf die Frage »Sind Sie religiös erzogen worden?« von 70 auf rund 25 Prozent, in Ostdeutschland gar von 45 auf rund 12 Prozent.[233] Dieser Traditionsbruch ist überall zu spüren, in Alltagsgesprächen ebenso wie in Schulen und Hochschulen.

Ferner hat sich die allgemeine Tendenz zur Individualisierung von Lebensstilen und Einstellungen auch auf die Religion übertragen. Der Rat der Evangelischen Kirche in Deutschland beschreibt die daraus resultierende Ausgangslage für den schulischen Religionsunterricht so:

> »Vielfach verbindet sich die religiös-weltanschauliche Pluralität mit religiösen Haltungen, die vor allem als Individua-

> lisierung und religiöse Gleichgültigkeit beschrieben werden können. Solche Einstellungen sind eher im Jugend- als im Kindesalter anzutreffen. Sie beruhen auf der Auffassung, dass religiöse Glaubensüberzeugungen ähnlich wie Fragen des persönlichen Geschmacks nur von jedem und jeder Einzelnen für sich beurteilt werden können. Jede Kommunikation darüber wird dann als sinnlos bezeichnet. Jeder und jede müsse selbst wissen, was er oder sie glauben will. Alle religiösen Überzeugungen seien dann allein das Produkt persönlicher Präferenzen, für die prinzipiell kein allgemeiner Wahrheitsanspruch erhoben werden dürfe. Im Schulalltag und auch im Religionsunterricht äußern sich solche Haltungen dann als Gleichgültigkeit, die mit der Weigerung verbunden sein kann, sich überhaupt auf die Frage nach religiösen Gemeinsamkeiten und Unterschieden einzulassen.«[234]

Jugendstudien unterstreichen diesen Befund der Individualisierung und zeigen zugleich eine Tendenz zum Patchwork-Glauben auf, bei dem Jugendliche sich aus verschiedenen Quellen eine individuelle Glaubenshaltung zusammenzubasteln versuchen. Deutlich wird auch hier der wesentlich höhere Stellenwert von Religion bei muslimischen Jugendlichen in Deutschland im Vergleich zu christlichen: Während nur 38 Prozent der christlichen Jugendlichen den Glauben an Gott wichtig finden, sind es unter muslimischen Jugendlichen 81 Prozent.[235] Dagegen sind bei christlichen Jugendlichen Aspekte einer grundlegenden Verunsicherung im Hinblick auf ihren Glauben spürbar: »Christliche Jugendliche sprechen positiv über ihre Religionszugehörigkeit, sind aber bemüht, diese auch immer wieder zu relativieren (›also richtig religiös bin ich nicht‹). Sie loten aus, wie weit Religiosität sozial akzeptiert ist; als ›streng gläubig‹ möchte man keinesfalls wahrgenommen werden.« Anders wiederum muslimische Jugendliche: »Viele zeigen eine selbstbewusste, positive und zweifelsfreie Identifikation mit ihrem

Glauben, der auch sehr stark im sozialen Zusammenhang der Familie gelebt wird.«[236]

Gleichzeitig bilden sich neue Formen kirchenferner Religiosität und Quasi-Religionen (Paul Tillich) heraus, die das religiöse Feld in relevanten Teilen neu besetzen. Schon in den 1960er-Jahren hatte Joachim Matthes darauf hingewiesen, dass sich zwischen den kirchlich Engagierten und der sich dezidiert als nicht religiös verstehenden Minderheit eine »breite Zone gutwilliger religiöser Indifferenz« herausgebildet habe, die »vom Bekenntnis zum Christentum bei Ablehnung allen Kirchentums über eine ethisierte Christlichkeit bis hin zu vager Naturreligiosität oder auch ideologisch fixierter Gottgläubigkeit« reiche.[237] Am harmlosesten ist in diesem Feld wohl die nicht selten anzutreffende Vorstellung, man finde die ›christlichen Werte‹ gut, könne aber mit Religion nichts anfangen, harmlos, weil sie vermutlich keinen Schaden anrichtet. Noch verdünnter wird diese moralische Orientierung, wenn sie sich ihre Träger deren christlicher Herkunft überhaupt nicht mehr bewusst werden und sich der Illusion hingeben, es sei einfach ›von Natur aus menschlich‹, sich um Schwächere zu kümmern, und dies nicht nur im sozialen Nahbereich. Immerhin wendet sich auch die Fanzeitung »Schalke unser« im Untertitel »gegen Rassismus«, womit sie gleich doppelt auf einen christlichen Kontext referiert. Mag dieser Titel vielleicht auch als ironisches Spiel gelesen werden können, wird es schon etwas gespenstiger, wenn der Hamburger Sportverein für HSV-Fans einen eigenen Friedhof anbietet. Ein Flyer verspricht »Auf ewig vereint« auf dem »HSV-Friedhof«, der in Form eines Fußballstadions mit Tribünen gestaltet wurde und einem Feld, »das mit original Stadionrasen ausgelegt ist.«[238] Hier geht es offenbar nicht nur um Ironie, sondern um die völlige Trivialisierung religiöser Symbole in einem gänzlich theologiefreien Christentumsimitat: »Damit wird die kleine Transzendenzerfahrung des samstäglichen Kampfes der ›Guten‹ gegen die ›Bösen‹ um die große Transzendenzerfahrung des

Überganges vom Leben in den Tod ergänzt. Der Fußballverein als Kirchenersatz.«[239]

Tatsächlich ist die Populärkultur in Sport, Musik, Film und Werbung voller religiöser Motive. Engel, Heilsversprechen, mystische und synkretistische Narrationen und Symboliken sind weit verbreitet, von der »Macht« in »Krieg der Sterne« bis zu den »sieben Todsünden« als Eissorten. Regelmäßig droht im Kino oder den Filmen der Streamingdienste die Apokalypse auch denen, die von der biblischen Apokalypse des Johannes vielleicht noch nie gehört haben, aber glücklicherweise kommt doch meist in letzter Minute die Rettung durch einen Erlöser. Überhaupt scheint das Bedürfnis nach Erlösung auch in oberflächlich betrachtet areligiösen Kontexten subkutan lebendig zu bleiben. Nur zwei Beispiele: Das Versprechen auf »Erlösung durch Ernährung« spielt eine große Rolle im Veganismus,[240] und im modernen Erziehungsdenken ist der Wunsch, auf dem Wege der Erziehung die Welt zu bessern und von ihren Gebrechen zu heilen, eine immer wiederkehrende Versuchung.[241]

An Magie, Astrologie oder Amulette glauben, differenziert nach Altersgruppen sowie zwischen Ost- und Westdeutschland, immerhin zwischen 9 und 26 Prozent der 18- bis 29-Jährigen, was sich aber durchaus im Sinne einer Bricolage mit christlichen Glaubensvorstellungen mischen kann.[242] Die Spannweite naturreligiöser und esoterischer Vorstellungswelten lässt sich vor jedem einschlägigen Bücherregal einer gut sortierten Buchhandlung studieren. Vielfach scheinen darin Muster mythologischen Denkens auf, die als »Neomythen« Teil der Geschichte der Moderne schon seit dem frühen 19. Jahrhundert sind; Linus Hauser hat ihnen eine mehrbändige Studie gewidmet.[243]

Solche Studien und Beobachtungen zu außerkirchlichen Formen des Religiösen stützen zunächst die These, dass es Gesellschaften ohne Religion wohl nicht geben kann. Es spricht vieles dafür, dass es sich bei der scheinbaren Zurückdrängung der Religion in modernen Gesellschaften, auf die die Säkularisierungsthese sich bezog, weniger um Verdrängungs-, als vielmehr um Transformationsprozesse des Religiösen handelt. Allerdings sind mit diesen Transformationsprozessen vielfach erhebliche Verluste an komplexem Weltverstehen und an Wissen über religiös-kulturelle Muster, die die europäische Kultur fundamental prägen, verbunden. Gemessen an der theologischen, philosophischen und ästhetischen Reflexion und Gestaltung des Christentums in der christlichen Kulturgeschichte und, bezieht man Judentum und Islam ein, am intellektuellen Reichtum, den 4000 Jahre des Nachdenkens über Gott erbracht haben,[244] handelt es sich bei den neuen Formen des Religiösen um Regressionsphänomene. Gesellschaften können tatsächlich auch dümmer werden. Im Bereich der Wissenschaften wird man dies in Europa für die Jahrhunderte zwischen dem Untergang des Römischen Reiches und den karolingischen Bildungsreformen sagen dürfen; im Bereich der Religion könnte dies in unserer Epoche drohen.

Das ungelöste Problem der Normativität Europas

Die zukünftige europäische Integrationspolitik bedarf des Bezugs auf ein geklärtes Verständnis von Europa als einem geteilten kulturellen Konstrukt. Ohne einen solchen Bezug wird sich bei den betroffenen Menschen eine gemeinsame Ebene kollektiver Identität als Europäerinnen und Europäer schwerlich entwickeln. Diese europäische Identität wiederum ist ohne normative Letztbezüge nicht möglich. Genauer gesagt, es ließe sich ohne solche Letztbezüge europäische Integration wohl nur auf zwei Wegen realisieren: entweder durch pure Machtpolitik eines Hegemons, der die ganze Region von Norwegen bis Griechenland und von Portugal bis zu einer näher zu bestimmenden Ostgrenze beherrschen will, oder durch eine ausschließlich utilitaristische Motivation, die sich alleine auf einen erwarteten höheren Nutzen für alle an der Integration beteiligten Staaten stützt.

Der erste Weg ist in der Neuzeit zweimal zumindest in Ansätzen versucht worden und blutig gescheitert, von Hitler und von Napoleon, er ist aus heutiger Sicht unvorstellbar und wäre für die Zukunft allenfalls als Schreckensszenario für den Fall eines katastrophalen Scheiterns der Europäischen Union denkbar. Der zweite Weg spielt in der europäischen Integrationspolitik tatsächlich eine gewisse Rolle. Immer wieder wurde mit Vorzügen wie sichere Nahrungsmittelversorgung, großer Binnenmarkt, Wohlstandswachstum und Reisefreiheit argumentiert, um die europäische Integrationspolitik nach innen zu legitimieren, abgesehen vom Motiv der Friedenssicherung innerhalb Europas. In jüngster Zeit wird überdies mit der schwachen Position kleiner Nationalstaaten in der globalen Politik und der strategischen Notwendigkeit gemeinsamen Handelns der Europäer angesichts des zunehmenden Gewichts Chinas argumentiert. Diese Argumente sind zwar nicht falsch, aber als Basis für eine langfristig orientierte Integrationspolitik für sich allein genommen doch zu schwach. Zu schnell kann das Verständnis davon, was als nützlich erscheint, sich verändern, zu sehr befördert das Nützlichkeitsdenken zugleich Verteilungskonflikte innerhalb der EU und können nationale identitätsbezogene Argumente in einem Konflikt mit Nützlichkeitsargumenten die Oberhand gewinnen. Die Konflikte um die Flüchtlingspolitik nach 2015, das Wachstum des Rechtspopulismus und der Brexit sind starke Anzeichen für die Fragilität einer rein utilitaristischen Integrationsstrategie.

Es wird denn auch in den Debatten über europäische Identität kaum bestritten, dass eine normative Begründung für die europäische Integrationspolitik erforderlich ist. Wie in der zu Beginn dieses Kapitels skizzierten Narration stichwortartig angesprochen, wird heute im öffentlichen Diskurs meist versucht, diese Begründungen mit rein säkularen Konzepten und ohne Rückbindung an die christliche Tradition zu formulieren. Aber solche Ansätze vermögen es nicht, die normative Lücke in der europäischen Integrationspolitik auf tragfähige Weise zu schließen. Dies kann hier nicht in einer alle diese Ansätze umfassenden Weise begründet werden. Zumindest anhand von vier Konzepten, die ein weites Spektrum einschlägiger Argumentationen repräsentieren, sollen jedoch die Schwächen rein säkularer Begründungen europäischer Identität diskutiert werden: ›Vielfalt und Fluidität‹, ›weltanschauliche Neutralität‹, ›säkularer Humanismus‹ und ›europäische Werte‹.

Die *Orientierung an Vielfalt* hat Wolfgang Schmale in seinem Buch über europäische Identität ins Zentrum gestellt.[245] Schmale vertritt ein postmodernes »Konzept flüssiger Identität«[246] für Europa: »Verflüssigung bedeutet Grenzüberschreitung, Transnationalität, Supranationalität, Austausch, Beschleunigung, Loslösen, Erleichtern, Befreien, Eröffnen von Chancen, Beweglichkeit, Anpassungsfähigkeit, neu Zusammenbauen, produktives Nebeneinander von Heterogenitäten, Erzielen neuer Kohärenzen und vieles mehr.«[247] Aus der Not schwer durchschaubarer Entscheidungsverfahren in der EU eine Tugend machend, versteht Schmale die EU als Netzwerk und »Medium der Interaktion und Verflüssigung«, weshalb sie sich auch nicht auf eine gemeinsame Narration stützen könne: »Ein Netzwerk generiert keine Meistererzählung, sondern einen Hypertext.«[248] Deshalb könne es in Europa künftig »immer nur um komplexe Identitäten gehen, die netzwerkartig ineinandergreifen und Sinnproduktion ermöglichen«.[249] Diese entstünden durch eine »transnationale Zivilgesellschaft, deren Mitglieder verschiedene Netzwerke verschiedener Dichte ausbilden und deren Status als *European citizenship* beschreibbar ist«. Mehr postulierend als begründend kommt Schmale zu dem Ergebnis: »Europäische Identität stellt in erster Linie eine zukunftsbezogene Frage dar. Sie ist nicht in erster Linie aus der Geschichte und der geschichtlichen Kultur heraus zu bestimmen. Dies wäre ein essentialistischer Ansatz, der im 21. Jahrhundert nicht mehr trägt.«[250]

Hier erschließt sich weder, warum historisches Denken per se essentialistisch sein soll, noch warum die simple Tatsache, dass wir im 21. Jahrhundert leben, schon ein inhaltliches Kriterium dafür sein kann, was »nicht mehr trägt«. Immerhin sieht Schmale, dass allein die Betonung von Vielfalt und Offenheit für Veränderung als Basis europäischer Identität normativ zu schwach ist, weil damit die unter Identitätsaspekten eben unausweichliche Frage nach der Einheit in dieser Vielfalt nicht beantwortet werden kann: »Ohne Kohärenz in der Vielfalt wäre freilich keine Europäische Identität denkbar – und genau hier wird in der Tat eine Möglichkeit der Abgrenzung benötigt. Diese Möglichkeit besteht [...] in der Gewaltgeschichte des 20. Jahrhunderts [...].«[251] Mit dieser Referenz wird zwar eine normative Notbremse auf der abschüssigen Bahn postmoderner Beliebigkeit gezogen. Denn in der Tat kann man die historischen Erfahrungen der beiden Weltkriege und der totalitären Diktaturen als eine Art Gegenbild dessen betrachten, was Europa in Gegenwart und Zukunft sein soll. Aber abgesehen davon, dass Schmale damit genau das vorschlägt, was er an anderer Stelle verwirft – eine Bestimmung europäischer Identität aus der Geschichte heraus –, stellt sich die Frage, wie die Abgrenzung zu einem negativ konnotierten Gegenbild eine positiv konnotierte Kohärenz stiften soll. Worin sollte sich ferner eine so bestimmte europäische Identität von einer kosmopolitischen Identität unterscheiden lassen? Denn sowohl die positive Konnotation von Vielfalt als auch der Wunsch, aus der Gewaltgeschichte des 20. Jahrhunderts Konsequenzen zu ziehen, können beispielsweise auch die Vereinten Nationen für sich in Anspruch nehmen.

Am Ende seines Buches führt Schmale schließlich noch ein weiteres normatives Kriterium ein. In einer schematischen historischen Übersicht zur Geschichte europäischer Identität nennt er jeweils als »Letztbezug« für das 15.–17. Jahrhundert »Gott«, für das 18.–20. Jahrhundert »Vernunft« – und für das 21. Jahrhundert »Wissenschaft«. Die Begründung für diese unter normativen Aspekten verblüffende Festlegung für Gegenwart und Zukunft ist wieder das Postulat der Vielfalt:

> »Heute besteht der Letztbezug in der Wissenschaft. Wissenschaft bedeutet inhaltliche Offenheit, die auf Regel- und Methodenkonformität gründet. Dies gilt ebenso für die Netzwerkidentität, die Regeln sind klar. Wissenschaft strebt nach Kohärenz in der Vielfalt, in der Diversität, aber nicht nach essentieller Einheit. Wissenschaft bedeutet permanente Reflexivität und Selbstreflexivität, permanente Offenheit.«[252]

Aber gerade wenn man ein solches reflexives und offenes Wissenschaftsverständnis teilt, ist es als normativer Letztbezug von (europäischer) Identität nicht geeignet. Wissenschaft in diesem Verständnis kann zwar auch normative Fragen reflektieren, sie mit ihren Mitteln aber nicht entscheiden. Wissenschaft bietet keinen ›Letztbezug‹ für Fragen nach einem gelingenden Leben und einer guten politischen Ordnung. Sie kann Formen und Probleme von Vielfalt im gesellschaftlichen Leben untersuchen, aber sie kann nicht begründen, warum Vielfalt wünschenswert sein soll, ohne weitere, außerwissenschaftliche Kriterien hinzuzuziehen. Überdies lässt sich eine »Wissenschaftsidentität«[253] als Kern der europäischen Identität bei einem Menschen nicht sinnvoll von seinen sonstigen Identitätsebenen unterscheiden – denn warum sollten etwa nationale oder regionale Identitäten wissenschaftsferner sein als die europäische und wie sollte sich die berufliche Identität von Wissenschaftlern von ihrer Identität als europäische Bürger differenzieren lassen?

Vielfalt ist gewiss ein Merkmal menschlicher Gesellschaften, und dies nicht erst in der Moderne. Hannah Arendt hat den fundamentalen Zusammenhang dieser Vielfalt mit Politik treffend formuliert: »Politik beruht auf der Tatsache der Pluralität der Menschen.« Sie »handelt von dem Zusammen- und Miteinander-Sein der *Verschiedenen*«.[254] Wenn dies aber seit jeher Bedingung jeder Politik ist, kann es nicht zugleich der Kern der europäischen Identität sein. Die postmoderne Faszination für Vielfalt verdeckt nur die normative Leere dieses Verständnisses von europäischer Identität.

Dem Konzept der *weltanschaulichen Neutralität des Staates* hat Horst Dreier aus rechtsphilosophischer Sicht eine sehr lesenswerte und sorgfältig argumentierende Studie gewidmet.[255] In ihr geht es nicht um europäische Identität, aber gleichwohl sind ihr Thema und ihre zentrale These von unmittelbarer Relevanz auch für das Selbstverständnis europäischer Institutionen und für die weitere Entwicklung der europäischen Integrationspolitik.

Dreier stellt schon zu Beginn seines Buches unmissverständlich klar, dass sein Verständnis von weltanschaulicher Neutralität des Staates mit keinem anti-religiösen Affekt verbunden ist und sich deshalb vom Laizismus unterscheidet: »›Staat ohne Gott‹ heißt nicht: Welt ohne Gott, auch nicht: Gesellschaft ohne Gott, und schon gar nicht: Mensch ohne Gott.« Daher sei »Säkularität des Staates nicht zu verwechseln und schon gar nicht gleichzusetzen mit der Säkularität (oder gar der massiv betriebenen Säkularisierung) der Gesellschaft im Sinn einer laizistischen Kampfparole.«[256] Dreiers zentrale These lautet dagegen:

> »Die religiös-weltanschauliche Neutralität des Staats bildet die Kehrseite der Religionsfreiheit, die alle Bürger genießen. […] Der freiheitliche, säkulare Verfassungsstaat versteht sich nicht als Widerpart des Glaubens, sondern bietet diesem eine Plattform. Staat ohne Gott und kraftvolle Religiosität in der Gesellschaft schließen sich mithin keineswegs aus. Im Gegenteil: Die verschiedenen religiösen Gruppen können sich überhaupt nur dann ungehindert als gleichbe-

> rechtigte Freiheitsträger mit umfänglichen Betätigungsmöglichkeiten entfalten, wenn der Staat selbst sich weltanschaulich strikt neutral verhält und nicht Partei ergreift. [...] Die Säkularisierung des Staates ist daher freiheitsnotwendig und entfaltet – nur scheinbar paradox – religionsbegünstigende Wirkungen.«[257]

Auf den ersten Blick gesehen scheint Dreier hier eine Quadratur des Kreises zu gelingen. Auf Europa bezogen, wäre hiernach eine christlich geprägte Identität möglich, solange sich diese auf die Bürger als Individuen und auf das gesellschaftliche Leben beschränkt und die staatlich-politischen Institutionen nicht prägen will. Dreier betont sogar, dass Bürger selbstverständlich politische Positionen und Forderungen auf Grund ihrer religiösen Überzeugungen vorbringen können: »Das verfassungsrechtliche Neutralitätsgebot führt weder zur Notwendigkeit einer ›Übersetzung‹ religiöser Beiträge in eine säkulare Sprache noch zu deren Ausschluß aus dem gesamtgesellschaftlichen Diskurs oder der parlamentarischen Beratung und Entscheidung.«[258] Und noch pointierter: »Gott läßt sich nicht aus der Politik verbannen – und der säkulare Staat macht sich eine solche Verbannung auch gar nicht zum Programm.«[259]

Zugleich betont Dreier, dass säkularer Staat und Verfassung sich in keiner Weise als sinnstiftende Instanzen verstehen dürfen, sondern immer nur als vorläufige, begrenzte und revidierbare Ordnungen zu sehen sind – »Der freiheitliche Verfassungsstaat regelt ohne Zweifel wichtige, aber nicht die letzten Dinge.«[260] Deshalb warnt er auch vor aktuellen Tendenzen in der Staatsrechtslehre, Verfassung und Recht zu sakralisieren oder zu mythologisieren, um ihnen auf diese Weise eine ›höhere‹ Legitimität zu verleihen als die der bloßen Vereinbarung zwischen Menschen.[261] Diese Warnung ist nur zu berechtigt, denkt man beispielsweise an die starke Tendenz zur Moralisierung politischer und rechtlicher Fragen in identitätspolitischen

Diskursen (vgl. Kapitel 1) oder an Vorstellungen im Kontext der Debatten über Menschenrechte, wie sie von Jan Assmann mit Blick auf »Europa als Wegweiser« formuliert werden:

> »Das, was den Juden die Tora war, die Magna Charta eines Bundes des Lebens im Bund mit Gott und miteinander, in Frieden, Gerechtigkeit, Solidarität und gegenseitiger Achtung, das ist uns heute die Erklärung der Menschenrechte [...]. Jetzt kommt es darauf an, Europa als Hort einer neuen Lebensordnung auf der Grundlage der Menschenrechte als einer neuen Magna Charta aufzubauen, als Sphäre nicht des Unglaubens, sondern eines neuen Glaubens an den Menschen und die Menschheit [...].«[262]

Aus politikwissenschaftlicher Sicht stellt sich bei solchen neu- oder zivilreligiösen Ideen freilich die Frage, wer hierbei die Priester sein sollen und ob sie nicht in der Konsequenz auf eine Art Priesterherrschaft einer globalisierten intellektuellen Elite hinauslaufen.

Demgegenüber sind die Überlegungen Dreiers zum Verhältnis von Verfassung, Staat und Religion wohltuend nüchtern. Über weite Strecken stellen sie sich auch aus christlicher Sicht nicht nur als akzeptabel, sondern als treffende Analysen der Möglichkeiten und Grenzen weltlicher Ordnungen dar. Selbst wenn er zum Gottesbezug in der Präambel des deutschen Grundgesetzes schreibt, es handele sich hierbei nicht um den Bezug auf einen göttlichen Auftrag oder um eine transzendente Überhöhung der Verfassung, sondern um eine »Demutsformel« im Sinn einer »Betonung ihrer Endlichkeit und Relativität, weil sie von Menschen gemacht ist«,[263] ist dies eine auch aus theologischer Perspektive gut vertretbare Sichtweise.

Dennoch bleiben in Dreiers Überlegungen zur ›weltanschaulichen Neutralität des Staates‹ mit Blick auf die Begründung dieses Konzepts und die aus ihm zu ziehenden Konsequenzen eine ganze Reihe von ungelösten Problemen und offenen Fragen. So ergibt sich der Eindruck, dass Dreier in normativer Hinsicht die ideengeschichtlichen Voraussetzungen seiner Konzeption umschifft oder zu sehr vereinfacht. Dass die für seine Argumentation grundlegende Denkfigur der Unterscheidung zwischen einer staatlich-weltlichen und einer religiösen Sphäre, zwischen ›Kaiser‹ und ›Gott‹, eine bis in das Neue Testament zurückreichende und die europäische Geschichte prägende christliche Vorstellung ist (vgl. Kapitel 2), blendet Dreier aus. Zwar konstatiert er richtigerweise: »Jede Rechtsordnung, auch und gerade eine demokratische, beruht auf bestimmten sozialen, kulturellen und ideellen Grundlagen. Die vielfältige Prägung unseres Rechts durch das Christentum ist ein herausragendes Beispiel dafür.«[264] Aber dieser Zusammenhang bleibt merkwürdig folgenlos für seine konkrete Argumentation. Immerhin drängt sich hier das Problem der schlüssigen Vereinbarkeit der Anerkennung einer christlichen Prägung der Rechtsordnung mit dem Postulat der religiös-weltanschaulichen Neutralität des Staates auf. Dreier weicht diesem Problem aus – und folgt dabei einem heute populären Muster –, indem er sich auf die »Sozialphilosophie der Aufklärung« und deren Grundsätze beruft.[265] Aber wie oben bereits ausgeführt, gab es nicht *die* Grundsätze *der* Aufklärung. Weder waren alle Aufklärer Demokraten (man denke an Voltaire und Friedrich den Großen), noch waren Freiheit und Gleichheit aller Menschen universelle Vorstellungen der Aufklärer, wie sich in deren gespaltenem Verhältnis zur Sklaverei zeigte.[266]

Nur auf den ersten Blick zwingend ist ferner Dreiers Argument, die religiös-weltanschauliche Neutralität des Staates sei die Voraussetzung (»die Kehrseite«) der Religionsfreiheit. Bei näherem Hinsehen ist das ein sehr ›deutsches‹ Argument, weil sich in Deutschland schon seit der Reformation das Problem der Koexistenz konkurrierender christlicher Konfessionen und des Verhältnisses des Staates zu dieser Situation stellte, eine Situation, aus der heraus – wie Dreier zutreffend darstellt – sich nach und nach die moderne Vorstellung von individueller Religionsfreiheit entwickelte. En passant erwähnt Dreier[267] auch das schlagende Gegenargument gegen seine Koppelung von Religionsfreiheit und religiös-weltanschaulicher Neutralität des Staates, ohne es aber in diesem Zusammenhang auszuführen: die Existenz von freiheitlich-demokratischen Staaten in Europa, in denen christliche Kirchen Staatskirchen sind und in denen es gleichwohl Religionsfreiheit gibt (England, Griechenland, Dänemark). Tatsächlich ist Religionsfreiheit ein essenzielles Merkmal freiheitlich-demokratischer Verfassungen und Staaten. Eine ›Neutralität‹ des Staates mit Blick auf Religion hat sie aber nicht als zwingende Voraussetzung.

Problematisch ist schließlich Dreiers Forderung nach Äquidistanz des freiheitlichen Staates zu allen Religionen. Soll dies auch für religiöse Überzeugungen gelten, die gerade auf die Abschaffung oder drastische Einschränkung der Freiheitsrechte der Bürger abzielen? Dreier könnte hier argumentieren, dass auch diese frei seien, solange ihre Träger in ihrem praktischen Handeln nicht gegen Gesetze verstoßen. Aber eine solche Argumentation würde dem Staat keine Möglichkeiten geben, aktiv, präventiv und reaktiv gegen solche Überzeugungen vorzugehen, beispielsweise durch entsprechende staatlich getragene oder finanzierte Bildungs- und Präventionsprogramme oder Deradikalisierungsmaßnahmen. Hier würde freilich Neutralität perspektivisch gefährliche Folgen für die freiheitliche Verfassung selbst haben. Um es ganz deutlich zu sagen: Freiheitliche Staaten und damit auch ein freiheitliches Europa können sich nicht äquidistant zum Christentum und zum Islamismus und anderen Formen von religiös motiviertem politischen Extremismus verhalten. Damit aber können sie in ihrem Selbstverständnis nicht ›religiös-weltanschaulich neutral‹ sein.

Bietet *säkularer Humanismus* ein tragfähiges normatives Fundament für europäische Identität? Die meisten seiner Verfechter würden diese Frage wohl bejahen und auf die lange

Geschichte humanistischen Denkens in Europa verweisen. Aber dies ist eine Geschichte nicht nur mit Brüchen und Widersprüchen, sie ist auch überhaupt erst im 19. Jahrhundert als geistesgeschichtlicher Zusammenhang konstruiert worden. Als Begriff wurde Humanismus erstmals 1808 von Friedrich Immanuel Niethammer verwendet,[268] in einer Zeit, in der viele Gelehrte besonders mit Blick auf die Bildung der Jugend in der Rückbesinnung auf die Antike eine Alternative zum Utilitarismus der Aufklärung suchten. Da auch die Renaissance im 14. bis 16. Jahrhundert auf die antike Philosophie, Architektur und Kunst zurückgriff, wurde hier eine gemeinsame Kontinuitätslinie gesehen.

›Humanismus‹ wurde diese gedachte Linie zwischen Antike, Renaissance und dem (ebenfalls erst rückblickend 1885 von Friedrich Paulsen so bezeichneten[269]) Neuhumanismus um die Wende vom 18. zum 19. Jahrhundert genannt, weil die Gemeinsamkeit in einer spezifischen, von der Idee der Menschenwürde geprägten Hinwendung zum Menschen als verantwortlichem, mit Vernunft begabtem Subjekt gesehen wurde. Es ging – und geht bis heute in sich humanistisch verstehenden Diskursen – um die Frage, was »das Menschsein des Menschen« ausmacht[270] und welche Denkweisen, Regelungen und Praktiken als ›human‹, also als ›menschlich‹ verstanden werden können, und zwar unter dem normativen Aspekt der Menschenwürde.

Insoweit gehört humanistisches Denken zweifellos zum kulturellen Erbe Europas. Lässt sich aber der Humanismus als eine *säkulare Alternative* zum Christentum verstehen und damit für eine nicht religiös konnotierte weltanschauliche Bestimmung normativer Grundlagen Europas nutzen? Diese Frage muss im Wesentlichen aus drei Gründen verneint werden.[271] *Erstens* war der Renaissance-Humanismus, der die wichtigste Referenz neuzeitlicher Humanismus-Diskurse darstellt, christlich geprägt. Es dürfte schwierig werden, ihn mit einer antichristlichen oder gar atheistischen Sichtweise in Einklang zu bringen. Erasmus von

Rotterdam und Melanchthon waren Wegbereiter der Reformation, Francesco Petrarcas Betonung der Subjektivität des Einzelnen war inspiriert von Augustinus. Die Konzeption der Menschenwürde bei Giannozzo Manetti und Giovanni della Mirandola wurde begründet mit der Gottesebenbildlichkeit des Menschen. Zwar griffen Philosophie, Kunst und Architektur der Renaissance auch auf antike Vorbilder zurück. Aber diese wurden nicht einfach nur imitiert, sondern unter dem Einfluss des Christentums auch verwandelt: »Die Vereinigung von Christentum und Antike war gedacht als Wiederbelebung des antiken Platonismus in Gestalt eines christlichen Platonismus.«[272] Eines der Ergebnisse dieser Verbindung war ein gewaltiger neuer Aufbruch christlicher Kunst, wie sie sich in den Arbeiten von Giotto, Botticelli, Raffael und Michelangelo zeigte. Der Renaissance-Humanismus war gerade keine Abkehr vom Christentum, sondern ein wichtiges Element der christlichen Ideengeschichte in Europa. Aber auch im Neuhumanismus blieb der christliche Bezug lebendig, besonders deutlich bei Niethammer und Herder. Allerdings gab es im Verlauf des 19. Jahrhunderts auch erste Versuche, humanistisches Gedankengut in einer rein säkularen Sprache zu entwickeln.

Zweitens zeigten und zeigen sich allerdings in solchen Versuchen erhebliche Begründungsprobleme für einen säkularen Humanismus. So ist es bis in unsere Zeit nicht überzeugend gelungen, tragfähige säkulare Begründungen für eine unverlierbare gleiche Würde aller Menschen zu finden.[273] Die immer wieder zu lesende Referenz auf den vorchristlichen Würdebegriff bei Cicero überzeugt nicht wirklich, weil Cicero diese Würde des Menschen durch nicht tugendhaftes Verhalten als verlierbar betrachtete und weil seine Überlegungen im Ganzen stark im Kontext einer aristokratischen Tugendlehre in einer streng hierarchischen Gesellschaft zu sehen sind. Das Grundproblem eines säkularen Humanismus besteht darin, andere Letztbegründungen für die Menschenwürde als die der Gottesebenbildlichkeit zu finden. Letztlich bleibt hierfür nur eine irgendwie geartete Referenz auf die ›Natur‹ des Menschen, die – in der Regel gedacht durch Bildung und Erziehung – gewissermaßen nur zur Entfaltung gebracht werden müsse, um dem Humanum Raum zu geben. In diesem Sinn sprach beispielsweise Friedrich Paulsen von einem »der Menschenseele eingebornen Trieb zum Wahren und Guten und Schönen«, den es in der Erziehung lediglich zu wecken gelte.[274] Mit der Lösung von einer christlichen Begründung und der darin neben der Gottesebenbildlichkeit immer mitgedachten Vorstellung von der Sündhaftigkeit des Menschen tendiert säkularer Humanismus zu einem hyperoptimistischen, wirklichkeitsfernen Menschenbild. Angesichts dieser idealistischen Überhöhung des Menschen fehlen säkularem Humanismus überzeugende Erklärungen für jene menschliche Erfahrung, die Paulus treffend so auf den schon einmal zitierten Punkt gebracht hat: »Denn das Gute, das ich will, das tue ich nicht; sondern das Böse, das ich nicht will, das tue ich.« (Röm 7,19) Mehr noch sind es die politischen und menschlichen Katastrophen des 20. Jahrhunderts, vom technisierten Massensterben im Ersten Weltkrieg über den Holocaust, die stalinistischen Massenmorde, die chinesische Kulturrevolution, weitere Genozide vor allem in Armenien, Kambodscha oder Ruanda, bis hin zur Entwicklung heutiger Massenvernichtungswaffen, die vom humanistischen Optimismus des 19. Jahrhunderts wenig übrig gelassen haben.

Drittens zerfaserte der humanistische Diskurs im 19. und 20. Jahrhundert immer weiter, so dass unterschiedliche, ja gegensätzliche humanwissenschaftliche und philosophische Theorien den Begriff des Humanismus für sich in Anspruch nahmen.[275] Besonders problematisch für die Frage, ob ein säkularer Humanismus als normative Referenz für europäische Identität geeignet ist, sind dabei eine historische und eine gegenwärtige Verwendungsweise des Humanismusbegriffs: die marxistisch-leninistische Variante, die beispielsweise in der DDR zur Legitimation der Diktatur der SED benutzt wurde,[276] und die Inanspruchnahme dieses Begriffs für die Begründung eines kämpferischen Atheismus und Säkularismus in Organisationen wie der Giordano-Bruno-Stiftung (die einen »evolutionären Humanismus« propagiert) und dem Humanistischen Verband Deutschlands, die auf die Zurückdrängung und Überwindung von Religion zielen.[277] Weder eine Neuauflage des Marxismus-Leninismus noch eine dezidiert antichristliche Orientierung dürften auch nur die geringste Chance haben, die Einheit Europas in normativer Hinsicht zu begründen.

Bleibt die Frage, ob gemeinsame *europäische Werte* ein normatives Fundament für europäische Identität bilden können. Diese Werte werden in Festreden gerne beschworen und in Artikel 2 des Vertrages von Lissabon, der aktuellen vertraglichen Grundlage der Europäischen Union, sogar aufgelistet:

> »Die Werte, auf die sich die Union gründet, sind die Achtung der Menschenwürde, Freiheit, Demokratie, Gleichheit, Rechtsstaatlichkeit und die Wahrung der Menschenrechte einschließlich der Rechte der Personen, die Minderheiten angehören. Diese Werte sind allen Mitgliedsstaaten in einer Gesellschaft gemeinsam, die sich durch Pluralismus, Nichtdiskriminierung, Toleranz, Gerechtigkeit, Solidarität und die Gleichheit von Frauen und Männern auszeichnet.«[278]

Richard Schröder bemerkt dazu treffend: »Alles, was hier aufgezählt wird, ist irgendwie erhebend und wünschenswert, ansonsten aber ein Sammelsurium.«[279] Offenkundig handelt es sich um Begriffe unterschiedlicher Reichweite und mit verschiedenen Handlungsbezügen: Verhaltenserwartungen an die Bürger (z. B. Toleranz, Solidarität) stehen neben Prinzipien staatlicher Ordnung (Demokratie, Rechtsstaatlichkeit), Hinweisen auf geltende Rechte (Menschenrechte, Minderheitenrechte), einem gesellschaftstheoretischen Fachbegriff (Pluralismus) und Wertbezügen, die ohne nähere Bestimmung unbrauchbar sind. So gibt es keine Gesellschaften ohne jede Diskriminierung, z. B. aufgrund von Rechtsverstößen oder von Leistung; ›Nichtdiskriminierung‹ macht also nur Sinn in Bezug auf ausgewählte konkrete Formen von Benachteiligung. ›Gleichheit‹ kommt gleich doppelt vor, einmal in allgemeiner Form und einmal in Bezug auf Männer und Frauen, wobei in beiden Fällen unklar bleibt, welche Art von Gleichheit gemeint ist (Rechtsgleichheit, Chancengleichheit, soziale Gleichheit, moralische Gleichwertigkeit?). »Man kann hier gut sehen, wie der Wertbegriff verwirren kann.«[280]

Aus sozialwissenschaftlicher Sicht lassen sich Werte verstehen als »die allgemeinsten Grundprinzipien der Handlungsorientierung und der Ausführungen bestimmter Handlungen«, als »Vorstellungen vom Wünschenswerten«.[281] Sie geben »an, was als erstrebenswert, richtig und sittlich gut angesehen wird.«[282] In diesem allgemeinen und formalen Sinn eignet sich der Wertebegriff gut für Untersuchungen zu der Frage, was Menschen wichtig ist, in verschiedenen gesellschaftlichen Schichten und Milieus beispielsweise, über längere Zeiträume hinweg oder in kulturvergleichender Perspektive. Er lässt sich recht gut vom Begriff der Normen abgrenzen, die in der Regel im Unterschied zu Werten unmittelbar mit Sanktionen verbunden sind.

Schwierig wird es hingegen, wenn Werte genauer bestimmt, hierarchisiert und in einem präskriptiven Sinn verstanden werden sollen: »Es gibt eine unüberschaubare Anzahl von Versuchen ›Werte‹ zu definieren, zu katalogisieren oder zu klassifizieren. Es scheint jedoch unmöglich zu sein, sich auf eine einheitliche Bestimmung dessen, was Werte sind, zu einigen.«[283] Eine einschlägige Internet-Enzyklopädie kommt auf eine – sicher noch unvollständige – Liste von 129 Werten.[284]

Werte sind abstrakte Begriffe, die fast immer in Form eines Substantivs ausgedrückt werden. Sie stehen jeweils in breiteren Kontexten von menschlichen Selbst- und Weltverständnissen, aus denen heraus sie erst ihre (ggf. unterschiedliche) Bedeutung und Überzeugungskraft gewinnen. Werte verstehen sich daher keineswegs von selbst und ihr Verhältnis zueinander kann je nach weltanschaulichem Kontext, von dem aus sie gedacht werden, sehr spannungsreich sein, man denke beispielsweise nur an die seit Jahrhunderten geführten Kontroversen über die Beziehungen zwischen Freiheit, Gleichheit und Gerechtigkeit. Schon aus diesem Grund führen Versuche, die kollektive Identität von Gesellschaften oder Staaten mittels einer Liste von Werten zu bestimmen, zu inkohärenten Aufzählungen oder zu Formelkompromissen. Der oben zitierte Artikel aus dem Lissaboner Vertrag ist ein Beispiel dafür.

Als normative Konzepte wünschbaren Lebens gründen Werte letztlich in Glaubenshaltungen. Diese müssen nicht religiöser Art sein, aber dass das durch einen Wert ausgedrückte Erwünschte und Erstrebte sich erreichen lässt und die erhofften Wirkungen haben wird, lässt sich niemals mit letzter Sicherheit sagen (vgl. Kapitel 4). Wenn aber Glaube Werten vorausliegt, dann lösen Werte das Problem der Begründung normativer Orientierungen nicht, sondern verschieben es nur auf eine tiefere Ebene. Im Grunde verdecken sie es damit sogar, wenn diese tiefere Ebene von Glaubensfragen mit dem forschen und geforderten Bekenntnis zu Werten ignoriert wird. Werte als scheinbares normatives Fundament europäischer Identität stehen dann in der Gefahr, zu einem säkularen Religionsersatz zu werden, mit dem die europäische Integrationspolitik sich selbst sakralisiert. Freilich können diese neuen ›Götter‹ recht tyrannische Züge annehmen, wie die verbreitete Tendenz zur Moralisierung politischer und gesellschaftlicher Fragen im westlichen Europa zeigt.[285]

Worauf es dagegen für europäische Identitätsbildung ankommt, ist sich der Ressourcen zu erinnern, die in der christlichen Tradition Europas einschließlich deren jüdischer Quellen liegen und sich diese neu anzueignen. Denn, wie es Habermas in dem zu Beginn dieses Buches stehenden Zitat formuliert: »Dazu gibt es bis heute keine Alternative. Auch angesichts der aktuellen Herausforderungen einer postnationalen Konstellation zehren wir nach wie vor von dieser Substanz. Alles andere ist postmodernes Gerede.«

4. Zukunft:

Eine christliche Renaissance für Europa

»Die Geburtsstunde der menschlichen Freiheit ist die Stunde der Begegnung mit Gott. […] Man muss die Segel in den unendlichen Wind stellen, dann erst werden wir spüren, welcher Fahrt wir fähig sind.«
(Alfred Delp)[286]

Worum geht es bei einer christlichen Renaissance in und für Europa, welche Hoffnungen und Erwartungen verbinden sich mit einer solchen Vorstellung – oder, angesichts der religiösen Landschaft und der realen Verfassung der christlichen Kirchen in Europa, mit dieser Zukunftsvision? Mit Blick auf die Lage des europäischen Einigungsprozesses geht es darum, dem kulturellen Konstrukt Europa eine tiefere historische Verankerung und in normativer Hinsicht ein stabileres Fundament zu ermöglichen. Mit Blick auf das europäische Christentum geht es um Selbstvergewisserung und Erneuerung – Selbstvergewisserung als reflexive Neuaneignung der eigenen Tradition, Erneuerung mit dem Ziel einer sprach- und handlungsfähigen, kritisch-konstruktiven Mitgestaltung der europäischen Moderne.

Beide Perspektiven ergänzen einander und können sich, so ist zu hoffen, wechselseitig bestärken. Aber sie bilden keine Synthese. Weder können Staat(en) und christliche Kirchen in einem theokratischen System zusammenfallen, noch christliche Gemeinden und weltliche Gemeinschaften oder Gesellschaften (denen Christen immer auch angehören), noch Glaube und Kultur.

Auch das Konzept des ›christlichen Abendlands‹ ist kein geeigneter Bezugspunkt für eine heutige christliche Renaissance in Europa. Zwar ließ sich dieses Konzept, das nach dem Ersten und in der ersten Zeit nach dem Zweiten Weltkrieg verbreitet war, durchaus als Versuch einer christlich geprägten Erneuerung Europas verstehen. In der Zwischenkriegszeit wurde es als Reaktion auf Oswalt Spenglers »Der Untergang des Abendlandes« verwendet, um – vor allem im Umfeld der Zeitschriften »Europäische Revue« und »Abendland« – eine positive Alternative zu Spenglers Untergangsprognose zu entwickeln.[287] In den 1950er-Jahren sollte es der Selbstidentifikation Westeuropas gegenüber dem von der Sowjetunion beherrschten Osten Europas dienen. Problematisch an diesem Konzept waren seine inhärenten Verengungen: auf das westliche Europa in Abgrenzung zum Osten (im vormodernen, eher geographisch ausgerichteten Verständnis des Abendlandbegriffs auch von Byzanz), innerhalb dessen die Verbreitung dieses Konzepts vor allem im deutschsprachigen Raum sowie seine vorwiegend katholische und politisch konservative Prägung.[288]

Dagegen kann eine christliche Renaissance heute nur dann einen substanziellen Beitrag zur europäischen Identität leisten, wenn sie sich nicht von vornherein nur an eine bestimmte Region innerhalb Europas oder an eine bestimmte politische Richtung innerhalb des pluralen politischen Spektrums bindet. Sie ist auch nicht auf die Grenzen der heutigen Europäischen Union fixiert. Ganz im Gegenteil zielt eine christliche Renaissance unter dem Aspekt der europäischen Identität auf eine Stärkung des Verbindenden zwischen West und Ost, Nord und Süd sowie zwischen den großen politischen Strömungen in Europa.

Ein solches Vorhaben ist nur mit einer längerfristigen Perspektive und durch aktive Mitgestaltung vieler Menschen möglich. Es wäre vermessen, hierfür eine Art Projektplan vorlegen zu wollen. Im Folgenden sollen lediglich die wichtigsten Baustellen besichtigt werden, auf denen für eine christliche Renaissance in Europa zu arbeiten wäre.

Weltverstehen: Glaube, Vernunft und Wissenschaft

Eine dieser Baustellen betrifft das Verhältnis zwischen Wissenschaft, insbesondere in Gestalt der Naturwissenschaften, und christlichem Glauben. Wie verhalten sich Vernunft, Wissenschaft und Glaube zueinander? In diesem Abschnitt soll die These vertreten und begründet werden, dass sich erst infolge eines reduktionistischen Verständnisses von Wissenschaft in diesem Verhältnis eine Krise entwickelt hat, die komplexes vernünftiges Weltverstehen gerade behindert. Dieses reduktionistische Wissenschaftsverständnis ist keineswegs eine notwendige Folge des Gebrauchs der Vernunft. Eine christliche Renaissance könnte dazu beitragen, diese Krise zu überwinden und neue Türen für die künftige Entwicklung der Wissenschaften zu öffnen.

Die moderne Wissenschaft ist in Europa entstanden. Ihre großen Erfolge haben in der Neuzeit bis zum Zweiten Weltkrieg zur globalen Dominanz Europas entscheidend beigetragen – wenngleich sie ab dem 19. Jahrhundert neben ihren Leistungen für Weltverstehen und bessere Lebensbedingungen vieler Menschen ebenso für das Monströse moderner Waffentechnologien, allen voran der Massenvernichtungswaffen, sowie für die ökologischen Folgen der industriellen Moderne eine wesentliche Verantwortung trägt.

Bis zur radikalisierten Aufklärung ab dem späten 18. Jahrhundert wurde zwischen einem wissenschaftlichen Weltverständnis und dem Glauben an Gott von kaum jemandem ein Gegensatz gesehen. Die Begründer der modernen Naturwissenschaften, wie Johannes Kepler etwa, Issac Newton oder Robert Boyle, dachten Wissenschaft als Weg zum besseren Verstehen von Gottes Wirken. In den Worten Keplers: »Das wichtigste Ziel aller Untersuchungen über die Außenwelt sollte es sein, die rationale Ordnung zu entdecken, die ihr von Gott aufgeprägt worden ist und die er uns in der Mathematik geoffenbart hat.«[289] Auch waren die Beziehungen zwischen Wissenschaft und Kirche keineswegs von ständigen Konflikten geprägt; dieser historische »Konfliktmythos« entstand erst im späten 19. Jahrhundert.[290] Gerade der Fall Galileo Galilei, der gerne als Beleg für das Klischee herangezogen wird, eine bornierte Kirche habe dem aufrichtigen Wissenschaftler wegen seiner Kritik an der Bibel den Prozess gemacht, zeigt die Komplexität der damaligen Verhältnisse.[291] Tatsächlich vertrat Galilei das Modell des Kopernikus mit der doppelten Erdbewegung, um sich selbst und um die Sonne, das mit einigen Passagen der Bibel nicht im Einklang war. Der Prozess gegen Galilei 1633 endete mit einem milden Hausarrest und hatte zum Gegenstand, dass er ein 1616 in dieser Sache gegebenes Versprechen gebrochen hatte. Dabei war die Position des Vatikans keineswegs wissenschaftsfeindlich. Kardinal Bellarmin, Galileis Gegenspieler, ließ erkennen, dass es durchaus möglich sei, von der *Annahme* zu sprechen und mit ihr zu arbeiten, dass die Erde sich bewege und die Sonne stillstehe, und schrieb in einem Brief: »Wenn es wahrhaft bewiesen würde, […] dann müßte man sich mit großem Bedacht um die Auslegung der Schriften bemühen, die dem zu widersprechen scheinen.«[292] Einen solchen Beweis konnte Galilei nicht erbringen, denn seine Behauptung, die Gezeiten seien ein solcher, konnte schon damals nicht überzeugen. Erst rund 200 Jahre später wurde mit dem Foucault'schen Pendel ein experimenteller Nachweis gefunden. Gleichzeitig nahm Galilei in Anspruch, nicht die Theologen, sondern allein die ›mathematischen Philosophen‹ hätten zu entscheiden, welche Stellen der Bibel wörtlich zu nehmen seien und welche nicht – und »die letztere Berufsgruppe hatte zu der Zeit nur ein einziges Mitglied.«[293] Die Kirche vertrat gegenüber Galilei nicht nur eine theologische Position, sondern auch das naturwissenschaftliche Wissen ihrer Zeit, und die Forderung Kardinal Bellarmins, ungewöhnliche, der alltäglichen Erfahrung widersprechende und nicht beweisbare wissenschaftliche Vorstellungen als hypothetische Modelle zu betrachten, ist dem modernen Wissenschaftsverständnis durchaus nahe.

Aber auch Galilei blieb sein ganzes Leben lang gläubiger Katholik und war Mitglied der 1603 in Rom gegründeten ersten wissenschaftlichen Akademie der Welt, auf die die heutige Päpstliche Akademie der Wissenschaften zurückgeht.[294] Er wäre wohl kaum auf den Gedanken gekommen, Vernunft und christlicher Glaube stünden in einem Gegensatz zueinander.

Tatsächlich aber gibt es einen solchen Gegensatz nur, wenn ›Vernunft‹ mit einem szientistischen Verständnis von Wissenschaft und einem naiven Realismus identifiziert wird. Hiernach wird unterstellt, dass wir mit unseren Sinnesorganen und sie unterstützenden Technologien wie zum Beispiel Mikroskopen oder Teleskopen die Realität so wahrnehmen, wie sie tatsächlich ist *(naiver Realismus)* und dass wir mittels empirischer Wissenschaft und mit Hilfe des *Verstandes* diese Realität zutreffend und in Zukunft auch vollständig erklären können *(Szientismus)*. Was auf diesem Wege nicht erfasst und bewiesen werden kann, existiert nicht, so die szientistische Sichtweise. Oftmals verbindet sie sich mit einem *naturalistischen* Weltbild, nachdem auch die gesamte menschliche Wirklichkeit als Teil der physischen Natur zu verstehen und mittels naturwissenschaftlicher oder den Naturwissenschaften entlehnter Methoden vollständig zu erforschen sei. Von manchen wird dann daraus die Konsequenz gezogen, die Religion müsse zurückgedrängt und möglichst auch überwunden werden *(Säkularismus)*.

Der extreme Reduktionismus einer solchen Weltsicht zeigt sich schon an der faktischen Gleichsetzung von Vernunft und Verstand, die auch in der Alltagssprache weit verbreitet ist. Diese in der deutschen Sprache mögliche, aber in viele Sprachen nicht direkt übersetzbare Unterscheidung bezieht sich auf unterschiedliche Weisen oder Aspekte des menschlichen Erkenntnisvermögens. Die damit verbundenen Probleme sind in der Geistesgeschichte immer wieder diskutiert worden, was auch zu unterschiedlichen Bestimmungen der beiden Begriffe geführt hat.[295] Für den modernen Diskurs ist vor allem die

Unterscheidung prägend geworden, die Kant zwischen Verstand und Vernunft vorgenommen hat.[296] Für Kant ist der Verstand nur *ein* Aspekt der Vernunft. Er ermöglicht uns, mit Hilfe von Regeln, Begriffen und fundamentalen Kategorien die Vielfalt der sinnlich erfahrbaren Wirklichkeit zu ordnen und in Zusammenhängen zu denken. Der Verstand ist also vor allem auf empirisch fassbare Gegebenheiten bezogen. Darüber hinaus aber umfasst Vernunft auch die Urteilskraft und, mittels der praktischen Vernunft, die Reflexion moralischer Fragen. Als theoretische Vernunft ist sie in der Lage, sich selbst und – was für Kant in seiner »Kritik der reinen Vernunft« ein zentrales Anliegen war – ihre eigenen Grenzen zu erkennen. So schreibt er gleich zu Beginn der ersten Auflage dieses epochemachenden Werkes: »Die menschliche Vernunft hat das besondere Schicksal in einer Gattung ihrer Erkenntnisse: daß sie durch Fragen belästigt wird, die sie nicht abweisen kann, denn sie sind ihr durch die Natur der Vernunft selbst aufgegeben, die sie aber auch nicht beantworten kann, denn sie übersteigen alles Vermögen der menschlichen Vernunft.«[297]

Die Gattung der Erkenntnisse, von denen Kant hier spricht, ist die Metaphysik. Zu deren Kernideen, die Kant als notwendige ›transzendentale Vernunftbegriffe‹ versteht, gehören die Unsterblichkeit der Seele, Freiheit – und Gott.[298] Nach Kant sind nun diese Ideen zwar für die Vernunft notwendig, gleichwohl aber mit den Mitteln der Wissenschaft nicht *beweisbar*. Wegen dieser Sicht der Metaphysik wurde Kant als der ›große Zertrümmerer‹ von Gewissheiten wahrgenommen, nicht zuletzt mit Blick auf Gott, denn Kant hielt auch die bis dahin in Philosophie und Theologie entwickelten Gottesbeweise für nicht tragfähig. Aber Kant wollte damit keineswegs die Rede von Gott als vernunftwidrig verstanden sehen. Lediglich ihr erkenntnistheoretischer Status sollte sich ändern: »Ich mußte also das Wissen aufheben, um zum *Glauben* Platz zu bekommen«.[299] Zugleich verstand Kant mit Blick auf die praktische Vernunft das Dasein

Gottes als ein notwendiges Postulat für die Begründung moralischen Handelns.

Man muss nicht in allem überzeugter Kantianer sein, um Kants Relationierung von Verstand, Vernunft und Glaube für weiterführender zu halten als eine szientistische Weltsicht. Kant weist dem Glauben an Gott einen durchaus eigenständigen Stellenwert innerhalb eines vernünftigen Denkens und Handelns zu und verweist zugleich auf vernünftig begründete Grenzen der Vernunft. An Kant anknüpfend und über ihn hinausgehend hat der Philosoph Volker Gerhardt gezeigt, dass und warum Glaube unvermeidlich ist und warum er in keinem Gegensatz, sondern in einer engen Verbindung mit Wissen steht: »Kein Wissen kommt ohne Glauben aus, und es ist kein Glauben denkbar, der nicht auf Wissen beruht.«[300] Ohne Wissen können wir nicht erfolgreich handeln; aber niemals ist unser Wissen über die Ziele, Bedingungen und Wirkungen unseres Handelns vollständig. Jeder Gang aus dem Haus, jede wichtige Entscheidung, jede längerfristige Planung erfordert einerseits Wissen und andererseits Vertrauen auf dieses Wissen und darauf, dass das jeweilige Vorhaben gelingen kann, obwohl wir seinen konkreten Verlauf nicht vorab kennen können.

Allerdings bezieht sich die Notwendigkeit des Glaubens nicht nur auf einzelne Handlungsvorhaben: »Wir *glauben* an das, was wir nicht vollständig *denken* können. Wir *vertrauen* auf die neu gewonnene oder erneut versicherte Einsicht und lassen uns von dem noch leiten, was an den Grenzen unseres Wissens liegt. Und wir finden das als ›Ganzes‹ oder als ›Eines‹, oft auch als ›All‹, als ›Totalität‹, als ›Sein‹, als ›Natur‹ oder als ›Wirklichkeit‹ bezeichnet.«[301] Anders gesagt: »Wir *glauben* an die Welt, in der wir sind«[302] – glauben, weil wir als Menschen nicht in der Lage sind, die Welt als Ganzes wahrzunehmen und zu untersuchen. Letztlich basieren die ›kleinen‹ Glaubensvorstellungen, von denen wir uns in unseren Handlungen leiten lassen, auf solchen allgemeinen Vorstellungen über die Welt, auf glaubensbehafteten ›Weltbildern‹, wie kohärent oder auch nicht das eine mit dem anderen verbunden sein mag.

Nicht notwendigerweise sind solche Glaubensvorstellungen mit einem Glauben an Gott verbunden. Aber, so Gerhardt: »Die Welt kann uns, wenn sie uns in einer exemplarischen Ansicht als übergroß und übermächtig, vielleicht sogar als staunenswert, schön und erhaben gegenübertritt, als *göttlich* erfahren werden. Und wenn wir das *Göttliche der Welt* als uns etwas personal Entsprechendes annehmen, können wir es, sofern wir uns *selbst als Person begreifen* und in ihr ein persönliches Gegenüber suchen, als Gott ansprechen.«[303] Dieser Glaube hat zwar eine emotionale Grundierung, in diesem Zitat in Bezeichnungen wie ›staunen‹ und ›erhaben‹, vor allem aber in der Haltung des Vertrauens. Aber zugleich ist er »an *Einsichten* gebunden. [...] Der Glauben an einen Gott setzt eine hohe Stufe intellektueller Weltverarbeitung voraus.«[304]

Gerhardt weist hier darauf hin, dass auch Naturerfahrung ein Grund für den Glauben an Gott sein kann. Dieser Gedanke findet sich ebenso bei Kant. Es war nicht nur das »moralische Gesetz in ihm«, von dem er im Schlusswort seiner »Kritik der Praktischen Vernunft« schrieb, es erfülle »das Gemüt mit immer neuer und zunehmender Bewunderung und Ehrfurcht, je öfter und anhaltender sich das Nachdenken damit beschäftigt«, sondern auch »der bestirnte Himmel über mir«.[305] Kant spricht damit eine sehr alte Erfahrung der Menschheit an. Paulus sieht in der Natur eine allen zugängliche Offenbarung Gottes: »Denn was man von Gott erkennen kann, ist unter ihnen offenbar; denn Gott hat es ihnen offenbart. Denn sein unsichtbares Wesen – das ist seine ewige Kraft und Gottheit – wird seit der Schöpfung der Welt, wenn man es wahrnimmt, ersehen an seinen Werken [...].« (Röm 1,19 f.) Knapp 2000 Jahre später beschreibt der deutsch-koreanische Philosoph Byang-Chul Han, selbstverständlich in Kenntnis naturwissenschaftlichen Weltverstehens, eben diese Erfahrung beim Anlegen eines Gartens:

> »Je länger ich im Garten arbeitete, desto mehr Respekt bekam ich vor der Erde, vor ihrer betörenden Schönheit. Inzwischen bin ich tief davon überzeugt, dass die Erde eine göttliche Schöpfung ist. Der Garten verhalf mir zu dieser Überzeugung, ja zu der Einsicht, die für mich nun eine Gewissheit geworden ist, einen *Evidenzcharakter* angenommen hat. Evidenz bedeutet ursprünglich *Sehen*. Ich habe es *gesehen*.«[306]

Han verwendet hier einen in der Philosophiegeschichte verankerten Begriff von Evidenz, der sich von dessen Trivialisierung als Bezeichnung für Ergebnisse empirischer Forschung (›evidenzbasierte Wissenschaft‹) unterscheidet. Evidenz steht hier für eine vernünftige Einsicht, die den Charakter einer Gewissheit hat. Oft entsteht sie durch Intuition, kann aber durchaus – wie bei Han – auf Erfahrung basieren. Für und gegen sie kann zwar argumentiert werden, sie ist aber gleichwohl weder beweisbar noch widerlegbar. So sieht Han im Garten das, was Kepler in der Mathematik sah. Francis Collins, der Leiter des Humangenomprojekts zur Entschlüsselung des menschlichen Erbgutes, sah es in der DNA als »Sprache Gottes«.[307]

Gibt es Chancen, christlichen Glauben und (natur-)wissenschaftliches Weltverstehen einander wieder näher zu bringen? Für eine christliche Renaissance in Europa ist das eine Frage von zentraler Wichtigkeit. Szientismus und Säkularismus haben von Seiten der Wissenschaften her in der Neuzeit Gräben aufgerissen; allerdings haben die im 19. Jahrhundert aufkommenden fundamentalistischen Bewegungen innerhalb des Christentums sie vertieft. Die religiösen Fundamentalismen, die es auch in den anderen Weltreligionen gibt, sind ein Phänomen der Neuzeit. Der Begriff Fundamentalismus geht auf die Selbstbezeichnung einer entsprechenden Strömung amerikanischer Christen im frühen 20. Jahrhundert zurück. Fundamentalismen lassen sich als kritische Reaktionen auf die Moderne verstehen. Im Fall des

Christentums behaupten sie, Sinn und Bedeutung der Bibel seien eindeutig und jedem bei der Lektüre unmittelbar zugänglich. Von einem solchen wörtlichen Verständnis der gesamten Bibel ausgehend, werden dann auch Erkenntnisse der Wissenschaften bewertet und im Falle von Widersprüchen zur Bibel allein deshalb, also aus dogmatischen Gründen, abgelehnt. Damit setzt sich der Fundamentalismus auch von den gelehrten Traditionen der christlichen Theologie ab. Keineswegs repräsentiert er, wie es oft heißt, eine ›mittelalterliche‹ Denkweise, denn in der mittelalterlichen Theologie war es völlig selbstverständlich, biblische Texte nach verschiedenen Sinn- und Bedeutungsebenen zu interpretieren. Der Fundamentalismus ist das moderne religiöse Gegenstück zur radikalisierten Aufklärung und zum Säkularismus.

Daher bietet er keine Perspektiven für eine stärkere Annäherung von Wissenschaft und christlichem Glauben. Weder der Versuch einer christlichen Bevormundung der Wissenschaften noch der Aufbau einer fundamentalistischen Alternative zur wissenschaftlichen Forschung, wie sie in Teilen des Kreationismus versucht wird, sind gangbare Wege. Ebenso ist es nicht möglich, dass sich aus dem christlichen Glauben konkrete forschungsmethodische Strategien in den Wissenschaften ableiten lassen. Wie aber lässt sich dann eine christliche Renaissance mit Blick auf Wissenschaft vorstellen, und wo gibt es hier gleichwohl mögliche Konfliktpotenziale?

Eine gängige ›Friedensformel‹ lautet ja, es gehe in Religion und Wissenschaft um gänzlich unterschiedliche Fragen, die in verschiedenen ›Sprachen‹ verhandelt und nicht miteinander vermischt werden dürften. In der Wissenschaft gehe es um das Erklären und Verstehen von Gegebenheiten ohne jede Subjektivität, in der Religion hingegen um Sinnfragen, um das, was uns als Subjekte unbedingt angeht, und um die normativen Grundlagen des Zusammenlebens. Aber so einfach ist es nicht. Denn die hier der Religion zugewiesenen Fragen sind durchaus auch

Gegenstände anderer Wissenschaften als nur der Theologie, nämlich des weiten Spektrums der Human-, Kultur- und Sozialwissenschaften. Überdies befassen sich auch Naturwissenschaften mit manchen Fragen, die nach dieser Unterscheidung in die Sphäre der Religion gehören, beispielsweise Biologie und Hirnforschung. Auf der anderen Seite erhebt der christliche Glaube durchaus einen Anspruch auf intersubjektives Erklären und Verstehen von Phänomenen und Vorgängen, die zugleich Gegenstände der Naturwissenschaften sind, so vor allem in der Schöpfungstheologie. Der Theologe Ralf Frisch sieht hier zu Recht Konfliktpotenzial: »Die beiden Sphären Theologie und Naturwissenschaft können aus der Sicht der Theologie nicht schiedlich-friedlich nebeneinander existieren, wenn die moderne Naturwissenschaft selbst zu einer Metaphysik wird, die sich als gottvergessener Gegenentwurf zur Schöpfungstheologie, also als säkulare Religion versteht.«[308]

Nun wird man bei vielen naturalistisch denkenden Naturwissenschaftlern nicht unterstellen können, sie wollten eine säkulare Religion verbreiten. Als *methodisches* Prinzip für die Erforschung empirischer Phänomene prägt der Naturalismus die Alltagspraxis wissenschaftlicher Forschung, insbesondere in den Naturwissenschaften. Naturwissenschaftliche Forschungspraxis ist in diesem Sinn in ihrem methodischen Vorgehen agnostisch. Freilich geht sie dabei zugleich von einem methodischen Apriori aus, so der Philosoph Holm Tetens: »Nichts darf mit dem Wirken und den Absichten einer erfahrungstranszendenten Intelligenz erklärt werden.«[309] Tatsächlich lässt sich Gott weder in eine chemische Formel noch in ein physikalisches Experiment oder in eine mathematische Formel pressen. Damit ist freilich die Existenz Gottes nicht widerlegt: »Nein, mit den zugelassenen Erkenntnismitteln der Wissenschaften lässt sich ersichtlich nicht nachweisen, dass es nichts gibt, was sich nicht mit den zugelassenen Erkenntnismitteln der Wissenschaften nachweisen lässt.«[310]

Sofern Wissenschaften einen solchen Anspruch auch nicht erheben, sondern eine naturalistische Methodologie als Ausdruck der *Begrenzung* ihrer jeweiligen Fragestellung betrachten, ist dagegen wenig einzuwenden. Problematisch wird der Naturalismus allerdings, und darauf zielt Frisch, wenn und indem er in den Wissenschaften vom methodischen Prinzip zur *metaphysischen Position* wird, von der aus dann eine vorgeblich wissenschaftlich begründete rein säkulare *Weltanschauung* konstruiert wird. Zur metaphysischen Position wird der Naturalismus genau dann, wenn er behauptet: »Es gibt *nur* durch die Wissenschaften erkennbare Erfahrungswelt.«[311] Metaphysisch ist diese Position, weil sie »Auskunft gibt über das Ganze der Wirklichkeit und die Stellung des Menschen in ihr.«[312] Dieses Ganze kann aber nicht Gegenstand empirischer Wissenschaft sein. Der metaphysische Naturalismus ist, so lässt sich im Anschluss an Kant sagen, weder beweisbar noch widerlegbar und damit letztlich eine Glaubenshaltung.

Tetens argumentiert aus einer philosophischen Perspektive für eine auf dem Glauben an Gott basierende *theistische* Metaphysik als *vernünftigere* Alternative zum metaphysischen Naturalismus. Neben anderen Schwächen weist er auf eine zentrale Schwierigkeit naturalistischer Ansätze hin: »Sie können uns nicht wirklich verständlich machen, warum in einer rein materiellen Erfahrungswelt eines Tages erlebnisfähige selbstreflexive Ich-Subjekte mit ihrer spezifischen Ich-Perspektive die Bühne betreten haben.«[313] Von mehreren Argumentationen, mit denen Tetens diese Schwierigkeit differenziert analysiert, sei hier lediglich aus einer zitiert: »Selbstverständlich glauben Naturalisten, die materielle Realität zumindest in ihren Grundzügen zureichend erkennen zu können. Zugleich hat sich der Naturalist darauf verpflichtet, alles naturgesetzlich zu erklären. Es ist freilich ausgeschlossen, vollständig naturgesetzlich und zirkelfrei zu erklären, warum wir Menschen die materielle Realität zureichend erkennen.«[314] Es ist naturalistisch nicht einmal plausibel zu erklären, warum die Mathematik, die doch ein gänzlich immaterielles, rein geistiges Produkt des menschlichen Verstandes ist, bei der Untersuchung der materiellen Natur so ausgezeichnet funktioniert.[315] Ähnliches gilt für den Neodarwinismus, der dominierenden naturalistischen Weltanschauung in der Biologie; ihm hat Thomas Nagel aus einer ebenfalls philosophischen, aber nicht theistischen Perspektive eine grundlegende Kritik gewidmet.[316] Mit evolutionsbiologischen Argumenten plausibel zu erklären, warum und wie die Evolutionstheorie entstanden ist, dürfte schwierig sein. Denn angesichts der Rolle des Zufalls im Darwinismus, mit der jede Zielgerichtetheit in der Evolution bestritten und angenommen wird, das Leben hätte sich jederzeit auch völlig anders entwickeln können, dürfte eine Begründung dafür, warum die von Menschen des 19. und 20. Jahrhunderts hervorgebrachte Evolutionstheorie nun gerade nicht kontingent, sondern im Kern wahr und »über jeden vernünftigen Zweifel erhaben«[317] sein soll, in Aporien führen.

Vergleichbare Schwierigkeiten für den metaphysischen Naturalismus ergeben sich bei der für vernünftiges Weltverstehen unabweisbaren Frage nach der Entstehung unseres Universums. Lange hielten religionskritische Naturwissenschaftler dem Schöpfungsglauben die aus der Antike übernommene Vorstellung entgegen, das Universum habe zeitlich weder Anfang noch Ende, es bestehe also schon immer in einem stationären Zustand, weshalb es keiner Schöpfung bedurft hätte. Dieses Konzept brach freilich zusammen, als in den 1920er-Jahren der katholische Priester und Astrophysiker Georges Lemaître die explosionsartige Entstehung des Universums aus einer extrem dichten Singularität postulierte. Der Widerstand gegen diese Theorie war beträchtlich, gerade weil die Nähe zum Schöpfungsgedanken auf der Hand lag; der Begriff ›Urknall‹ wurde denn auch von Fred Hoyle erfunden, um diese Theorie lächerlich zu machen. Wie wir wissen, hat sich diese Theorie inzwischen durchgesetzt. Zu ihren Implikationen gehört, dass der

Urknall selbst der Forschung nicht zugänglich ist, ebenso die Gründe für seine Entstehung.

Nun wird man daraus nicht folgern können, der Urknall sei ein wissenschaftlicher *Beweis* für die Schöpfung. Dies wäre eine allzu kurzschlüssiger ›Einbau‹ Gottes in eine naturwissenschaftliche Theorie. Allerdings sind die verbreitetsten Alternativen naturalistisch denkender Physik zur Erklärung der Entstehung des Universums – die sich ja niemals auf Anschauung oder empirische Nachweise stützen können, da wir keine Beobachterposition außerhalb des Universums einzunehmen vermögen – nicht nur in höchstem Maße spekulativ,[318] sondern im Kern vernunftwidrig. »Eine plötzliche grundlose Entstehung einer Welt aus nichts denken zu müssen, enthält eine Zumutung an die Vernunft, die alle anderen Zumutungen in den Schatten stellt.«[319] Aber vielleicht ist die Multiversumtheorie, die mit Blick auf verstörende Erkenntnisse der Quantenphysik von manchen theoretischen Physikern zur Rettung des Naturalismus aufgeboten wird, noch ein Stück absurder. Hiernach gibt es

> »nicht nur unsere Welt, sondern parallel zu ihr ungezählte andere mögliche Welten (zu den wir freilich epistemisch direkt keinen Zugang haben). […] Das bedeutet zum Beispiel: Es gibt nicht nur eine Welt, nämlich unsere, in der Hitlers Regime sechs Millionen Juden auf dem Gewissen hat, sondern auch noch eine andere Welt, in der Hitlers Regime den Zweiten Weltkrieg gewinnt und zusätzlich zu den Juden auch noch die Hälfte der polnischen und der ukrainischen Bevölkerung ausmerzt, aber ebenso eine mögliche Welt, in der Hitler 1938 einem Attentat im Münchener Hofbräukeller zum Opfer fällt und das NS-Regime kurze Zeit später sang- und klanglos zusammenbricht, und eine mögliche Welt, in der Hitler selbst als Jude zur Welt kommt und … Wohlgemerkt, diese Welten soll es wirklich geben. […]

> Sollte das wahr sein, dann wäre das, was wir Realität nennen, nun wahrlich nichts anderes als ein Tollhaus sondergleichen. Unser Leben wäre eine einzige Farce, weil an uns und unseren ›Gegenstücken‹ in den anderen möglichen Welten lediglich ausprobiert würde, was alles möglich ist. […] Die Hölle, das sind nicht die anderen (Sartre), nein, die Hölle, das sind die Möglichkeiten.«[320]

An solchen Beispielen zeigt sich, dass der metaphysische Naturalismus, der bis weit in die Rezeption naturwissenschaftlicher Forschung in Medien und Bildungssystem hineinwirkt und auf diesem Wege das öffentliche Bewusstsein mitprägt, gerade nicht alternativloser Ausdruck und notwendige Konsequenz eines vernünftigen Weltverstehens ist. Auch in den Wissenschaften hat längst nicht alles, was der Verstand produziert, vor der Vernunft Bestand, beispielsweise vor der Urteilskraft. Ganz gewiss ist der Glaube an den einen Gott vernünftiger als der Glaube an die Existenz von abermilliarden Paralleluniversen, in denen es Abwandlungen von allem gibt, was bei uns geschieht und je geschehen ist. »Die Alternative lautet also nicht: wissenschaftliche Erklärbarkeit der Welt oder Gottesglaube, sondern nur so: Verzicht auf Verstehen der Welt, Resignation der Vernunft oder Gottesglaube.«[321]

Nun hängen bei weitem nicht alle Wissenschaftler dem metaphysischen Naturalismus an, nicht in den Naturwissenschaften und erst recht nicht in den Geisteswissenschaften. In erkenntnistheoretischer Hinsicht liegen Alternativen auf dem Tisch und werden auch praktiziert, so vor allem mit der Hermeneutik in den Geisteswissenschaften, im Kritischen Rationalismus und in jüngster Zeit in verschiedenen Spielarten des Konstruktivismus. Gemeinsam ist ihnen die Überzeugung, dass wissenschaftliches Wissen und wissenschaftliche Theorien immer vorläufig, revidierbar und niemals in der Lage sind, die Wirklichkeit vollständig zu erklären und zu verstehen. Die besondere

Stärke des Konstruktivismus ist es, dass er sich auf Forschungen aus unterschiedlichen Wissenschaften stützen kann, daher in ganz verschiedenen Wissenschaftskulturen verbreitet ist und damit eine Brücke zwischen Geistes-, Kultur- und Sozialwissenschaften auf der einen und Naturwissenschaften auf der anderen Seite zu bilden vermag.[322] Bei allen Unterschieden im Einzelnen verbindet konstruktivistische Ansätze die Überzeugung, dass wir weder mit unseren Sinnesorganen noch mit unserem Verstand die Realität[323] so wahrnehmen und in unseren Vorstellungen repräsentieren können, wie sie »an sich« (Kant), also auch wenn es uns gar nicht gäbe, tatsächlich ist. Deshalb haben unsere Vorstellungen von der Realität immer, nicht nur in der Wissenschaft, den Charakter von ›Konstrukten‹ oder, wie es in der Kognitionspsychologie heißt, von ›mentalen Modellen‹. Unsere biologische Konstitution (etwa die Möglichkeiten und Grenzen unserer Sinnesorgane), Kultur und Gesellschaft, aber auch unsere je individuellen Lebenserfahrungen prägen vor, in welcher Weise wir solche Konstrukte entwickeln.

Beispielsweise wäre hiernach ›Evolution‹ nicht einfach als Bezeichnung für eine Gegebenheit in der Natur zu verstehen, sondern eher in dem Sinn, den der Wissenschaftshistoriker Ernst Peter Fischer vorgeschlagen hat: »Die Idee der Evolution ist ein Angebot, die mannigfaltigen Formen des Lebens zu verstehen, und die Frage lautet, wie weit der Gedanke getrieben werden kann und soll.«[324] ›Evolution‹ ist ein von Menschen erdachtes Konzept und die Bezeichnung für ein *Theoriemodell* zum Verstehen bestimmter Phänomene in der Natur. Nicht anders verhält es sich mit Konzepten wie ›Liberalismus‹, ›Mittelalter‹, ›Grammatik‹, ›Marktwirtschaft‹, ›Gedächtnis‹ oder ›Lernen‹ in anderen Wissenschaften. Theoriemodelle sind, sofern es sich um wissenschaftliche Theorien handelt, nicht beliebig, sondern erfordern ein hohes Maß an Kohärenz und, soweit sie sich auf empirisch beobachtbare Phänomene beziehen, Passung zu entsprechenden Daten. Aber sie bleiben *Kon-*

struktionen des menschlichen Verstandes. Der Physiker Dieter Meschede formuliert dies im Kontext der Klimadebatte so:

> »Wir bauen Modelle bzw. wir malen uns ein Modell der Welt. Wenn es keine Argumente gegen diese Modelle gibt, dann sind das die Fakten. [...] Manchmal können wir als Naturwissenschaftler nicht mehr sagen als: Das ist die Ausgangslage bzw. das sind die Fakten, und aufgrund dieser Ausgangslage [...] lässt sich diese Vorhersage machen. Bisweilen sind diese Vorhersagen gar nicht so genau. Sie können bestimmte Risiken beinhalten, das zeigt sich zum Beispiel in der Klimadebatte. Und dann muss man zu dem Schluss kommen: Obwohl wir es nicht genau wissen, müssen wir trotzdem handeln. Es wird uns nicht gelingen, Handlungsempfehlungen mit letzter Gewissheit zu geben. Diese Situation werden wir nie erreichen.«[325]

Das gilt nicht nur für Handlungsempfehlungen, sondern für wissenschaftliches Wissen selbst. Wissenschaften produzieren nicht einfach sicheres Wissen. Gegenüber einem naiven »Fakten-Positivismus«, wie er im 19. Jahrhundert in den Naturwissenschaften verbreitet war, muss aus heutiger wissenschaftstheoretischer Sicht in Rechnung gestellt werden, »dass es die Wissenschaften eher mit Nicht-Wissen als mit Wissen zu tun haben und dass es keineswegs nur um auf der Straße liegende Fakten geht, sondern um Messungen, Modelle, Instrumente, mangelhafte Datensätze, Hypothesen und Wahrscheinlichkeiten, die den Spezialisten oft genug unterschiedliche Deutungen nahelegen.«[326]

Der Konstruktivismus betont die nicht hintergehbare Relativität und Begrenztheit unseres Wissens. In konstruktivistischen Theorien gibt es daher oft zurückhaltende Skepsis gegenüber dem Begriff der *Wahrheit*. Diese Skepsis ist insoweit begründet, als wir Wahrheit in einem absoluten Sinn durch wissenschaftliche Forschung nicht erreichen können. Im Konstruktivismus wird deshalb an Stelle von Wahrheit von ›Viabilität‹ gesprochen, was so viel heißt wie Gangbarkeit, Passung oder Brauchbarkeit. Tatsächlich genügt in sehr vielen Fällen in der wissenschaftlichen Forschung die Frage, ob eine bestimmte Annahme für die Erklärung eines Phänomens geeignet ist. Dennoch ist der Wahrheitsbegriff zumindest als regulative Idee unverzichtbar, in der Lebenspraxis ebenso wie in der Wissenschaft, denn zu unterschiedlich können die Maßstäbe dafür sein, was als viabel gelten darf und was nicht. Allerdings verweist Wahrheit als regulative Idee auf ein Absolutes und Vollkommenes, das jenseits der Erfahrungswirklichkeit liegt, mit anderen Worten: auf Gott. Gerade angesichts der Relativität und Begrenztheit menschlichen Wissens ist es vernünftig (wenn auch nicht beweisbar), mit der Rede von Gott von einer absoluten Realität auszugehen, die das Insgesamt der Welt erhält und trägt. Denn »wer die Wahrheit sucht, der sucht Gott, ob ihm das klar ist oder nicht«, wie die von den Nationalsozialisten ermordete Edith Stein sagte.[327]

Auf der Ebene metaphysischer und erkenntnistheoretischer Grundlagen der Wissenschaft scheint mir eine perspektivenreiche Alternative zu Naturalismus, naivem Realismus und Szientismus in einem *theistischen Konstruktivismus* zu liegen. In diesem Begriff ist eine Spannung angelegt zwischen der Freiheit und Offenheit der Wissenschaften, mittels des Verstandes und der Vernunft immer neu und immer weiter die uns zugängliche Wirklichkeit zu erforschen, und dem Bewusstsein um die Grenzen unseres Verstehens, um den Schleier und das Geheimnis, das diese Erfahrungswirklichkeit umgibt. Aus christlich-theologischer Sicht ist es die Spannung zwischen der Vernunft als einem Element der Gottesebenbildlichkeit des Menschen und dem Wissen um die Grenzen unserer Erkenntnisfähigkeit.

Von einer christlichen Renaissance im Bereich der Wissenschaften wäre zu erhoffen, dass sie diese Spannung produktiv aufnimmt, um neue Wege jenseits der neuzeitlichen Spaltungen zwischen den Wissenschaftskulturen der Geistes- und der Naturwissenschaften, aber auch zwischen wissenschaftlichem Weltverstehen und religiösem Glauben zu suchen. Als der in Harvard lehrende Mathematiker und Evolutionsbiologe Martin Nowak gefragt wurde, ob er an eine Zukunft glaube, in der Wissenschaft und Religion wieder zusammenfließen, war seine Antwort:

> »Ja, daran glaube ich. Es ist auf beiden Seiten ein großer Fehler, einschränkend und dogmatisch vorzugehen. Das gemeinsame Staunen über das Schöne, das uns umgibt, Toleranz, Zuhören, Diskutieren, Akzeptieren, das sind wichtige Voraussetzungen. Viele Menschen denken, sie müssen zwischen einer religiösen und einer wissenschaftlichen Weltanschauung wählen. Das stimmt aber nicht. Beide Tore stehen offen und laden ein.«[328]

Eine christliche Renaissance in Europa sollte dafür sorgen, dass beide Tore zu gemeinsamen Orten der Begegnung und des Gesprächs führen. Solche Orte neu zu schaffen, wird eine wichtige Aufgabe einer neuen Wissenschaftspolitik in Europa sein, insbesondere mit Blick auf die Universitäten. Sie wäre auch in dem Sinne eine ›Renaissance‹, als sie an ältere Traditionen der europäischen Wissenschaftsgeschichte in einer neuen, auf die heutigen Bedingungen abgestimmten Weise wieder anknüpfen kann. Hierzu gehört die Vorstellung von der Universität als ›universitas magistrorum et scholarium‹, als Gemeinschaft der Lehrenden und der Lernenden und nicht als durchbürokratisierte höhere Lehr- und Prüfungsanstalt. Hierzu gehört der Gedanke der ›Akademie‹, des interdisziplinären, an Diskurs und Disput orientierten Austauschs der wissenschaftlichen Fächer und deren Organisation nicht allein als immer spezialisiertere Forschung in einem arbeitsteiligen, durch Wettbewerb und Forschungsgelder geprägten System, das zwar Projekt um Projekt,

Studie um Studie produziert, aber dabei die Frage aus dem Blick verliert, was diese Projekte und Studien am Ende zu einem vernünftigen Weltverstehen beitragen. Weiterhin gehört hierzu der Gedanke eines akademischen Bildungswegs, der auf ›Bildung durch Wissenschaft‹ zielt, beispielsweise in verschiedenen Formen des ›studium generale‹, und nicht allein auf Berufsvorbereitung in sogenannten akademischen Berufen. Eine christliche Renaissance kann somit, so ist zu hoffen, dazu beitragen, die Wissenschaften aus den Zwängen einer bloß »instrumentellen Vernunft« (Horkheimer)[329] zu befreien.

Es versteht sich, dass es hierbei nicht nur um neue Dialoge zwischen der Theologie und anderen Wissenschaften geht. Es geht vielmehr um eine stärkere Konzentration der Universitäten und ihrer Wissenschaften auf die transdisziplinäre Suche nach heutigen Antworten auf sehr grundlegende Fragen wie: was wir wissen können, was Wissen überhaupt heißt, wie wir uns als Menschen verstehen können und welche Verantwortung wir aus welchen Gründen in der Welt haben, in der wir leben.

Kein richtiges Leben im falschen? Der Geist des Christentums und die normativen Grundlagen Europas

»Es gibt kein richtiges Leben im falschen.« Dieser vielzitierte Satz Theodor W. Adornos aus seiner Minima Moralia steht am Ende einer Reflexion über Wohnen in der Moderne und die damit verbundenen ästhetischen, ökonomischen und moralischen Dilemmata und Paradoxien.[330] Aus diesen Dilemmata und Paradoxien gibt es keinen ethisch und politisch ›richtigen‹, sozusagen ›sauberen‹ Ausweg, was nicht allein für das Wohnen, sondern nach der von Adorno und Max Horkheimer begründeten

Kritischen Theorie für das Leben in modernen Gesellschaften überhaupt gilt: Wir sind verstrickt in Abhängigkeits-, Wirkungs- und Verblendungszusammenhänge, die vielfach noch bei bestem Willen in unserem Handeln zu ganz anderen Effekten als den vom Handelnden intendierten führen.

Nun muss man hier gewiss fragen, ob dies nicht zu allen Zeiten und in allen Gesellschaften so gewesen ist. Aber Adorno und Horkheimer stellen sich diesem Problem mit Blick auf die Versprechen der radikalisierten Aufklärung, mittels der Vernunft die gesellschaftlichen Verhältnisse ganz neu ordnen und gestalten zu können, sowie im Angesicht der monströsen Gewalt der erst in der Moderne entstandenen totalitären Herrschaftssysteme des Nationalsozialismus und des Stalinismus. Man kann vor diesem Hintergrund aus einer christlichen Sicht die Kritische Theorie der Gesellschaft, wie sie in der ›Frankfurter Schule‹ der Soziologie entwickelt wurde,[331] durchaus als eine auf die Moderne bezogene Theorie der *Sünde* lesen, ähnlich wie auch Sigmund Freuds Theorie der unbewussten Antriebe menschlichen Handelns.[332] Denn Sünde ist im Christentum, im Unterschied zu einem populären Sprachgebrauch, keine Bezeichnung für *moralische* Verfehlungen. Sünde ist vielmehr ein »transmoralischer Begriff«, der einen Zustand oder eine Struktur bezeichnet: das Getrenntsein von Gott, das sich in Verhaltensmotiven wie Egoismus, Neid, Aggressivität, Selbstbehauptung oder narzisstischer Sucht nach Anerkennung zeigt.[333]

In späteren Versionen Kritischer Theorie wie etwa bei dem in jüngerer Zeit in den Kultur- und Sozialwissenschaften besonders populär gewordenen Michel Foucault gilt zwar Ähnliches. Hier erscheint aber zentrumslose, allgegenwärtige *Macht* als gänzlich ausweglos. Die Individuen sind ihr in jeder menschlichen Gesellschaft, wenn auch in historisch unterschiedlichen Formen, unterworfen, und selbst die Idee des Menschen als eines vernunftbegabten Subjekts ist für Foucault nur Ausdruck einer spezifischen Formation der Macht.[334] Das Subjekt dünkt sich zwar als autonom, aber gerade diese Freiheit des Subjekts erscheint bei Foucault als eine Form des erwartungsgerechten Verhaltens. Das moderne Subjekt muss nicht mehr mit repressiven Mitteln diszipliniert werden, es hat in einer Vielzahl von ›Diskursen‹, in die es von Geburt an eingebunden ist, gelernt, sich selbst zu disziplinieren. Diese Diskurse sind aus Foucaults Sicht kommunikative Praktiken, deren Ordnungen immer Ausdruck von Macht sind. Die Ausweglosigkeit dieser Sicht auf den Menschen, der der Macht nicht entrinnen kann, erinnert an das christliche Verständnis der Erbsünde – allerdings verkürzt um das Versprechen der Erlösung.

Bei Adorno hingegen findet sich, wenn auch nur wenig konkret ausgeführt, noch die Referenz auf das Gegenteil der Sünde: die »Verwirklichung des Allgemeinen in der Versöhnung der Differenzen«[335] und, am Ende der Minima Moralia: »Philosophie, wie sie im Angesicht der Verzweiflung einzig noch zu verantworten ist, wäre der Versuch, alle Dinge so zu betrachten, wie sie vom Standpunkt der Erlösung aus sich darstellten. Erkenntnis hat kein Licht, als das von der Erlösung her auf die Welt scheint […]«.[336] Sünde, Versöhnung, Erlösung – hier deutet sich in einem auf den ersten Blick gänzlich anderen, einem säkularen gesellschaftstheoretischen Kontext bereits an, dass christliche Konzepte für das Verständnis der europäischen Moderne und für ihre Zukunft bedeutsam sein können. Dies soll in den nachfolgenden Abschnitten immer wieder auch mit Bezug auf neuere Theorien und Befunde aus den Sozialwissenschaften diskutiert werden.

Wenn also gefragt werden wird, in welcher Weise christliches Denken Impulse zur Erneuerung Europas geben kann, dann geht es dabei nicht darum, die Relevanz des Christentums aus seinem Nutzen für Europa zu begründen. Das Christentum ist geographisch in Jerusalem und Galiläa entstanden, und nachdem es Paulus nach Europa brachte, ist es erst nach Jahrhunderten als bedrängte und verfolgte Minderheit zu einer prägenden Kraft auf diesem Kontinent geworden. Im 20. Jahrhundert hat es in Russland 70 Jahre unter einem kämpferisch-atheistischen Regime überstanden, außerhalb Europas hat es sich in den letzten zwei Jahrhunderten zu einer äußerst dynamischen Kraft entwickelt (vgl. Kapitel 3) und ist heute die weltweit zahlenmäßig größte Religion. Von den knapp 2,3 Milliarden Christen leben weniger als ein Viertel im gesamten Europa einschließlich Russlands und nur rund 15 Prozent in der Europäischen Union.[337] Gewiss sollte eine christliche Renaissance in Europa auch zu einer Erneuerung des europäischen Christentums nach den Krisen des 19. und 20. Jahrhunderts führen. Aber mehr noch geht es hier um die Perspektiven, die ein Rekurs auf den Geist des Christentums[338] für eine Erneuerung der europäischen Identität im 21. Jahrhundert bietet. Europa braucht für seine Zukunft das Christentum mehr als das Christentum Europa.

Woran zeigt sich der Mangel, der mit dieser These behauptet wird? Zunächst wenige Beispiele aus der konkreten Politik. Das erste ist eine aus dem Januar 2021 stammende Analyse des Rechtsphilosophen Uwe Volkmann der deutschen Politik in der Coronakrise. Sie zeigt, welche Entscheidungsprobleme selbst bei drängenden Fragen um Leib und Leben entstehen, wenn moderne Gesellschaften Fragen nach ihren fundamentalen normativen Orientierungen verdrängen. Volkmann kommt an diesem Beispiel zu dem Ergebnis, es gehöre zu »den Eigenheiten moderner Gesellschaften ohne gefestigten Wertungshintergrund […], Antworten auf grundsätzliche Fragen so lange in die Zukunft zu verschieben, bis sich die Fragen irgendwann nicht mehr stellen.« Nicht nur enthalte das deutsche Infektionsschutzgesetz gleichrangige Ziele, die in Spannung zueinander stünden und zu unterschiedlichen Konsequenzen führen müssten, auch die praktische Coronapolitik verenge den Blick »auf die instrumentelle Ebene der Angemessenheit der Mittel, während die Frage nach den vorauszusetzenden Zwecken, danach also, wohin man sich langfristig bewegen will, dahinter auf geheimnisvolle Weise verschwindet [...].« Speziell in Deutschland komme erschwerend eine »legalistische Kultur« hinzu, »die gerne alle diesbezüglichen Fragen ins Recht schiebt, ohne zu merken, dass die Antwort dort auch nicht zu finden ist.« Die Folge sei: »Die zu behandelnden Fragen verlieren damit nicht nur ihren grundsätzlichen Gehalt, sondern auch ihren Charakter als politische Fragen. [...] An die Stelle politischer Gestaltung tritt so im Ergebnis das Verwalten einer Lage.«[339]

Man kann diesen Befund zwanglos nicht nur auf europäische Kooperation in der Coronapolitik, sondern auch auf andere Felder europäischer Politik übertragen. Ob Flüchtlings-, Asyl- und Migrationspolitik, Beziehungen zu den südosteuropäischen Nachbarn (Russland, Ukraine, Belarus, Türkei), Chinapolitik und nicht zuletzt die Frage nach den Zukunftsperspektiven der europäischen Integrationspolitik selbst – die Tendenzen zum »Verwalten einer Lage« und das Fehlen einer erkennbaren Gesamtstrategie sind nicht zu übersehen. Es ist plausibel anzunehmen, dass dies nicht nur mit dem notwendigen Ausgleich unterschiedlicher Interessen innerhalb der EU, sondern auch und vielleicht sogar vorrangig mit dem Verdrängen grundsätzlicher normativer Fragen in Bezug auf Sinn und Ziele europäischer Politik zusammenhängt.

Inzwischen scheint immerhin mit Blick auf die Außenpolitik in der EU das Problembewusstsein für Religion als relevantem Faktor zu wachsen. In einer eingehenden Analyse des wissenschaftlichen Dienstes des Europäischen Parlaments hierzu von 2020 wird jedenfalls in dieser Hinsicht eine kritische Bilanz gezogen und es werden neue Handlungsempfehlungen für die EU-Außenpolitik gegeben. Der Bericht stellt fest, mit Blick auf die weltweit wachsende Bedeutung von Religion scheine Europa »eher die Ausnahme als die Avantgarde zu sein«.[340] Da in den nächsten 100 Jahren global »die Zahl der Menschen, für die Religion ein wichtiger Teil ihrer Identität ist, [...] zunehmen«

werde, sei der Bedarf an religiöser Kompetenz und Information bei der Festlegung der Ziele und Maßnahmen der EU hoch.[341] Der Bericht betont die wachsende Bedeutung der Kooperation mit religiösen Akteuren in der Außenpolitik, vermeidet aber eine eigene Positionierung zur Relevanz der christlichen Tradition für die EU selbst und verweist auf deren Selbstverständnis als religiös und weltanschaulich neutral.

Im Folgenden soll anhand von zentralen Elementen des christlichen Glaubens und Denkens diskutiert werden, worin deren Impulse für europäische Identität bestehen können. Dies darf nicht so verstanden werden, als solle aus solchen Impulsen ein normatives System entstehen, aus dem sich konkrete, gerade auch politische Entscheidungen zwingend ableiten lassen. Dies wäre schon wegen der dem Christentum inhärenten Unterscheidung zwischen dem Reich Gottes und den weltlichen Ordnungen nicht möglich (vgl. Kapitel 2). Überdies ist das Christentum gerade keine ›Gesetzesreligion‹, die den Gläubigen konkrete Verhaltensregeln für eine religiöse Lebenspraxis vorgibt: »Gewiss folgen aus dem Glauben für den Gläubigen Orientierungen, aber sie folgen aus ihm nicht in abstrakter logischer Ableitung, sondern durch die konkrete Ausdeutung der immer riskanten Situationen des Entscheidens und des Handelns.«[342] Dennoch kann der Rekurs auf die christliche Tradition einen Referenzrahmen für die Diskussion und Entscheidung jener grundlegenden normativen Fragen bieten, die im Hintergrund vieler konkreter Probleme und Konflikte in Politik und Gesellschaft stehen und deren Verdrängung, wie in dem oben angesprochenen Beispiel der Coronapolitik, lähmend wirkt.

Um welche Neu- oder Wiederentdeckungen geht es dabei? Letztlich geht es im Sinn einer *Renaissance* um die Re-Aktualisierung der moralischen Revolution, die das Christentum in seiner antiken Umwelt bewirkte, sowie der Spannung zwischen dem Reich Gottes und den weltlichen Ordnungen (vgl. Kapitel 2). Vier Aspekte sollen hierzu erörtert werden: Erneuerung des Gottesbezugs, Erneuerung des Weltbezugs, Erneuerung des Freiheitsverständnisses und Erneuerung der Bildung.

Erneuerung des Gottesbezugs: Es gehört zu dem bereits angesprochenen Traditionsbruch, dass die Rede von Gott vielen Menschen in Europa nicht mehr unmittelbar verständlich ist. Dies liegt oftmals daran, dass diese Rede heute mit einem Schutthaufen an Fehl- und Missverständnissen belastet ist, der in der europäischen Geistes- und Realgeschichte vor allem des 19. und 20. Jahrhunderts aufgehäuft wurde. Diese können hier nicht näher analysiert werden; Thomas Rentsch hat dies in seiner philosophischen Einführung zum Gottesbegriff mit großer Präzision getan.[343] Das Christentum hat bekanntlich den Glauben an den einen Gott –»der alles geschaffen hat, Himmel und Erde, die sichtbare und die unsichtbare Welt«, wie es im Glaubensbekenntnis von Nizäa-Konstantinopel heißt – aus dem Judentum übernommen. Das Wort ›Gott‹ ist kein Eigenname in der Art eines menschlichen Namens. Die Rede von Gott bezieht sich auf eine transzendente Realität, die aber Bedingung und Grund der Existenz der Welt und damit auch unserer selbst ist. Aber das »Sein der Welt, das Dass des Seins, übersteigt und überschreitet unsere Erkenntnis und Erfahrung völlig und grundsätzlich. Dass die Welt ist, können wir weder erklären noch von irgendwelchen innerweltlichen Tatsachen ableiten.«[344] Ludwig Wittgenstein formulierte es so: »Nicht *wie* die Welt ist, ist das Mystische, sondern *daß* sie ist.«[345] Aus christlicher Sicht ist Gott das Geheimnis hinter dem Schleier, der unsere Denk- und Wahrnehmungsmöglichkeiten begrenzt. Damit sind nicht etwa schließbare Lücken unseres Wissens gemeint, sondern die prinzipiellen und innerweltlich nicht aufhebbaren Grenzen menschlichen Wissens, von denen im ersten Abschnitt dieses Kapitels die Rede war.

»Niemand hat Gott je gesehen«, heißt es im Johannesevangelium (1,18). Zwar *existiert* Gott in absoluter Transzendenz; aber er *offenbart* sich in seinem Wirken in der Immanenz unserer Erfahrungswirklichkeit. Hierzu gehört, wie im vorigen Abschnitt bereits angesprochen, die einer nicht-instrumentellen Naturwahrnehmung zugängliche Evidenzerfahrung der Schöpfung. Der Glaube an Gott ist gerade keine ›Flucht aus der Wirklichkeit‹; ihm geht es vielmehr darum, »tiefer in das Geheimnis der Wirklichkeit einzudringen – allerdings ohne die Absicht der Beherrschung, also absichtslos«.[346] Es ist aber nicht nur und nicht einmal in erster Linie das *Bewusstsein* für dieses Geheimnis, das zum Gottesglauben führt. »Religiöser Glaube beruht auf intensiven Erfahrungen«[347] und deren Weitergabe in Erzählungen und Ritualen, gegenüber denen Wertesysteme und selbst intellektuelle Glaubenssysteme sekundär sind. Für das Judentum ist der Exodus, die Befreiung aus der ägyptischen Sklaverei, eine solche Schlüsselerfahrung göttlichen Wirkens, an die mit dem jährlichen Pessachfest erinnert wird. Für das Christentum sind Leben, Tod und Auferstehung Jesu Christi die göttliche Offenbarung, die am Beginn der eigenen Religionsgeschichte steht. Der Prolog des Johannesevangeliums bietet dafür eine komplexe Deutung: »Im Anfang war das Wort, und das Wort war bei Gott, und Gott war das Wort. […] Und das Wort ward Fleisch und wohnte unter uns, und wir sahen seine Herrlichkeit, […] voller Gnade und Wahrheit.« (Joh 1,1 und 14) Der Begriff »Wort« ist hier eine notwendigerweise unzureichende Übersetzung des griechischen Begriffs »Logos«, für den es kein unmittelbares Äquivalent im Deutschen gibt. Logos meint zwar auch ›Wort‹, aber darüber hinaus ebenso den Sinn des Gesprochenen, ja Sinn, Weisheit und Vernunft überhaupt. Man könnte also Joh 1,1 auch übersetzen mit »Im Anfang war der Sinn« oder »Im Anfang war die Vernunft«, was freilich ebenso verkürzt wäre wie die Übersetzung mit »Wort«. Aus christlicher Sicht offenbart sich so im Wirken und der Lehre des Jesus von Nazareth der von Gott kommende Logos; in Jesu Auferstehung (oder Auferweckung) wird dies durch ein zeichenhaftes Handeln Gottes beglaubigt.

Der Vorgang der Auferstehung selbst wird im Neuen Testament nicht beschrieben und ist mit rationalistischen Mitteln auch nicht erklärbar. Eine Fehldeutung ist es, die Auferstehung als eine mythologische Erzählung zu betrachten, die im Rahmen mythologischer Weltbilder in der Antike verständlich, aus heutiger Sicht, also im Licht eines wissenschaftlich geprägten Weltverstehens, aber nicht mehr glaubwürdig sei.[348] Denn die Auferstehung war vor 2000 Jahren genauso glaubwürdig oder unglaubwürdig wie heute, weil sie auch damals aller Erfahrung im Umgang mit dem Tod widersprach – den »Juden ein Ärgernis und den Heiden eine Torheit« sei der Glaube an den gekreuzigten und auferstandenen Christus, schrieb schon Paulus im Wissen um die Vorbehalte in seiner Umwelt (1 Kor 1,23). Wir wissen um die Auferstehung durch eine ununterbrochene Überlieferungskette von den Menschen, denen Erscheinungen des Auferstandenen ab dem dritten Tag nach seinem Tod am Kreuz für einige Wochen begegnet sind, bis zu den vier Evangelien im Neuen Testament, die nach heutigem Forschungsstand in der zweiten Hälfte des ersten Jahrhunderts geschrieben wurden und die alle auf Kreuzigung und Auferstehung hin konzipiert sind. Dazwischen liegen die Briefe von Paulus, der Jesus zu dessen Lebzeiten nicht kannte, aber dennoch in zweifacher Hinsicht Zeitzeuge war: erstens, weil er selbst eine Begegnungserfahrung mit dem Auferstandenen hatte, die seine biographische Umkehr vom Christenverfolger zum wichtigsten Missionar des entstehenden Christentums bewirkte, und zweitens, weil er die Zeugen der ›ersten Stunde‹ wie Petrus, Jakobus und andere Jünger Jesu persönlich kannte (1 Kor 15,3–8). Es ist äußerst plausibel anzunehmen, dass ohne diese Begegnungserfahrungen aus einer nach dem schmählichen Kreuzigungstod Jesu verwirrten, resignierten und von Verfolgung bedrohten Anhängerschaft niemals die Weltreligion hätte entstehen können, zu der das Christentum geworden ist.

Den Einbruch der Transzendenz in die Immanenz, den die Auferstehung aus christlicher Sicht bedeutet, hat Robert Spaemann in einer christlichen Adaption von Platons Höhlengleichnis veranschaulicht. In Platons Höhle leben bekanntlich Menschen als Gefangene, denen mittels einer Lichtquelle hinter ihrem Rücken ein Schattenspiel mit Figuren an die Wand projiziert wird. Für diese Menschen ist das, was sie dort sehen, die wirkliche Welt, und dem Versuch eines von außen Kommenden, sie aus dieser Höhle zu befreien, widersetzen sie sich. In Spaemanns Version wird das ›Höhlenkino‹ als Film gedeutet, in dem wir selbst Mitspieler sind.

> »Im Film geht alles ›gesetzmäßig‹ zu. Es gibt innerhalb der Kinostory Ursachen und Wirkungen.« Die Mitspieler haben in einem gewissen Rahmen Handlungsfreiheit. Aber anders als bei Platon, bei dem der Befreier von außen in die Höhle kommt, tritt er »nach christlichem Glauben im Film selbst auf; und er lehrt nicht, den Film zu verlassen, sondern ihn *als* Film zu sehen. […] In der empirischen Welt taucht an einer Stelle eine Einblendung auf, die uns über den Sinn des Ganzen belehrt. Diese Einblendung ist die Auferstehung Christi.«[349]

Nach Paulus »ist Christus auferweckt von den Toten als Erstling unter denen, die entschlafen sind.« (1 Kor 15,20) Deshalb heißt es im Glaubensbekenntnis von Nizäa-Konstantinopel: »Wir erwarten die Auferstehung der Toten und das Leben der kommenden Welt.« Diese eschatologische Perspektive sieht – schon fast zwei Jahrtausende bevor die modernen Naturwissenschaften sich die Erde, das Sonnensystem und das ganze Universum als endlich vorzustellen begonnen haben – die Welt als vorläufig an. Für das, was nach ihr kommt, findet sich in der Offenbarung des Johannes ein poetisches Bild:

> »Und ich sah einen neuen Himmel und eine neue Erde; denn der erste Himmel und die erste Erde sind vergangen, und das Meer ist nicht mehr. [...] Siehe da, die Hütte Gottes bei den Menschen! Und er wird bei ihnen wohnen, und sie werden seine Völker sein, und er selbst, Gott mit ihnen, wird ihr Gott sein; und Gott wird abwischen alle Tränen von ihren Augen, und der Tod wird nicht mehr sein, noch Leid noch Geschrei noch Schmerz wird mehr sein; denn das Erste ist vergangen.« (Off 21,1–4)

Christen erwarten zwar auch das ›Gericht Gottes‹, vor dem jeder Mensch sich selbst inklusive aller Brüche, Fehler und Vergehen in seinem Leben ganz erkennt und verantworten muss. Aber die »frohe Botschaft«, wie Evangelium übersetzt heißt, besteht darin, die Auferstehung Christi als Zeichen der Gnade, Versöhnung und Vergebung zu sehen – als Zeichen dafür, dass Sünde und Böses, Unrecht und Gewalt nicht das letzte Wort haben werden. Das gilt nicht nur für das Leben des Einzelnen. Die eschatologische Perspektive ist die »Hoffnung«, wie der späte Max Horkheimer sagte, mehr noch der Glaube daran und damit das Vertrauen darauf, »daß es bei diesem Unrecht, durch das die Welt gekennzeichnet ist, nicht bleibe, [...] daß der Mörder nicht über das unschuldige Opfer triumphieren möge.«[350] Der Glaube an Gott enthält die Gewissheit, dass nichts von dem, was in der menschlichen Geschichte je geschehen ist, vergessen wird, obwohl alle menschliche Erinnerung irgendwann verschwindet.

Die Nachricht von der Auferstehung Christi ist der Kern des ›Evangeliums‹, der christlichen ›frohen Botschaft‹. Sie verkündet, dass es »ein entschieden gutes Ende geben [wird], nämlich die Gemeinschaft des Lebens in Gott, die das Einzelne nicht auslöscht, sondern erfüllt« und dass sich dann »auch das scheinbar Sinnlose [...] als Beitrag zu diesem guten Ende erwiesen haben« wird. Diese Botschaft »befreit zum angstfrei dienenden Lieben« schon in der jetzigen Wirklichkeit.[351]

Welche Impulse lassen sich aus dieser groben Skizze des christlichen Gottesverständnisses für die künftige Entwicklung der europäischen Gesellschaften im Sinne einer Erneuerung Europas gewinnen? Es sind zunächst solche der Problematisierung bestimmter Lebensstile und kultureller Praktiken, die im heutigen Europa weit verbreitet sind.

In seiner Erläuterung des ersten Gebotes – »Du sollst keine anderen Götter haben neben mir« – hat Martin Luther in seinem Großen Katechismus eine Formulierung von verblüffender Aktualität gefunden: »Worauf du nun (sage ich) dein Herz hängst und verlässest, das ist eigentlich dein Gott.« Luther spricht auch von ›Abgöttern‹ und meint damit, in heutiger Sprache, menschliche Formen der Konstruktion von Lebenssinn, auf die in einer existenziellen Weise sich zu verlassen Selbsttäuschung ist. Als Beispiele nennt er, wiederum in heutigen Begriffen, Macht, Geld und Besitz, Einfluss und Berühmtheit, Leistung und Erfolg. Das ist heute so aktuell wie zu Luthers Zeiten oder wie zu Zeiten von Augustinus, der diese Leitbilder der *civitas terrena*, der weltlichen Gesellschaft, zugeordnet hätte, der die Christen ebenfalls angehören, wenngleich sie zugleich nach der *civitas dei* streben (vgl. Kapitel 2).

In der Neuzeit sind freilich viele ›Abgötter‹ hinzugekommen, davon manche mit katastrophalen Folgen (vgl. Kapitel 3), und die säkulare Moderne produziert ständig neue. Die in jüngster Zeit in diesem Zusammenhang besonders bedeutsamen Entwicklungen sind in den Sozialwissenschaften gut herausgearbeitet worden, wenn sie auch in deren fachlichen Zusammenhängen nicht mit theologischen Konzepten interpretiert werden. Sie können hier mit Blick auf wichtige Trends nur in aller Kürze angesprochen werden; dass diese sich in der gesellschaftlichen Wirklichkeit in verschiedenen Ländern, sozialen Schichten und Milieus in unterschiedlicher Weise und Intensität durchsetzen, kann hier nicht näher betrachtet werden.

Bereits in den 1970er-Jahren konstatierte der amerikanische Soziologe Ronald Inglehart eine Veränderung normativer Grundorientierungen von ›materialistischen‹ (z. B. Reichtum, Besitz) zu ›postmaterialistischen‹ (z. B. Selbstverwirklichung, Beteiligung) Lebenszielen in den jüngeren Generation, was auch im Zusammenhang mit der Revolte von Teilen des jungen Bürgertums in westlichen Gesellschaften Mitte der 1960er-Jahre zu sehen ist.[352] Gerhard Schulze bezeichnete die daraus erwachsene neue soziale Wirklichkeit 1992 als »Erlebnisgesellschaft« und charakterisiert sie zehn Jahre später so:

> »In der Menü-Welt der Fernbedienungen, der Supermärkte mit 50000 Artikeln, der Inbesitznahme selbst des Himmels über den Ballungsgebieten als Reklamefläche für Luftschiffe – in dieser Welt liegt nichts näher als die Frage: ›Was will ich und wo bekomme ich es?‹ Vom weltbezogenen Subjekt zur subjektbezogenen Welt: dies ist der große kulturgeschichtliche Einschnitt in der zweiten Hälfte des 20. Jahrhunderts. […] Alles nimmt seinen Ausgang von einer bestimmten Form der Selbstbeobachtung, denn das subjektzentrierte Leben ist ohne Selbstbeobachtung nicht denkbar. Die Menschen konzipieren ihr jeweiliges Projekt des schönen Lebens als Serie psychophysischer Zustände. […] Man handelt ›erlebnisrational‹; man kauft und entsorgt, wählt Partner und trennt sich, reist hierhin oder dorthin, zappt und hält inne – kurz, man arrangiert die Welt im Hinblick auf sich selbst, orientiert an der Kernidee, durch Management des Äußeren gewünschte innere Wirkungen zu optimieren.«[353]

Woran sich nach Schulze in der Erlebnisgesellschaft die Suche nach Sinn festmacht, ist also das »Projekt des schönen Lebens«, das als eine Folge immer neuer Welterfahrungen konzipiert wird, die aus befriedigenden Erlebnissen bestehen.

Der Soziologe Andreas Reckwitz analysiert in seinem 2017 erschienenen Buch »Die Gesellschaft der Singularitäten«, wie sich seit den 1970er-Jahren diese Tendenz zu einer Kultur der Selbstverwirklichung immer weiter zuspitzt.[354] In diesem Kontext verliert die Vorstellung eines die Gesellschaft verbindenden Allgemeinen an Bedeutung:

> »An die Stelle der Anpassung an das Allgemeine tritt das postromantische Ideal der Entfaltung der Besonderheit, das Streben nach einzigartigen, subjektiv befriedigenden Erlebnissen und Identitäten – im Berufsleben, in der Partnerschaft, in der Freizeit und im Konsum. [...] Singularisierung [...] bezeichnet eine Gesellschaft, in der eine permanente Produktion, Bewertung und Rezeption von Einzigartigkeiten stattfindet«[355].

Reckwitz analysiert diese Entwicklung allerdings zusätzlich mit Blick auf sozialstrukturelle Differenzen und sieht sie vor allem in der neuen Mittelklasse verankert. Diese hat sich seit den 1970er-Jahren mit dem Auslaufen der industriellen Moderne entwickelt und ist geprägt von Akademikern, die von der Bildungsexpansion seit den 1960er-Jahren profitiert haben und vorwiegend in wissensbasierten Tätigkeitsbereichen wie Dienstleistungen, Medien, Kultursektor, Bildungssystem und Wissenschaft tätig sind. Diese neue Mittelklasse bildet mit ihrem Lebensstil eine Art Leitmilieu in den heutigen westlichen Gesellschaften. Reckwitz weist allerdings auch darauf hin, dass dieser Lebensstil zur Polarisierung in den westlichen Gesellschaften beiträgt, weil er mit einer kosmopolitischen, linksliberalen politischen Haltung verbunden ist, die in der alten Mittelklasse und einer in prekären Verhältnissen lebenden Unterklasse nicht geteilt wird. Tatsächlich prägen die daraus erwachsenen kulturell-politischen Polarisierungen zwischen einem kosmopolitischen Linksliberalismus und einem neuen, politisch rechts orientierten Populismus zunehmend die politische Landschaft unserer Zeit in Europa und darüber hinaus, vor allem auch in den USA.

Die explosionsartige Verbreitung moderner Medien im 20. Jahrhundert hat diese Entwicklungen massiv gefördert, vom Kino über Radio und Fernsehen bis zu den digitalen Medien unserer Zeit, allen voran das Internet. Sie bieten große Plattformen für jeden Einzelnen zur Selbstdarstellung. Wie groß die Sehnsucht danach ist, zeigt exemplarisch der sofortige Erfolg des Internetportals TikTok im Jahr 2018, das zunächst nichts anderes bot als die Möglichkeit, sich selbst mit kurzen Videos zu präsentieren und dafür Anerkennung durch Likes und Follower zu bekommen. Überdies bieten moderne Medien eine komplexe Maschinerie zur Produktion immer neuer mythischer Erzählungen mit oftmals quasi-religiösem Anklang, wie schon ein oberflächlicher Blick auf die ›Blockbuster‹ einer Kinosaison oder das Angebot eines Streamingdienstes wie Netflix zeigt.

Aus einer christlich-theologischen Perspektive lassen sich die ›neuen Götter‹ (oder mit Luther: ›Abgötter‹) in diesen Entwicklungen leicht erkennen: das Ich und die Selbstverwirklichung, die Dignität von Erlebnissen, der Kult des Besonderen und Einzigartigen. Zu ›Göttern‹ werden diese sozio-kulturellen Konstrukte, wenn und weil Menschen, mit Luther gesprochen, ihr Herz an sie hängen und sich in einer existenziellen Weise auf sie verlassen, also von ihnen Sinn und Bedeutung für ihr Leben erhoffen. Ihnen gegenüber ist der Monotheismus religionskritisch, denn sie sind tatsächlich, was Karl Marx zu Unrecht jeder Religion unterstellte: »Opium des Volkes«.

Was kann vor diesem Hintergrund mit *Erneuerung des Gottesbezugs* gemeint sein? Um an eine Unterscheidung von Reckwitz anzuschließen: Es geht um die Rückgewinnung des Allgemeinen gegen die Vergötzung des Besonderen. Damit ist nicht das Allgemeine in dem soziologischen Sinn gemeint, in dem Reckwitz es versteht, als Bezeichnung für das Leitbild der

Standardisierung in der industriellen Moderne. Gemeint ist mit dem Bezug auf Gott das Allgemeine, das alle Menschen trotz ihrer Vielfalt und ihrer individuellen Besonderheiten miteinander verbindet: ihre Gottesebenbildlichkeit. Das Bewusstsein für diese Verbundenheit der Menschen ist eine Rückgewinnung des Allgemeinen, die problemlos mit der Singularität jedes Einzelnen zu vereinbaren ist. In diesem Bewusstsein können wir gelassen verschieden sein, ohne aus dieser Diversität eine Religion zu machen; wir können die Menschenrechte als sinnvolle Konkretisierungen der Menschenwürde für unsere Zeit wertschätzen, ohne sie als heilige Texte zu betrachten; wir können im Bewusstsein, dass alle Menschen als Sünder nicht perfekt sind, mit den menschlichen Unzulänglichkeiten so umgehen, dass wir uns nicht der Tyrannei einer Hypermoralisierung des öffentlichen Lebens unterwerfen; und wir können uns selbst als ich-bewusste Wesen wahrnehmen, ohne unser Ich perfektionieren zu müssen.

Erneuerung des Weltbezugs: Für den christlichen Glauben ist die Welt – im Sinne der irdischen Wirklichkeit – »Einsatzort und Einsatzzeit«.[356] Die christliche Haltung zur Welt ist weder fatalistisch noch von der Illusion geprägt, die Religion, wenn sie nur ›richtig‹ gelebt werde, könne alle Übel in dieser Wirklichkeit beseitigen. »Für die Bibel ist die Welt doppeldeutig: gute Schöpfung, böses Diesseits.«[357] In dieser Ambivalenz haben die Christen die Aufgabe, hier ganz in der jüdischen Tradition, Verantwortung für die Gestaltung der Welt zu übernehmen und auch unter widrigen Umständen »der Stadt Bestes« (Jer 29,7) zu suchen. Durch dieses, vom Geist der Nächstenliebe geprägte, Engagement sollen die Christen das »Licht der Welt« und das »Salz der Erde« sein (Mt 5,13 f.).

Vorausgesetzt ist bereits durch den jüdischen, vom Christentum übernommenen Monotheismus die Entgötterung der Welt: Menschen sind nicht hilflose Marionetten des Handelns von Naturgeistern, magischer Kräfte oder miteinander ringender mythologischer Göttergestalten. Der Mensch bekommt in der ersten Schöpfungsgeschichte des Buches Genesis den Auftrag, sich die Erde untertan zu machen und über die Tiere zu herrschen (Gen 1,28). Allerdings ist es ein neuzeitliches Missverständnis, diesen Auftrag als Freifahrtschein für unbegrenzte Ausbeutung der Natur zu deuten. Im biblischen Kontext wird Untertanmachen und Herrschen in Analogie zum Verhältnis eines Herrn zu einem untergeordneten Knecht und eines Hirten zu seiner Herde gedacht. Damit wird zwar ein Machtverhältnis bestimmt, zugleich aber eines des Schutzes und der Verantwortung.[358] Erst in der Neuzeit, vor allem ab dem 19. Jahrhundert, entwickelte sich jene Art von Weltbezug und Naturbeherrschung, die für die heutige ökologische Krise verantwortlich ist.

Hartmut Rosa hat aus einer soziologischen Sicht das Charakteristische dieses neuen, mit der Moderne aufkommenden Weltbezugs so analysiert:

> »Das kulturelle Antriebsmoment jener Lebensform, die wir modern nennen, ist die Vorstellung, der Wunsch und das Begehren, Welt *verfügbar* zu machen. Lebendigkeit, Berührung und wirkliche Erfahrung aber entstehen aus der Begegnung mit dem *Unverfügbaren*. […] Die Moderne steht in der Gefahr, *die Welt nicht mehr zu hören* und sich darum auch selbst nicht mehr zu spüren […]. Sie ist unfähig geworden, sich *anrufen und erreichen* zu lassen.«[359]

Die gesellschaftlichen Institutionen, die nach Rosa als Treiber dieser Entwicklung fungieren, sind Wissenschaft, Technik und die kapitalgetriebene Steigerungslogik der Ökonomie. Hinzu kommt die immer dichter werdende Verrechtlichung und bürokratische Steuerung des gesellschaftlichen Lebens: »Das immer weitere Anwachsen von Regularien, Vorschriften und Gesetzen ist der manifeste Ausdruck des Versuches, das soziale Leben planbar und verfügbar im Sinne des Justiziablen zu machen«[360]. Freilich muss dieser Versuch letztlich scheitern, denn wer alles regulieren will, »muss unendlich komplexe Regelwerke formulieren – und wird dennoch nicht zum Ziel gelangen«,[361] sondern lediglich das soziale Leben lähmen und Regelverstöße provozieren, die begangen werden, damit Institutionen überhaupt noch funktionieren.[362]

Letztlich gelingt das Verfügbarmachen der Welt nicht. Rosa spricht metaphorisch von einem »Zurückweichen der Welt«[363], das dann als bedrohlich erlebt wird, wie beispielsweise in der ökologischen Krise. Es bleibt abzuwarten, ob nicht auch die Coronakrise ab 2020 einen verstörenden Effekt dadurch haben wird, dass sich das Virus trotz aller Impfstoffe, Tests, Tracing-Apps und anderer Maßnahmen als vielleicht begrenzbar, aber nicht als verfügbar erweisen wird.

Rosas Analyse läuft auf die Perspektive hinaus, die *Unverfügbarkeit* der Welt wieder zu entdecken und anzunehmen. »Nicht das *Verfügen* über Dinge, sondern das in Resonanz Treten mit ihnen, sie durch eigenes Vermögen – *Selbstwirksamkeit* – zu einer Antwort zu bringen und auf diese Antwort wiederum einzugehen, ist der Grundmodus lebendigen Daseins«[364]. Unter Resonanz versteht er einen Beziehungsmodus, der durch vier Merkmale gekennzeichnet ist: Berührung (Affizierung), Selbstwirksamkeit, Anverwandlung (Transformation) und Unverfügbarkeit. »Es genügt nicht, dass ich auf die Welt zugreife, sondern Resonanz setzt voraus, dass ich mich *anrufen* lasse, dass *ich affiziert werde*, dass mich etwas von außen erreicht.«[365] Die Welt ist hiernach zwar nicht verfügbar, aber erreichbar und beeinflussbar.

Rosa schreibt selbst, »dass der Begriff der Unverfügbarkeit ursprünglich aus dem theologischen Kontext stammt.« Treffend erläutert er dies an der jüdischen und christlichen Gottesbeziehung und der Praxis des Gebets: »Anders als in magischen oder alchemistischen Praktiken wird hier nicht versucht, die andere

Seite bzw. ein bestimmtes Ergebnis oder Ereignis manipulativ verfügbar zu machen, sondern es geht darum, ein entgegenkommendes Antworten oder ein Antwortgeschehen zu erspüren, dessen Inhalt eben nicht schon feststeht.«[366]

Rosas Theorie ist ein Beispiel dafür, wie christlich-theologisches und säkulares gesellschaftstheoretisches Denken in eine produktive Beziehung gebracht werden können. Seine Kritik an der Moderne benennt wesentliche Gründe, die auch aus christlicher Sicht eine Erneuerung des Weltbezugs erfordern. Diese Gründe behalten ihr Gewicht auch dann, wenn Rosa möglicherweise bei einer christlichen Weiterführung seiner Argumentation nicht mitgehen würde. Eine solche Weiterführung müsste fragen, *warum* die Welt für uns letztlich unverfügbar ist und *woher* ihr Potenzial kommt, uns ›anzurufen‹ und uns Resonanzerfahrungen zu ermöglichen. Die christliche Antwort wäre: weil sie sich Gottes Wirken verdankt. Die Antwortbeziehung, die Rosa zur Welt wiederherstellen will, ist letztlich die Beziehung zu Gott.

Gleichzeitig betont das christliche Denken jedoch die Differenz zwischen Welt und Gott, denn anders als Gott ist die Welt vorläufig, veränderbar, fragil. Die ›gute Schöpfung‹ ist noch nicht vollendet, sie wird es erst sein, wenn das ›böse Diesseits‹ überwunden sein wird. Bei Paulus liest sich das so:

> »Denn das ängstliche Harren der Kreatur wartet darauf, dass die Kinder Gottes offenbar werden. Die Schöpfung ist ja unterworfen der Vergänglichkeit – ohne ihren Willen, sondern durch den, der sie unterworfen hat –, doch auf Hoffnung; denn auch die Schöpfung wird frei werden von der Knechtschaft der Vergänglichkeit zu der herrlichen Freiheit der Kindes Gottes. Denn wir wissen, dass die ganze Schöpfung bis zu diesem Augenblick seufzt und in Wehen liegt.« (Röm 8,19–22)

Bildhaft spricht der Prophet Jesaja in der hebräischen Bibel in seiner eschatologischen Vision von einem neuen Himmel und einer neuen Erde, wo dann Wolf und Lamm nebeneinander weiden und der Löwe Stroh fressen wird wie das Rind (Jes 65,25).

Was also heißt Erneuerung des Weltbezugs im Kontext einer christlichen Renaissance? Gewiss die Wiederentdeckung der Unverfügbarkeit der Welt, ja selbst des eigenen Lebens. Gewiss auch das entschlossene Engagement für die Beseitigung der kulturellen, politischen, ökonomischen und ökologischen Schäden, die die Moderne hinterlassen hat – von den vielen ›Abgöttern‹, die oben angesprochen wurden, bis zur Hybris, an die Stelle Gottes treten zu wollen; von der Kritik an einer überzogenen, zum Selbstzweck gewordenen Leistungsorientierung[367] bis zur Anwaltschaft für die Verlierer von immer neuen ökonomischen Umbrüchen; von der Technisierung des Krieges bis zu den Massenvernichtungswaffen; von neuen digitalen Technologien zur Verhaltenssteuerung und Überwachung bis zu neuen totalitären Herrschaftsmodellen[368]; von den Schäden durch den Massentourismus bis zur Klimakrise. Aber bei allem notwendigen Engagement befreit der christliche Glaube zugleich von der Überforderung, die ganze Welt heilen zu wollen: »Gott hat die Welt geliebt und verantwortet sie auch in der Gegenwart und Zukunft. Glaube heißt darum auch zu entdecken, dass man keine grenzenlose Weltverantwortung trägt.«[369] Die in der Klimaschutzdebatte immer wieder zu hörende Forderung, wir müssten ›die Schöpfung retten‹, dürfte unsere menschlichen Möglichkeiten jedenfalls übersteigen.

Erneuerung des Freiheitsverständnisses: Freiheit ist, wie bereits dargelegt (vgl. Kapitel 2), ein Kernkonzept des christlichen Glaubens. Ebenso ist sie ein Kernkonzept der europäischen Demokratien; aber als solches ist es im heutigen Europa bedroht. Bedroht ist Freiheit nicht nur durch neue autokratische Systeme in der internationalen Politik und deren Attraktivität für Teile der europäischen Bevölkerung. Bedroht ist sie auch von innen durch sozio-kulturelle Entwicklungen, die die mentale Verankerung der Freiheit in den Selbst- und Weltverständnissen vieler Menschen in den westlichen Gesellschaften in den vergangenen Jahrzehnten mehr und mehr gelockert haben.

Carlo Strenger hat diesem Phänomen, unter Bezug auf zahlreiche weitere Zeitdiagnosen, aus sozialphilosophischer Sicht eine interessante Studie gewidmet.[370] Strenger konstatiert eine verbreitete »Verwöhn- und Konsummentalität«, die mit einem »Mangel an bürgerlicher Verantwortung« verbunden ist.[371] Das Leben werde als eine Art Optimierungsprojekt verstanden, für das Staat und Gesellschaft Dienstleistungen zu erbringen hätten – »viele Menschen im Westen betrachten Freiheit […] als eine Selbstverständlichkeit und Glück als ein Recht.«[372] Mit dieser »Berechtigungsmentalität« sei Freiheit zu einem Konsumgut geworden und Politik »immer mehr zum Showbusiness.«[373] Ein Erbe der Jugendrevolte der 1960er-Jahre sei die Vorstellung, »Glück und Selbstverwirklichung seien Grundrechte, und wenn sie nicht erfüllt würden, dann müsse ja wohl jemand schuld sein. […] Wir akzeptieren nicht, dass wir endlich, sterblich, unvollkommen und verletzlich sind – und dass es a priori überhaupt keinen Grund gibt, warum wir alle glücklich sein sollten.«[374] Die Konsequenz: »Wer mit einer solchen Berechtigungsmentalität lebt, ist weder willens noch fähig, die freiheitliche Ordnung zu pflegen und, wenn notwendig, zu verteidigen.«[375]

Eine zentrale Ursache für diese Entwicklungen sieht Strenger in der – aus seiner Sicht begrüßenswerten – Lösung traditioneller, nicht zuletzt religiöser Bindungen. Es gibt mit Ausnahme der Familie, in die man hineingeboren wird, »im Westen keine Gemeinschaft mehr, aus der man nicht austreten könnte. […] Das bedeutet aber auch, dass außer uns selbst niemand mehr für unser geistiges und existenzielles Wohlergehen verantwortlich ist. […] Das ist der faustische Pakt des modernen Westens: existenzielles Unbeschützt-Sein als Preis der Freiheit.«[376]

Strenger sieht in dieser Lage eine Tragik der Freiheit, die es auszuhalten und durch harte Arbeit an sich anzunehmen gelte. Aber vielleicht liegt das Tragische, das Strenger hier konstatiert, doch zumindest an einem zentralen Punkt auch in Strengers Weltverständnis selbst begründet. In einer orthodoxen jüdischen Familie aufgewachsen, hat sich Strenger später radikal von der Religion gelöst und betrachtet, in seinem Buch eher en passant formuliert, religiösen Glauben als »Fiktion« und Trostsystem, für das man heute »schon eine gehörige Portion Selbstbetrug aufbringen« müsse.[377] Mit diesem nicht weiter begründeten (und angesichts der tatsächlichen globalen Lage der Religionen, vgl. Kapitel 3, etwas weltfremd wirkenden) Verdikt versperrt sich Strenger die Suche nach einem gangbaren Ausweg aus der von ihm treffend geschilderten Misere westlicher und damit auch europäischer Gesellschaften. Denn der bloße Appell, ungeachtet der existenziellen Tragik unseres Daseins das »Abenteuer Freiheit« zu wagen – und darauf läuft sein Buch hinaus –, dürfte die »Berechtigungsmentalität« von Millionen Menschen wohl kaum verändern.

Aus christlicher Sicht dagegen ist Freiheit weder Anspruch noch Leistung, sondern Geschenk, das freilich aktiv angenommen werden muss. Aus Anlass des Reformationsjubiläums 2017 haben die evangelischen Kirchen in Deutschland daran erinnert, »dass Freiheit – die Grundlage des pluralen, demokratischen Rechtsstaates – nicht im Menschen selbst ihre letzte Begründung findet: Wenn der Mensch von sich selbst die Begründung für seine eigene Würde und die darin gründende Freiheit verlangt, verkennt er, dass *Würdigung* stets nur von außen gegeben werden kann. Die Botschaft von der Freiheit in und durch Gott löst auch von allen zwanghaften Bemühungen, sich durch eigene Anstrengung, durch sozialen Status und Erfolg *Anerkennung und Würde* zu erwerben.«[378] Freiheit gründet hiernach in der Menschenwürde und diese wiederum gründet in der Gottesebenbildlichkeit des Menschen.

Im christlichen Verständnis ist Freiheit kein Konsumgut, aber auch keine mühsam gegen die Tragik der menschlichen Existenz zu erkämpfende Errungenschaft. Einerseits ist das christliche Freiheitsverständnis radikal, weil es dem Gewissen des Einzelnen in letzter Instanz Priorität über jede innerweltliche Reglementierung und Anforderung gibt; andererseits ist es das Gegenteil von Egozentrik und Hedonismus. Martin Luther hat dies in seiner Schrift »Von der Freiheit eines Christenmenschen« in einer scheinbar paradoxen Formulierung zum Ausdruck gebracht: »Ein Christenmensch ist ein freier Herr über alle Dinge und niemandem untertan. Ein Christenmensch ist ein dienstbarer Knecht aller Dinge und jedermann untertan.«[379] Luthers komplexen Überlegungen zur doppelten Natur des Menschen als geistliches und leibliches Wesen sowie zum Problem der Willensfreiheit, die für ein tieferes theologisches Verständnis seines Freiheitsbegriffs bedeutsam sind, kann hier nicht näher nachgegangen werden. Worauf es hier und mit Blick auf die Abgrenzung gegen Egozentrismus und Hedonismus ankommt, ist, dass einerseits der christliche Glaube innere Freiheit schenkt, die Distanz zu den Zwängen und Anforderungen des sozialen Lebens schafft und die selbst durch äußere Unterdrückung nicht geraubt werden kann. Immer wieder hat es in der Geschichte des Christentums bewegende Zeugnisse dieser inneren Freiheit gegeben; als berühmte Beispiele aus dem letzten Jahrhundert seien die Gedichte und Briefe Dietrich Bonhoeffers und Alfred Delps aus der nationalsozialistischen Haft genannt. Andererseits ermöglicht und erfordert der Glaube das interesselose, nicht auf den eigenen Vorteil zielende Engagement für Mitmenschen. Aus christlicher Sicht wird die Freiheit jedes Einzelnen nicht in erster Linie durch die Freiheit aller anderen, sondern durch die Hilfsbedürftigkeit anderer begrenzt. Dies betrifft nicht nur unmittelbar persönliche Hilfe, sondern auch den verantwortlichen Dienst am Gemeinwesen, für den jeder und jede ihre Talente einsetzen sollen, nicht zuletzt im Beruf.

Nun gehört zu dieser Begrenzung individueller Freiheit die mit Pflichten verbundene Zugehörigkeit von Menschen zu politischen Ordnungen. Paulus bezog dazu im Römerbrief die viel diskutierte und von Herrschenden oft auch missbrauchte Position (nach der Luther-Übersetzung): »Jedermann sei untertan der Obrigkeit, die Gewalt über ihn hat. Denn es ist keine Obrigkeit außer von Gott; wo aber Obrigkeit ist, ist sie von Gott angeordnet.« (Röm 13,1) Die Hauptschwierigkeit, die diese Formulierung heute in der deutschen Sprache bereitet, ist der Bedeutungswandel des Begriffs »Obrigkeit« von einer neutralen Bezeichnung für staatliche Regierungsgewalten und Behörden (so auch in den Worterklärungen der Lutherbibel in der Übersetzung von 2017) zu einem negativ konnotierten Begriff für autoritäre Herrschaft. Die katholische Einheitsübersetzung spricht für das heutige Verständnis treffender von »Trägern der staatlichen Gewalt« statt von Obrigkeit.

Die beiden zitierten Sätze stehen bei Paulus im Kontext von Hinweisen für das Gemeindeleben und nicht einer ausgefeilten Theorie politischer Herrschaft. Letztere wäre der ersten Generation der Christen, die als eine kleine Minderheit im Römischen Reich lebten und unter denen die Vorstellung von einem baldigen Ende der Welt (Naherwartung) verbreitet war, auch kaum als besonders dringlich erschienen. Überdies gab es als Korrektiv zu blinder Unterordnung für den Fall eines ernsthaften Gewissenskonflikts auch den Petrus zugeschriebenen Satz: »Man muss Gott mehr gehorchen als den Menschen« (Apg 5,29), was jene Christen, die die Anbetung der römischen Kaiser verweigerten, unter Inkaufnahme von Verfolgung und Tod auch taten.

Paulus nennt allerdings für seine Position einen Grund, der nichts von seiner Aktualität verloren hat: die staatliche Gewalt sei von Gott eingesetzt, um dem Bösen unter den Menschen zu wehren und entsprechende Taten zu strafen. Freilich muss man hier, Paulus weiterdenkend, zwischen Institution und Personen unterscheiden; nicht um die Person von jeweils Machthabenden geht es, sondern um Institutionen einer politischen Ordnung mit der Macht zur verbindlichen Rechtssetzung, die für ein gedeihliches Zusammenleben von Menschen unerlässlich sind. Wie berechtigt diese Sichtweise ist, lässt sich in unserer Zeit an ›failed states‹ erkennen – ein Zerfall staatlicher Ordnung führt in aller Regel nicht zu mehr Freiheit, sondern zu massiven Machtkonflikten bis hin zu langen Bürgerkriegen.

In der europäischen politischen Ideengeschichte ist dies, vor dem Hintergrund der englischen Bürgerkriege des 17. Jahrhunderts, am klarsten von Thomas Hobbes gesehen worden. In seinem 1651 erschienenen »Leviathan« beschrieb er den ›Naturzustand‹ des Menschen als Krieg aller gegen alle, der ohne die Übertragung der Macht auf den Staat als Souverän nicht beendet werden kann. Es gehört zu den großen Leistungen der europäischen politischen Philosophie, die Hobbessche Begründung für die Notwendigkeit staatlicher Gewalt aufgenommen, bei dessen absolutistischer Lösung – der nahezu vollständigen Konzentration der Macht bei einem Herrscher – aber nicht stehengeblieben zu sein, sondern gangbare Lösungen dafür gefunden zu haben, wie das Gewaltmonopol des Staates mit der Sicherung vor Machtmissbrauch durch Regierende verbunden werden kann. Die wichtigsten dieser Lösungen sind bekanntlich Gewaltenteilung, Rechtsstaatlichkeit, verfassungsmäßige Grundrechte sowie regelmäßige freie Wahlen als Mittel, schlechte Regierungen gewaltfrei ablösen zu können. Diese Lösungen gehören zweifellos zum europäischen Kulturerbe, das es auch im künftigen Europa zu bewahren gilt.

Aber auch diese Lösungen für die ›weltlichen Ordnungen‹ (vgl. Kapitel 2) verlangen vom Einzelnen etwas, das Paulus richtigerweise anspricht: die Bereitschaft, auf legitime Weise zustande gekommene Vorschriften anzuerkennen und einzuhalten, also, in den Worten von Paulus, »sich unterzuordnen, nicht allein um der Strafe, sondern auch um des Gewissens willen.« (Röm 13,5) Hier nun allerdings zeigt sich, dass zu Berechtigungsmentalität und einer Vorstellung von Freiheit als Konsumgut im westlichen Europa nur zu gut der seit Jahrzehnten zu beobachtende schleichende Autoritätsverfall öffentlicher Institutionen passt. Der französische Präsident Macron hat dies Anfang 2021 in einem Interview im Kontext der Corona-Pandemie sehr direkt angesprochen:

> »Ich sehe das Hauptproblem darin, dass in einer Gesellschaft, in der permanent kommentiert wird, jede Hierarchie zunichtegemacht wird: dass alles gilt, dass alle Äußerungen gleichwertig sind, ob sie nun von jemandem kommen, der sich im Fach nicht auskennt, aber eine Meinung zu dem Virus hat, oder von einem Wissenschaftler. Das ist Gift. […] die gleichmacherische Gesellschaft stürzt Autoritäten in die Krise. […] Die psychologischen und gesellschaftlichen Konsequenzen sind fürchterlich, denn am Ende glaubt man an gar nichts mehr. Da haben wir den Teufelskreis: Eine Gleichmacherei, die zum Skeptizismus führt, erzeugt Obskurantismus. […] Das ist nicht mehr ›Ich zweifle, also bin ich‹. Das ist: Ich zweifle, also klammere ich mich an ein kollektives Narrativ, das vielleicht falsch und unbegründet ist, sich aber wenigstens solide anfühlt. Alle heutigen Gesellschaften erleben diese Art der Gleichmacherei, jede Autorität wird angefochten, und eben selbst die der Forschung und der Wissenschaft. […] Um sich weiterzuentwickeln, braucht eine Gesellschaft etwas Gemeinsames, sie braucht allseits anerkannte Grundsätze in Politik, Forschung, Wissenschaft. Aber es wird immer schwerer, dieses Gemeinsame zu schaffen, weil die Öffentlichkeit zersplittert, weil auch das Gemeinsame immer Gegenstand von Kritik und Kontroverse ist. Aber das Kommentieren kann nicht zur Dauereinrichtung werden […]. Sehr gefährlich, die ganze Welt redet pausenlos, aber niemand diskutiert wirklich.«[380]

Wie Macron selbst sagt, handelt es sich bei diesen Beobachtungen nicht um allein französische Phänomene, und sie beschränken sich auch nicht auf die Coronakrise. Aus deutscher Sicht ließen sich weitere Beispiele ergänzen, so etwa Beleidigungen und Bedrohungen gegen Politiker, selbst schon auf kommunaler Ebene,[381] Respektlosigkeiten gegenüber der Polizei und sogar gegenüber Feuerwehr und Rettungsdiensten[382] sowie eine Informalisierung der Beziehungen zwischen Lernenden und Lehrenden an Schulen und Hochschulen, bei der die Grenze zwischen intendierter Offenheit für Perspektiven der Adressaten und faktischem Autoritätsverlust der Institutionen oft fließend ist.

Für die Zukunft Europas dürfte es von größter Bedeutung sein, ob es gelingt, die Verfallsform von Freiheit als Egozentrismus und Hedonismus zu überwinden. Denn als Verfall, als Dekadenz also, wird die normative Lage des westlich geprägten Europas von außen durchaus oft gesehen – teils schon im östlichen Europa, teils in stärker religiös geprägten Gesellschaften außerhalb Europas, teils von religiösen Minderheiten in Europa selbst. Michel Houellebecq hat dieser Dekadenz samt ihrem Nihilismus in seinem Roman »Die Unterwerfung« ein mahnendes Denkmal gesetzt. Es kann auch kaum einen Zweifel daran geben, dass dieser Nihilismus einer der Treiber für den islamistischen Extremismus in Europa ist.[383]

Für die Erneuerung des Freiheitsverständnisses in Europa ist die christliche Tradition die entscheidende, in der eigenen Geschichte verankerte Ressource. Sie erinnert daran, dass die Freiheit umso größer sein kann, je enger sie zusammen mit der Caritas gedacht und gelebt wird. Direkt im Anschluss an die Ausführungen zum Verhältnis zur staatlichen Gewalt heißt es bei Paulus: »Seid niemandem etwas schuldig, außer dass ihr euch untereinander liebt [...]. Die Liebe tut dem Nächsten nichts Böses. So ist nun die Liebe des Gesetzes Erfüllung.« (Röm 13,8 und 10) Wenn es den Europäern gelingt, die Freiheit des Einzelnen in diesem Zusammenhang mit der Sorge um das

Wohl der Mitmenschen normativ neu zu bestimmen und dies kulturell wieder zu verankern, kann sie sogar noch erweitert werden, etwa durch den Abbau überbordender Verrechtlichung. Wenn dies nicht gelingt, steht es wohl schlecht um die Zukunft der Freiheit in Europa. Denn hierin hat Carlo Strenger recht: »Wenn von Europa nicht mehr bleibt als organisatorische Effizienz, die Sorge um finanzielle Sicherheit und eine kulturelle Vergangenheit, die nur noch als museale Präsenz zu spüren ist, dann wird es im Westen bald etwas Neues geben – aber nichts Gutes.«[384]

Erneuerung der Bildung: Die longue durée der Entwicklung des Bildungswesens in Europa (vgl. Kapitel 2) erscheint auf den ersten Blick als eine einzige Erfolgsgeschichte, die von den Klosterschulen über die Universitätsgründungen im Mittelalter, die Bildungsimpulse durch die Reformation, die Etablierung von Schulen für alle Kinder im 19. Jahrhundert und die Ausweitung von Hochschulstudien auf inzwischen über die Hälfte junger Erwachsener in der EU in unseren Tagen reicht. Tatsächlich geht es bei der notwendigen Erneuerung der Bildung für das künftige Europa weniger um quantitative als vielmehr um qualitative Aspekte. Es geht um die Frage, welche inhaltlichen Vorstellungen sich mit dem Begriff der Bildung verbinden.

In der Alltagssprache ist dieser Begriff inzwischen zu einer weitgehend inhaltsleeren Sammelbezeichnung für alles geworden, was irgendwie mit den Institutionen des Lehrens und Lernens zu tun hat. Man durchläuft das Bildungssystem von der frühkindlichen über die schulische bis zur beruflichen Bildung, ergänzt diese durch außerschulische und ggf. akademische Bildung, bis man bei der Seniorenbildung angekommen ist. Zuständig für all das soll die Bildungspolitik sein, die sich um Bildungsförderung zu bemühen hat, Bildungsstandards setzt, Bildungsabschlüsse reguliert und mit den Finanzministern um Bildungsfinanzierung ringt.

Allerdings verbirgt sich hinter dieser Allgegenwart des Bildungsbegriffs eine große Leere. Ein Konsens darüber, was inhaltlich unter Bildung verstanden werden soll, woran sie sich zeigen und was es heißen kann, ›gebildet‹ zu sein, ist in der breiten Öffentlichkeit nicht erkennbar und besteht in aller Regel auch nicht mehr in den Institutionen des Bildungssystems. Stattdessen dominieren sekundäre Erwartungen an deren Leistungen: Zahlen von Absolventen mit erwünschten Abschlüssen, Vermittlung von vordefinierten Kompetenzen, Förderung von Innovation und Wachstum in der Wirtschaft, zugleich aber auch soziale Selektion durch Vergabe von Zugangsberechtigungen zu Studien und Berufen, damit auf der Seite der Nutzer Erwartung von sozialem Aufstieg oder Statuserhalt mittels entsprechender Zertifikate und Berechtigungen, andererseits aus der Politik die Erwartung moralischer Dienstleistungen für den gesellschaftlichen Zusammenhalt durch entsprechende Erziehung der Jugend und nicht zuletzt, wie sich in der Coronapandemie in aller Deutlichkeit gezeigt hat, aus der Gesellschaft die Forderung nach gesicherter Unterbringung von Kindern und Jugendlichen zur Entlastung der Eltern.

Es sind überwiegend Nützlichkeitserwartungen dieser Art, von denen Schulen und Hochschulen heute getrieben sind, und dass solche Erwartungen einander widersprechen, macht deren Arbeit nicht leichter. Es liegt beispielsweise auf der Hand, dass Schul- und Studienabschlüsse mit Blick auf Berufschancen und soziale Distinktion umso stärker entwertet werden, je mehr Menschen sie erreichen. Überdies passt sich das Verhalten der in den Bildungsinstitutionen Tätigen den von außen kommenden Zwecken an: Wenn in der Schule am Ende nur Abschlüsse und Noten zählen, lernen Schüler das dafür geeignete strategische Vorgehen; wenn in der Wissenschaft die Höhe der ›eingeworbenen Drittmittel‹ zum primären Maß für die Bewertung der Leistung von Wissenschaftlern wird, orientieren diese sich von der intrinsischen Motivation der Suche nach Erkenntnis auch gegen Widerstände und mittels Vorhaben, die lange Zeiträume erfordern können, zur Suche nach dem nächsten Projekt um, das kurzfristig Geld bringt. In beiden Fällen werden die Inhalte des Lehrens, Lernens und Forschens tendenziell zweitrangig, wenn nicht gar gleichgültig.

In gewisser Weise erinnert die Situation, die wir heute in Europa mit Blick auf Bildung haben, an den Konflikt zwischen dem Utilitarismus der Aufklärungspädagogik und dem neuhumanistischen Bildungsdenken im 19. Jahrhundert. Friedrich Paulsen schilderte ihn 1897, bereits rückblickend, so:

> »Die Aufklärung denkt rationalistisch und mechanistisch [...]. Das folgende Zeitalter ist dadurch gekennzeichnet, daß es diese mechanistische Auffassung auf allen Gebieten verwirft. [...] Man denke an das Urteil der Aufklärung über Spiel und Dichtung: sie dienen nicht dem Nutzen, also, war das 18. Jahrhundert geneigt zu folgern, haben sie überhaupt keinen Wert. [...] Nicht das Nützliche, sondern das an sich selbst Wertvolle ist das Höchste. [...] *Bildung*, das neue Wort, das gegen Ende des 18. Jahrhunderts in aller Munde ist, ist die Bezeichnung für das neue Lebensideal, das nun die Herrschaft ergreift.«[385]

Man kann das neuhumanistische Bildungsdenken in Europa als den bislang letzten großen Versuch bezeichnen, im Bereich von Schulen und Hochschulen dem Trend zum Verfügbarmachen der Welt etwas Gehaltvolles entgegenzustellen – wenngleich mit den Schwächen behaftet, die einem rein säkularen Humanismus anhaften (vgl. Kapitel 3). In den höheren Schulen und den Universitäten hat sich diese Tradition des Bildungsdenkens noch bis etwa zu den 1960er-Jahren als prägende Kraft halten können.

Eine gehaltvolle Vorstellung von Bildung als pädagogischer Leitidee ist ein unerlässlicher Bestandteil der normativen

Grundlegung europäischer Identität. Wenn nach Schleiermacher die Frage »Was will denn eigentlich die ältere Generation mit der jüngeren?« die Ausgangsfrage pädagogischer Reflexion ist,[386] dann läuft der Verzicht auf eine gehaltvolle Vorstellung von Bildung auf Antwortverweigerung hinaus – oder auf den Eindruck der Jüngeren, es komme bei ›Bildung‹ nur auf das erfolgreiche Abarbeiten von Anforderungen und auf die Verwertung des Gelernten und Zertifizierten für die eigene berufliche Laufbahn an. Wenn Bildung aber nach Adorno in einem ganz allgemeinen Sinn »nichts anderes als Kultur nach der Seite ihrer subjektiven Zueignung«[387] ist, dann wäre ein derart reduziertes Verständnis von dem, worauf es im Bildungswesen ankommt, nichts anderes als eine Bankrotterklärung der europäischen Kultur.

Gehaltvolle Bildungsvorstellungen sind keine Besonderheit Europas, sondern in allen Hochkulturen seit der Achsenzeit (Karl Jaspers) zu finden. Bei allen unterschiedlichen Begründungen und Konkretisierungen sind ihnen doch bestimmte Elemente gemeinsam:[388] Bildung ist mehr als Erziehung, und dieses ›mehr‹ reicht über die bloße Anpassung an geltende Normen, Regeln und Wissensbestände hinaus. Kulturelle Überlieferungen werden in Bildungsprozessen zwar tradiert, aber zugleich frag-würdig, also zum Gegenstand des Fragens, Prüfens, Bedenkens gemacht. Bildung zielt bei den Lernenden auf Horizonterweiterung. Dies ist nicht schon bei jedem Lernen der Fall. Nur wenn Lernerfahrungen das bisherige Welt- und Selbstverständnis von Menschen berühren, erweitern, ggf. auch an bestimmten Punkten in Frage stellen, kann von Bildung gesprochen werden. Selbst eine mit »sehr gut« bestandene Klausur in Geschichte ist irrelevant für Bildung, wenn das Geschichtsverständnis des- oder derjenigen, der sie geschrieben hat, von ihrem Inhalt völlig unberührt geblieben ist.

Bildung zielt damit immer auch auf die persönliche Entwicklung von Menschen. Sie geht von der Entwicklungsoffenheit, der Bildsamkeit von Menschen aus. Oft findet sich daher in Diskursen über Bildung die Metapher des ›Wachstums‹ – Bildungserfahrungen helfen Menschen, an etwas zu wachsen und ihre Potenziale zur Entfaltung zu bringen. Dieses Wachstum ist freilich nicht nur als rein innerliches zu verstehen. Bildung befähigt und ermutigt, wenn nicht sogar verpflichtet auch zur Übernahme von Verantwortung für das Gemeinwesen, sei es nun im Beruf, im persönlichen Lebensbereich oder in der Politik.

Dennoch ist Bildung nicht instrumentell. Sie kann dem Einzelnen für eine gelingende Lebensführung zwar durchaus nützlich sein, ebenso wie ihre Verbreitung einer günstigen gesellschaftlichen Entwicklung dienlich sein kann. Wilhelm von Humboldts höchst wirkungsvolle Bildungstheorie ist ohne diesen Zusammenhang gar nicht zu verstehen: Sie setzte ganz auf freie Entfaltung der Persönlichkeit durch zweckfreie Bildung, stand aber im Kontext der preußischen Reformen, die die Gesellschaft von feudalen Zwängen befreien sollten und dafür zugleich auf selbständig denkende und handelnde Bürger angewiesen waren.

In Bezug auf einen bestehenden kulturellen Kontext bedeutet Bildung daher immer zugleich Einbindung *und* Ent-Bindung des Individuums, Integration *und* Selbstbestimmung.[389] Die durch Bildung intendierte Mündigkeit entsteht weder durch Ignoranz gegenüber kulturellen Überlieferungen noch durch deren oberflächliche Instrumentalisierung für Distinktionsgewinne oder hedonistische Bedürfnisbefriedigung, sondern durch das Einlassen auf einen intensiven Prozess der Auseinandersetzung mit kulturellen Gütern, die es bereits gibt, als Voraussetzung dafür, zu diesen dann auch eigene Sichtweisen, Urteile und ggf. neue Perspektiven entwickeln zu können.

Welche Perspektiven bietet für die notwendige Erneuerung der Bildung in Europa ein Rückgriff auf die christliche Tradition? Wiederum geht es um Fragen der normativen Fundierung des kulturellen Konstrukts Europa, unter dem Aspekt der Bildung also um die grundlegenden Annahmen und Intentionen sowie deren Begründung, die sich mit diesem Begriff verbinden. Die *Gottesebenbildlichkeit* des Menschen begründet dessen Bildsamkeit und die Notwendigkeit von Bildungsmöglichkeiten für alle, ebenso wie die Vernunftbezogenheit von Bildung. Die *Caritas* bildet den fundamentalen Maßstab für die Beurteilung von Entwicklungsrichtungen im Welt- und Selbstverständnis von Menschen; hiernach können jedenfalls solche Veränderungen durch Lernen nicht als Bildung gelten, die destruktive Effekte für den Lernenden oder für andere haben, etwa durch Egozentrismus, Hass und Gewalt. Der Aufstieg von Menschen beispielsweise durch eine kriminelle Karriere oder in einer extremistischen Organisation vermittelt zwar gewiss Lernerfahrungen, wäre aber hiernach nicht als Bildungsweg zu qualifizieren. Die *christliche Freiheit* begründet die gleichzeitige Förderung von Selbstbestimmung und Verantwortungsbereitschaft durch Bildung. Das Bewusstsein für die *Sünde* relativiert harmonisierende und idealisierende Vorstellungen vom Menschen durch die Aufmerksamkeit für das Destruktive und Abgründige, Gebrochene und Fragmentarische im menschlichen Selbst und kritisiert ideologiekritisch säkulare Heilserwartungen an Erziehung und Bildung.

Ferner hätte eine christliche Renaissance in Europa durch Bildung dem Traditionsbruch in Bezug auf das christliche Erbe sowie dem daraus erwachsenen und weit verbreiteten religiösen Analphabetismus (vgl. Kapitel 3) entgegenzuwirken. Jürgen Kaube hat in einem engagierten Plädoyer daran erinnert, was ohne religiöse Bildung an reflektiertem Weltverstehen verloren geht. Diese könne durch das Gespräch über ethische Fragen in der Schule nicht ersetzt werden, denn:

> »[F]ür das Gespräch darüber hat die Geschichte der Kultur bestimmte Formen hervorgebracht, die zu kennen das Gespräch davor bewahren kann, nicht bloß Smalltalk,

> Geplapper, undurchdachtes Meinen zu sein. Diese Formen sind soziale Tatbestände, Gemeinschaften, Organisationen, Gebote, Riten und Erzählungen. In sie ist Geschichte eingegangen, sie haben sich unter den verschiedensten historischen Umständen entwickelt und verändert. Sie haben, in den Gottesdiensten, den Gebeten, dem sozialen Leben der Religionsgemeinschaften, eine praktische Seite und in der Theologie eine gedankliche, die weit über das hinausreicht, was eine ›Wertevermittlung‹ jemals erreichen könnte. […] Religion ist etwas Altes, das in unsere Gegenwart hineinragt, etwas, das die Menschheitsgeschichte seit Zehntausenden von Jahren prägt. Gesellschaften ohne Religion, ohne Mythologien, Riten, Vorstellungen vom Heiligen und Erzählungen über das Unsichtbare sind unbekannt, obwohl es Individuen gibt, die ohne Religion auskommen. Religion ist etwas, ohne dessen Verständnis sich ganze Epochen, Kunstwerke, Alltagspraktiken und Argumentationen nicht erschließen.«[390]

Diese Bedeutung von Religion, und in Europa eben vor allem des Christentums, für das Verstehen der menschlichen Kultur im weitesten Sinne neu zu erschließen, ist eine drängende Aufgabe für das gesamte Bildungswesen, allem voran der Schulen, und hier nicht allein des Religionsunterrichts, sondern aller kultur- und geisteswissenschaftlichen Fächer, von Geschichte über Kunst, Musik, Deutsch, Philosophie bis politische Bildung.

Religiöse Vielfalt in einem christlichen Europa

Das Christentum ist zwar ohne Zweifel historisch wie gegenwärtig die in Europa größte und bedeutendste Religion. Gleichwohl hat sich über die Pluralität der christlichen Konfessionen hinaus in den letzten Jahrzehnten eine größere religiöse Vielfalt entwickelt, vor allem in Folge von Globalisierung und Migration. Zuvor gab es schon spätestens seit dem 4. Jahrhundert jüdische Gemeinden in Europa und Muslime im Süden Spaniens, bis zur sich über mehrere Jahrhunderte erstreckenden und 1492 abgeschlossenen Reconquista, sowie in einigen Gebieten Osteuropas.

Für ein friedliches Zusammenleben, nicht nur in Europa, ist das Recht auf *Religionsfreiheit* essenziell. Dieses Recht, verstanden als Recht jedes Einzelnen, hat sich in Europa nach und nach als eine Konsequenz aus den Erfahrungen des Dreißigjährigen Krieges etabliert und von Europa ausgehend seinen Eingang in die Allgemeine Erklärung der Menschenrechte gefunden. In Europa selbst ist sie, über nationale Verfassungen hinaus, durch die Europäische Menschenrechtskonvention des Europarats sowie in der Europäischen Union zusätzlich durch die Grundrechtecharta der EU abgesichert. In dieser Charta heißt es in Artikel 10 (1): »Jede Person hat das Recht auf Gedanken-, Gewissens- und Religionsfreiheit. Dieses Recht umfasst die Freiheit, seine Religion oder Weltanschauung zu wechseln, und die Freiheit, seine Religion oder Weltanschauung einzeln oder gemeinsam mit anderen öffentlich oder privat durch Gottesdienst, Unterricht, Bräuche und Riten zu bekennen.«

In den christlichen Kirchen ist die Religionsfreiheit durchweg anerkannt. Die katholische Kirche hat diesen Schritt in letzter Konsequenz zwar erst mit dem Zweiten Vatikanischen Konzil (1962–1965) vollzogen, aber dann mit der Erklärung »Nostra Aetate – über das Verhältnis der Kirche zu den nichtchristlichen Religionen« vom 28. Oktober 1965, unter ausdrücklichem Bezug auf Hinduismus, Buddhismus, Islam und Judentum, überzeugend dargelegt, wie das Festhalten an der eigenen Glaubenswahrheit vereinbar ist mit dem Respekt vor Suche nach Wahrheit in anderen Religionen und dem Streben nach »universaler Brüderlichkeit«.[391]

Mit der Religionsfreiheit ist die entscheidende Bedingung für einen konstruktiven Umgang mit religiöser Vielfalt in Europa gesetzt, an der sich auch durch eine christliche Renaissance nichts ändern würde. Über die Religionsfreiheit hinaus ist aber bereits innerhalb der EU das Verhältnis zwischen den Staaten und den Religionsgemeinschaften sehr unterschiedlich geregelt, entsprechend den deutlich verschiedenen Traditionen in Europa im Umgang mit dieser Frage. Hierbei lassen sich drei Grundtypen unterscheiden:[392] das Modell der Staatskirche, das früher in protestantischen Landeskirchen gängig war und heute noch in Dänemark und England besteht; das laizistische Modell strikter Trennung von Staat und Kirche, das vor allem für Frankreich charakteristisch ist und auch in Belgien und den Niederlanden praktiziert wird; schließlich das Modell der Kooperation von Staat und Kirchen bei wechselseitiger Anerkennung der jeweiligen Autonomie, das in den meisten europäischen Staaten in der einen oder anderen Form verwirklicht ist. In den mehrheitlich von den orthodoxen Kirchen geprägten Gesellschaften ist das Ideal der ›Symphonia‹, der engen und harmonischen Beziehung zwischen Staat und Kirche, prägend, die auch staatskirchliche Formen annehmen kann, so innerhalb der EU in Griechenland. Alle diese Formen sind in ihren heutigen Ausprägungen mit der Religionsfreiheit für Angehörige jeweils anderer Religionen oder Konfessionen vereinbar.

Mit Blick auf eine christliche Renaissance in Europa dürfte sich das Modell der Kooperation zwischen Staat und Kirchen als das sinnvollste und tragfähigste erweisen. Es führt in moderner Form die schon seit dem frühen Christentum bestehende Unterscheidung zweier ›Gewalten‹ (oder Reiche, Regime) fort und impliziert eine doppelte Anerkennung: die des Eigenrechts einer säkularen Sphäre in der Politik, also die Ablehnung einer theokratischen Ordnung, auf der einen Seite, und die der Freiheit der Kirchen vor staatlicher Bevormundung und Instrumentalisierung auf der anderen Seite.

Problematisch ist allerdings die durchaus verbreitete Vorstellung, angesichts der religiösen Vielfalt im heutigen Europa folge aus der Unterscheidung von Staat und Kirche eine ›Neutralität‹ gegenüber und Äquidistanz des Staates zu den Religionen (vgl. Kapitel 3). Gewiss dürfen nach dem allgemein anerkannten und unter anderem in der Europäischen Erklärung der Menschenrechte kodifizierten Verbot der Diskriminierung bei der Wahrnehmung von Menschenrechten Menschen (unter anderem) nicht aus Gründen ihrer Religion oder Weltanschauung benachteiligt werden. Allerdings »darf dieses Diskriminierungsverbot nicht in ein Gleichbehandlungsgebot umgedeutet werden.« [393] Eine solche Umdeutung führt nicht nur in normativer Hinsicht in Aporien, weil sie sich letztlich bei der Begründung von Grund- und Menschenrechten entscheidender ideengeschichtlicher Ressourcen beraubt. Sie führt darüber hinaus, wenn man sie konsequent zu Ende denkt, zu absurden praktischen Konsequenzen. Ein Beispiel schildert Ingolf U. Dalferth aus seiner Erfahrung als Hochschullehrer an der Claremont Graduate University in Kalifornien. Das dortige Klima ist von einem identitätspolitischen Verständnis von Diskriminierungskritik (vgl. Kapitel 1) geprägt, was unter anderem zu der Vorstellung führte, alle Religionen müssten im Hochschulalltag in gleicher Weise gewürdigt werden. Die Folge:

> »Der *Interfaith Calendar* der CGU führt über vierzig Religionen auf, deren Fest- und Feiertage bei Lehrveranstaltungen und Prüfungen berücksichtigt werden sollten. Kaum ein Tag im Semester ist davon nicht betroffen. Die gleichgewichtige Berücksichtigung aller Religionen wird zur Farce. Die Berufung auf Gerechtigkeitsgründe kaschiert nur, dass man nicht weiß, was man tun soll. Man hofft, dass sich das Problem konkret nicht stellt.«[394]

Gewiss kann es bei Ungleichbehandlung verschiedener Religionen unter Umständen einer gesetzlichen Grundlage bedürfen, um willkürliche Benachteiligungen auszuschließen. Ebenso darf es nicht ausgeschlossen sein, dass Staaten in der Art der Staatskirchenverträge und Konkordate auch mit legitimen Vertretungen anderer Religionsgemeinschaften Verträge schließen, wenn dies zur Regelung bestimmter Fragen als sinnvoll erscheint. Ein in normativer Hinsicht christlich geprägtes Selbstverständnis des Staates schließt kooperative Beziehungen mit nichtchristlichen Religionen nicht aus, so etwa in der Wohlfahrtspflege. In Deutschland steht beispielweise die Anerkennung als Körperschaft des öffentlichen Rechts nicht nur den christlichen Kirchen, sondern unter bestimmten formellen Bedingungen ebenso anderen Religionsgemeinschaften offen. Andererseits kann es zur Regelung religionsbezogener Probleme mit Blick auf nichtchristliche Religionen auch erforderlich sein, dass der Staat per Gesetz eigenständig Regeln festlegt, wie beispielsweise im österreichischen Islamgesetz.

Dennoch ist die gegenüber allen anderen Religionen herausgehobene historische wie gegenwärtige Bedeutung des Christentums für europäische Identität offenkundig. Dass dies auch in staatlichem Handeln und in staatlichen Institutionen zu einer erkennbaren Nähe zur christlichen Tradition führen kann, sollte selbstverständlich und nicht Gegenstand von ideologisch aufgeladenen Debatten um vorgebliche Diskriminierung von Minderheiten sein, sei es nun um Martinsumzüge, Weihnachtsfeiern, Schulgottesdienste oder Kruzifixe in manchen staatlichen Einrichtungen.

Besondere Situationen bestehen in der vielfältigen Religionslandschaft Europas bei zwei Religionen, und dies aus ganz unterschiedlichen Gründen: dem Judentum und dem Islam. *Juden* lebten mit ihren Gemeinden in Europa als Minderheit spätestens ab der Niederschlagung des zweiten jüdischen Aufstands gegen die römische Herrschaft 135 n. Chr., mit der alle

Juden aus Jerusalem vertrieben wurden.[395] Die erste urkundliche Erwähnung einer jüdischen Gemeinde nördlich des Mittelmeerraums datiert auf das Jahr 321 n. Chr. in Köln. Es folgte eine wechselvolle Geschichte zwischen Förderung der Ansiedlung von Juden durch Kaiser, Könige und Bischöfe und pogromartigen Verfolgungen, teils aus religiösem Fanatismus (z. B. während des ersten Kreuzzugs), teils wegen einer den Juden zugewiesenen Sündenbockfunktion (z. B. während der Pestwellen), teils aus wirtschaftlichem Neid (z. B. wegen des Monopols auf Geldhandel in Folge des früheren Verbots für Christen, Zinsen zu nehmen). Im 19. Jahrhundert gelang zwar die ›Emanzipation‹, die rechtliche Gleichstellung der Juden in der neu entstandenen bürgerlichen Gesellschaft, in der, besonders in Deutschland, jüdische Persönlichkeiten eine herausragende Rolle in Kultur, Wissenschaft und demokratischer Politik spielten. Gleichzeitig entwickelte sich jedoch in Deutschland und über Deutschland hinaus ein neuer säkularer Antisemitismus, nationalistisch unterlegt und mit dem Darwinismus pseudowissenschaftlich begründet, der vom Nationalsozialismus aufgegriffen, radikalisiert und mit der Shoa zu einem katastrophalen Tiefpunkt der europäischen Geschichte geführt wurde.

Als Konsequenz aus der Shoa wird in den Kirchen heute ein scharfer Gegensatz zwischen Judenfeindlichkeit und christlichem Glauben betont. Verurteilt wird nicht nur der moderne säkulare Antisemitismus, sondern auch der frühere christliche Antijudaismus. Papst Johannes Paul II. hat mit seiner Bezeichnung der Juden als »ältere Brüder« auf die inneren Zusammenhänge zwischen beiden Religionen hingewiesen, denen die ältere, für Antijudaismus potenziell anfällige Sichtweise, das Judentum sei lediglich die Vorstufe (›Alter Bund‹) zum Christentum (›Neuer Bund‹), nicht hinreichend gerecht wurde. Beide Religionen teilen die Hebräische Bibel (das christliche Alte Testament), aber das Judentum ist in seiner eigenen Entwicklung nicht in der Zeit Jesu stehengeblieben; die Strukturen des rabbinischen Judentums sind ebenso wie seine grundlegenden Texte Mischna und Talmud überhaupt erst nach der Zerstörung des Tempels in Jerusalem und damit zeitlich parallel zum Christentum entstanden.

Zentrale Elemente christlichen Denkens, die für die Frage nach der europäischen Identität bedeutsam sind, lassen sich auch aus jüdischer Perspektive begründen, vom Monotheismus über das Gebot der Nächstenliebe (Lev 19,18) bis zur Unterscheidung säkularer und religiöser Sphären und Gewalten.[396] Aus einer dezidiert jüdischen Sicht ist überdies dafür argumentiert worden, die Einigung Europas als Weg zu einem ›Bund‹ im biblischen Sinne zu verstehen und zur eigenen Sache zu machen.[397] Das Judentum gehört zur Geschichte, Gegenwart und Zukunft Europas.

Als schwieriger stellt sich in dieser Hinsicht die Lage mit Blick auf den *Islam* dar. Auch hier gibt es eine lange gemeinsame Geschichte mit Europa. Aber abgesehen von den bereits erwähnten muslimischen Siedlungsenklaven im Osten und von Handels- und Kulturaustausch, den es immer wieder gab, hat der Islam bis zum 20. Jahrhundert zur Entwicklung des kulturellen Konzepts Europa vor allem durch wechselseitiges ›Othering‹ beigetragen, also dadurch, dass er das Andere, das Gegenüber zu Europa war. Schon im 7. Jahrhundert hatte die von der arabischen Halbinsel ausgehende islamische Eroberung Nordafrikas und des Nahen Ostens den vom Römischen Reich geprägten Kulturraum rund um das Mittelmeer zwischen Nord und Süd zerschnitten. Die Gründung von al-Andalus als muslimisches Herrschaftsgebiet in Spanien und Portugal war kein Ergebnis friedlicher Einwanderung, sondern eines 711 begonnenen Eroberungskrieges. Der Sieg eines fränkischen Heeres unter Karl Martell in der Schlacht bei Tours 732 war neben ständigen Abwehrkämpfen von Byzanz gegen muslimische Eroberungsversuche eine Voraussetzung für die Möglichkeit, mit dem Reich Karls des Großen den Begriff Europa in Abgrenzung gegen den islamisch geprägten Machtbereich zu verstehen. Dies wiederholte sich bei den Versuchen des Osmanischen Reiches 1529 und 1683, Wien zu erobern: »Das Vordringen einer islamischen Großmacht ließ ein neuartiges Bewusstsein von christlicher und europäischer Gemeinsamkeit entstehen.«[398]

Neben solchen historischen Reminiszenzen sind es bestimmte Aspekte der heutigen Wirklichkeit des Islam in Europa und über Europa hinaus, die es erschweren und teilweise unmöglich machen, den Islam ohne jede Einschränkung als Teil religiöser Vielfalt im künftigen Europa zu betrachten. Dies betrifft in erster Linie den Islamismus als extremistische politische Ideologie inklusive des Dschihadismus als dessen terroristische Zuspitzung und daran anschließend die Frage, welche Vorstellungen es in bis heute wirksamen islamischen Traditionen gibt, die sich in einem Graubereich zwischen Islamismus und religiösem Konservatismus bewegen. Bei alledem versteht es sich von selbst, dass es um *Aspekte* der Wirklichkeit des Islam geht, nicht um den Islam als Ganzes – über den angesichts der innerislamischen Vielfalt ohnehin nur sehr allgemeine Aussagen gemacht werden können – und schon gar nicht um die in Europa lebenden Muslime als Gesamtheit, denn diese bilden keine homogene Gemeinschaft.[399]

»Als islamistisch sind Ideologien und Akteurinnen und Akteure zu bezeichnen, die eine Rückbesinnung auf den (vermeintlich) ›wahren Islam‹ einfordern und *politisch* auf eine Ausrichtung von Gesellschaft und Staat nach allgemeinverbindlich durchzusetzenden ›islamischen Werten und Regeln‹ hinarbeiten, um reale oder vermeintliche Problemlagen der Gegenwart zu überwinden.«[400] Im Wesentlichen ist der Islamismus eine Reaktion auf die Krisen in der islamischen Welt infolge der Kolonialisierung, auf die seine Akteure mit dem Slogan »Der Islam ist die Lösung« reagierten. Ein wichtiger Schritt seiner politischen Organisation war 1928 die Gründung der Muslimbruderschaft in Ägypten. Die propagierte Rückbesinnung auf einen vorgeblich wahren Islam in der Frühzeit muslimischer Herrschaft impliziert die Gegnerschaft zu Pluralismus und westlicher Demokratie. Armin Pfahl-Traughber nennt sechs Merkmale der politischen Programmatik des Islamismus: Absolutsetzung des Islam als Lebens- und Staatsordnung, Gottes- statt Volkssouveränität, ganzheitliche Durchdringung und Steuerung der Gesellschaft, homogene und identitäre Sozialordnung im Namen des Islam, Frontstellung gegen den demokratischen Verfassungsstaat, Fanatismus und Gewaltbereitschaft als Potenziale.[401] Der Islamismus ist heute in der islamischen Welt verbreitet, aber auch in Europa aktiv.[402] Das Spektrum der Handlungsformen reicht von legalistischem Vorgehen bei unverändert freiheitsfeindlichen Zielen bis zu terroristischen Anschlägen.

Es ist offensichtlich, dass der Islamismus nicht als Teil legitimer religiöser Vielfalt in Europa akzeptiert werden kann. Das Recht auf Religionsfreiheit darf nicht dafür in Anspruch genommen werden, die Freiheitsrechte aller mittels einer religiös begründeten Diktatur abschaffen zu wollen. Schwieriger gestaltet sich die Frage beim zweiten Aspekt, der Grauzone zwischen traditionellen islamischen Glaubenshaltungen und Islamismus. Diese Grauzone prägt das politische und gesellschaftliche Leben in vielen islamischen Ländern, ist ein massives Hindernis für deren Modernisierung[403] und erschwert in Europa die Integration muslimischer Einwanderer.[404] Ein Beispiel ist die 1990 von 45 Außenministern islamischer Staaten verabschiedete »Kairoer Erklärung der Menschenrechte im Islam«. Sie bezieht sich aus einer traditionalistischen islamischen Glaubenshaltung heraus auf die Menschenrechtsthematik. Der Form nach orientiert sich die Kairoer Erklärung an der Allgemeinen Erklärung der Menschenrechte der Vereinten Nationen. Inhaltlich nennt sie zwar zahlreiche Rechte, wählt aber nur solche aus, die im Einklang mit der islamischen Scharia stehen und stellt auch die Art der Ausübung dieser Rechte unter diesen Vorbehalt. Die Scharia wird als »die einzig zuständige Quelle für die Auslegung oder Erklärung jedes einzelnen Artikels dieser Erklärung« bezeichnet; dass die Scharia keine einheitlich kodifizierte Gesetzessammlung ist, sondern unterschiedlich ausgelegt wird, findet keine Erwähnung. Nicht einmal die Religionsfreiheit unter Einschluss des Rechts, die eigene Religion zu verlassen (Apostasie), wird eindeutig zugestanden. Die Gemeinschaft der Muslime, die Umma, wird als die beste von Gott geschaffene Nation bezeichnet, die eine Führungsrolle »bei der Lösung der ständigen Probleme dieser materialistischen Zivilisation übernehmen sollte.«[405] Es ist sofort erkennbar, dass diese Erklärung nicht nur im Widerspruch zur Allgemeinen Erklärung der Menschenrechte, sondern auch zur Grundrechtecharta der EU steht. Sie ist ein Ausdruck eines ›Othering‹ gegenüber dem Westen aus Sicht weiter Teile der islamischen Welt.

Auf der anderen Seite implizieren die Religionsfreiheit wie auch andere Grund- und Menschenrechte in Europa das Recht jedes Menschen, sich in seiner persönlichen Lebensführung an konservativen religiösen Vorstellungen zu orientieren. Insofern kann von Muslimen keineswegs verlangt werden, sich für ihre Integration in Europa an den gerade gängigen Lebensstilen der urbanen Mittelschichten zu orientieren. Wenn beispielsweise viele Muslime einem eher traditionellen Familienbild anhängen, das sich von der oben angesprochenen ›Gesellschaft der Singularitäten‹ (Reckwitz) unterscheidet, ist dies völlig legitim.

Letztlich wird die Zukunft des Islam in Europa in erheblichem Maße davon abhängen, ob sich in den muslimischen Gemeinden innerhalb Europas die Stimmen jener Muslime, insbesondere aus der noch sehr jungen islamischen Theologie an europäischen Universitäten, ausreichend Gehör verschaffen werden, die an einer intellektuellen Überwindung der traditionalistischen Erstarrung islamischen Denkens arbeiten.[406] Diese Erstarrung beendete eine Blütezeit der islamischen Kultur und Wissenschaft während der Zeit des europäischen Mittelalters (vgl. Kapitel 3). An diese ›klassische‹ Periode des Islam könnten islamische Reformen wohl auch heute wieder anknüpfen. Nach deren Ende gab es im sunnitischen Islam nur noch vier Rechtsschulen. Die Gelehrten, »die den sunnitischen Rechtsschulen angehören, sehen sich als alleinige Autoritäten in Fragen des islamischen Verhaltens und der Interpretation des rechten islamischen Glaubens. Mit der Institutionalisierung dieser Rechtsschulen trat an die Stelle der anfänglichen Ideenvielfalt und Meinungsfreiheit ein rigider Formalismus, verbunden mit einem strikten Festhalten an Präzedenzfällen und der nahezu vollständigen Unterdrückung selbständigen, unabhängigen Denkens.«[407] Dies führte zu einer Stagnation in der islamischen Welt, die bis heute nachwirkt. Es bleibt abzuwarten, ob eine europäische islamische Theologie die Blockaden wird lösen können, die derzeit noch einer reibungsärmeren Einbeziehung des Islam in die religiöse Vielfalt Europas im Wege stehen – und ob sich in der islamischen Welt neue Formen einer islamisch geprägten, für weltgesellschaftliche Integrationen offenen Moderne entwickeln werden, die die traditionalistische Erstarrung und den Islamismus gleichermaßen überwinden kann.

Ecclesia semper reformanda: die Kirchen und die Erneuerung Europas

Wenn eine Erneuerung Europas aus dem Geist des Christentums gelingen soll, werden die Christen dabei eine sehr aktive Rolle spielen müssen. Diese Rolle lässt sich vielleicht am besten als »Inspiration in einer pluralen Gesellschaft« bezeichnen.[408] Die Christen sollten aus dem *Geist des Evangeliums* an der künftigen Gestaltung Europas mitwirken.

Aber ihre großen Kirchen, zumindest in den westlich geprägten Teilen Europas, stecken in einer Krise, die über den Traditionsbruch im säkularen Umfeld (vgl. Kapitel 3) noch hinausgeht. Ihr Menetekel sind das ehemals katholisch geprägte Tschechien und die ehemaligen Kernlande des Protestantismus in Ostdeutschland, in denen heute jeweils über 70 Prozent der Bevölkerung keiner Religionsgemeinschaft angehören und die damit die ›atheistischsten‹ Regionen weltweit sein dürften.

In den europäischen Kirchen wird über die Ursachen der Krise und Wege aus ihr heftig debattiert. Dabei gehen die Intentionen oft in gegensätzliche Richtungen: Während in der katholischen Kirche, noch befördert durch den Kindesmissbrauchsskandal, Klerikalismus, Zölibat, Ausschluss von Frauen vom Priesteramt und Verweigerung der Segnung gleichgeschlechtlicher Lebenspartnerschaften unter Beschuss stehen, werden in den liberalen protestantischen Volkskirchen, in denen entsprechende Forderungen meist erfüllt sind und die dennoch unter Mitgliederschwund leiden, Profillosigkeit, Überpolitisierung und zu starke Orientierung am jeweils aktuellen bürgerlichen Zeitgeist kritisiert.

Die Erneuerung der europäischen Kirchen ist eine Jahrhundertaufgabe, für die es kein Patentrezept gibt. Es soll auch hier gar nicht erst versucht werden, eines zu entwickeln; aus der Sicht des christlichen Glaubens wäre ein solches schon deshalb fragwürdig, weil die Kirche nicht irgendein planbares Projekt oder ein Verein wie jeder andere ist, sondern sich als ›Volk Gottes‹ selbst auf Gottes Hilfe und Inspiration angewiesen sieht. Andererseits ist in den Kirchen die Debatte über notwendige Erneuerungen bereits in Gang gekommen.[409] Im Folgenden sollen nur einige wenige Aspekte angesprochen werden, die für eine christliche Inspiration europäischer Identität als besonders bedeutsam erscheinen.

Der erste Aspekt betrifft den *innerchristlichen Pluralismus* und das Problem der *Ökumene*. Von Europa gingen einst die

Spaltungen der Christenheit in die großen Konfessionen aus (vgl. Kapitel 2). Kann von Europa auch die Überwindung dieser Spaltungen ausgehen und kann eine solche Überwindung der innerchristlichen Teilungen auch die Einigung Europas befördern? Der Soziologe Hans Joas hat die These vertreten, wir seien »gegenwärtig Zeugen der Herausbildung eines überkonfessionell christlichen Milieus in Deutschland [...]. Eine Profilierung der christlichen Kirchen gegeneinander verliert damit immer mehr ihre Abstützung in entsprechenden separierten Milieus; sie kann deshalb vermutlich immer weniger mit der Billigung der Gläubigen rechnen.«[410] Selbst wenn dies nur für Deutschland zuträfe, hätte es Signalwirkung über Deutschland hinaus, denn von hier ging, neben der Schweiz, die Reformation aus. Aber die sozialen Veränderungen, auf die Joas' Beobachtung sich stützen kann, sind langfristiger Art und nicht auf Deutschland begrenzt. Der Westfälische Frieden, mit dem 1648 der Dreißigjährige Krieg endete, hatte konfessionell weitgehend homogene evangelische und römisch-katholische Territorien geschaffen, aber im 20. Jahrhundert brach diese Geschlossenheit endgültig auf: Die Flüchtlingsbewegungen am Ende des Zweiten Weltkriegs, Arbeitsmigration, freier Binnenmarkt in der EU – zunächst im Westen, mit der Osterweiterung auch zwischen westlichen und den neuen östlichen Mitgliedsstaaten –, Aufnahme von Russlanddeutschen und Zuwanderung aus ehemaligen Kolonien sowie aus verschiedenen späteren Flüchtlingsbewegungen haben, wenn auch in unterschiedlicher Intensität und Geschwindigkeit, in der ganzen EU die frühere Einheit von Territorium und Religion aufgelöst. Ein noch wenig beachteter Aspekt der damit verbundenen innerchristlichen Vielfalt ist die zunehmende Präsenz orthodoxer Christen auch im Westen Europas; in Deutschland wird deren Zahl auf bis zu zwei Millionen geschätzt.[411]

Die christlich-kirchliche Landschaft in Europa ist somit vorwiegend von den großen Kirchen, der römisch-katholischen und den protestantischen Volkskirchen, sowie den kleineren Gruppen der orthodoxen und der evangelikalen Kirchen[412] geprägt, deren Mitglieder in verschiedenen Mischungsverhältnissen in den gleichen Städten und Regionen leben. Hans Joas dürfte recht damit haben, dass vor diesem Hintergrund eine Profilierung der Kirchen gegeneinander mehr und mehr an Plausibilität verliert. Die dogmatischen Unterschiede zwischen den Konfessionen, also etwa im Verständnis von Abendmahl/Eucharistie, Taufe, kirchlichem Amt oder Stellung des Heiligen Geistes innerhalb der Trinität (›Filioque‹-Problem zwischen orthodoxen und westlichen Kirchen), sind zwar in theologischer Hinsicht keineswegs irrelevant. Aber sie bewegen außerhalb von akademischer Theologie und kirchlichen Amtsträgern kaum noch jemanden, nicht einmal unter Christen und erst recht nicht außerhalb der Kirchen. Und wen soll es überzeugen, wenn Protestanten an der katholischen Eucharistie nicht teilnehmen dürfen, obgleich doch die Unterschiede zwischen Lutheranern und Reformierten im Abendmahlsverständnis ähnlich groß sind, was der wechselseitigen Teilnahme aber nicht im Wege steht?

Gewiss müssten für eine formelle Wiedervereinigung der Kirchen zu diesen Fragen überzeugende Lösungen gefunden werden. Aber eine solche formelle Wiedervereinigung dürfte auch in diesem Jahrhundert nicht auf der Tagesordnung stehen. Auf der anderen Seite werden es sich die Kirchen in Europa bei möglicherweise weiter sinkenden Mitgliederzahlen und in einem an theologischen Differenzierungen wenig interessierten Umfeld schlicht nicht mehr leisten können, mehr auf ihre Unterschiede statt in allererster Linie auf ihre Gemeinsamkeiten zu schauen.

Das faktische Zusammenwachsen christlicher Milieus bietet für die Kirchen eine große Chance: Ökumene nicht als Suche nach Konsensformeln, sondern als wechselseitige Lerngemeinschaft zu verstehen. Ein Motto für diese Lerngemeinschaft würde sich in einem bereits zitierten Satz aus dem ersten

Brief des Paulus an die Gemeinde in Thessaloniki finden. Nachdem Paulus zur Akzeptanz verschiedener Frömmigkeitsstile ermahnt hat, rät er: »Prüft aber alles und das Gute behaltet.« (1 Thess 5,21) Tatsächlich haben die verschiedenen konfessionellen Strömungen des Christentums, in einer idealtypischen und zugegeben stark vergröbernden Unterscheidung, charakteristische Stärken entwickelt (aber auch Versuchungen, denen sie immer wieder zu unterliegen drohen). Die römisch-katholische Kirche ist eine wirklich globale Kirche, die historische Tiefe mit lebendiger Präsenz in ganz unterschiedlichen kulturellen Kontexten verbindet (und deren Versuchung der Klerikalismus und das Streben nach kirchlicher Machtentfaltung ist). Die protestantischen Volkskirchen haben eine lebendige Debattenkultur, intellektuelle Vielfalt und demokratische Entscheidungsverfahren entwickelt (und stehen in der Gefahr, in Beliebigkeit zu verfallen und als bürgerliche Moralanstalt zu gelten). Die orthodoxen Kirchen bewahren die mystische Tradition des christlichen Glaubens, leben dessen Schönheit in Ikonen, Gesang und Liturgie und sehen sich in direkter Tradition zur Alten Kirche der frühen Christen (aber neigen zu Distanz zur Moderne und zu überstarker Nähe zum jeweiligen Nationalstaat). Die evangelikalen Kirchen schließlich pflegen ein intensives Gemeindeleben und haben keine Scheu, moderne Medien und Kommunikationsformen auch nach außen für die Verkündigung des Evangeliums zu nutzen (stehen jedoch in der Versuchung der fundamentalistischen Vereinfachung des Glaubens sowie der Wissenschaftsfeindlichkeit).

Man kann die innere Vielfalt des Christentums als eine »Konsequenz der Unmöglichkeit« sehen, »den Anspruch Christi in der Welt vollkommen zu realisieren. In welcher Erscheinungsform auch immer, das Christentum bleibt notwendigerweise hinter dem zurück, was den transzendenten Überschuss der Person ihres Stifters ausmacht. […] Daher gab es im Christentum zu keiner Zeit eine Einheit seiner Anhänger, und es kann sie auch nicht geben.«[413] Aber es kann einen anderen Umgang mit dieser Vielfalt geben, als den der gegenseitigen Abgrenzung oder gar Verdammung, der in der europäischen Geschichte immer wieder vorgekommen ist. Darin könnte eine Möglichkeit liegen, die heute die Moderne, ein Jahrtausend nach dem morgenländischen Schisma und ein halbes Jahrtausend nach der Reformation, dem Christentum auf neue Weise bietet.

Ein zweiter Aspekt betrifft die *inhaltlichen Beiträge*, die die christlichen Kirchen zur Erneuerung Europas leisten können. Sie ergeben sich unmittelbar aus den vier Erneuerungen, die oben angesprochen wurden: Erneuerung des Gottesbezugs, Erneuerung des Weltbezugs, Erneuerung des Freiheitsverständnisses und Erneuerung der Bildung. Zu diesen Erneuerungen hat das Christentum Substanzielles beizutragen und es ist in erster Linie die Aufgabe der Kirchen, den innerchristlichen Diskurs über diese Beiträge anzustoßen, ihn zu führen und seine Ergebnisse und Perspektiven in die Gesellschaft, Kultur, Wissenschaft und Politik hineinzutragen. Hierbei sind nicht vorrangig gelehrte Gutachten und päpstliche Enzykliken gefragt, so gehaltvoll diese auch sein mögen. Es geht bei diesen Erneuerungen um eine wirkliche Fokussierung kirchlicher Praxis in vielen Feldern, von der akademischen Theologie über die kirchliche Bildungsarbeit bis zur internen Gemeindearbeit, auf Problembereiche, die sowohl den Kern des christlichen Glaubens berühren als auch die Zukunft des gesellschaftlichen Zusammenlebens und des politischen Gemeinwesens in Europa betreffen.

Eine solche Fokussierung hätte auch Konsequenzen für die Art der Beteiligung der Kirchen an der politischen Öffentlichkeit. Es geht bei den vier Erneuerungen durchaus um politische Fragen, aber weniger um solche tagespolitischer Art und auch nicht um solche, bei denen die Kirchen sich auf der gängigen Links-Mitte-Rechts-Skala politischer Orientierungen einzusortieren hätten. Die Kirchen sollten zu tagespolitischen Fragen in der Regel schweigen – und sich nicht in Debatten um ein Tempolimit auf Autobahnen oder um ›gendergerechte‹ Schreibweisen hineinziehen lassen, um deutsche Beispiele aus der jüngsten Zeit zu nennen. Sie sollten sich aber dafür umso deutlicher äußern, wenn sie *aus dem christlichen Glauben heraus* etwas *Fundamentales* zu Gegenwart und Zukunft moderner Gesellschaften in Europa zu sagen haben, ohne sich dabei in die Rolle einer Moralagentur drängen zu lassen.

Dies führt zu einem dritten Aspekt: der Frage, welche *Akteure* eine christliche Renaissance in Europa anstoßen und tragen könnten, wer also ›die Christen‹ sind, denen zu Beginn dieses Abschnitts eine sehr aktive Rolle bei der Erneuerung Europas zugedacht wurde. Gewiss sind zunächst diejenigen gefragt, die in den Kirchen oder ihren Umfeldorganisationen mit solchen Fragen des christlichen wie des europäischen Selbstverständnisses befasst sind, allen voran alle, die in der kirchlichen Bildungsarbeit tätig sind, in der Kinder- und Jugendarbeit, der Familienbildung, an Schulen oder in der außerschulischen Bildung. Wenn dem Traditionsbruch entgegengewirkt und eine christliche Renaissance in Europa in den Bereich des konkret Möglichen gerückt werden soll, bedarf es einer in quantitativer Hinsicht massiven und in qualitativer Hinsicht auf Kernfragen des Glaubens konzentrierten Bildungsoffensive der Kirchen. Das erfordert in vielen Fällen im kirchlichen Alltag andere Prioritäten: »Wenn in einer Gesamtkirchengemeinde in keiner Einzelgemeinde mehr eine Jugendarbeit läuft, die auch nur in homöopathischer Dosierung Glaubenskommunikation enthält, aber alle Gemeinden mit dem ›Grünen Hahn‹ (›Der Grüne Hahn. Management für eine Kirche mit Zukunft‹) zertifiziert sein wollen, dann ist das einfach kein Weg mit Zukunft.«[414]

Die wichtigsten potenziellen Akteure für eine christliche Renaissance in Europa aber sind die sogenannten Laien.[415] Damit sind die vielen Millionen Christen gemeint, die getauft und Mitglieder ihrer Kirche geblieben sind, aber in mehr oder weniger großer Distanz zu ihr leben und die vielleicht nur an Weihnachten in einen Gottesdienst gehen oder den letzten bei ihrer Hochzeit erlebt haben. Sie müssen angesprochen, in – auch kontroverse, Kritik und Vorbehalte aufnehmende – Gesprächszusammenhänge eingebunden werden und mit ihren Lebenserfahrungen und beruflichen Fähigkeiten Möglichkeiten der Mitwirkung in ihrer Kirche erhalten. Mit ihnen gilt es sich darüber zu verständigen, was es unter heutigen Bedingungen heißt, an Gott zu glauben und welches die Abgötter unserer Zeit sind; was es bedeuten kann, in einer unverfügbaren Welt verantwortlich zu handeln; wie der christliche Glaube frei machen kann und wovon; für welche Bildung für unsere Kinder wir streiten sollten. Denn diese vielen Millionen Christen sind es, die in ihren Familien, in der Erziehung ihrer Kinder, in ihrem Beruf und in ihrer Freizeit und am Ende hoffentlich auch in den Kirchen das ›Licht der Welt‹ und das ›Salz der Erde‹ sein sollen.

Das christliche Europa in der Weltgesellschaft

»Am Anfang war ein Glaube: der Glaube an *einen* Gott.«[416] Mit diesem Satz beginnt Heinrich August Winkler seine Geschichte des Westens. Mit Blick auf die heutige Situation schreibt Stefan Weidner in seinem Plädoyer für einen neuen Kosmopolitismus über die zentrale Schwäche des Westens, ein berühmtes Zitat von Bill Clinton abwandelnd: *»It's the religion, stupid!«* In der »Austreibung Gottes, der Religion oder spiritueller Orientierungen der tiefgründigeren Art« liege der wunde Punkt des Westens – und damit, so muss man hinzufügen, auch der Europäischen Union.[417] Weidner deutet das im säkularen Westen verbreitete Überlegenheitsgefühl gegenüber anderen Kulturen als eine Kompensation der »Unfähigkeit, den Menschen zu einem

Höheren hin zu überschreiten […] und ihm mehr als bloß äußerliche Ziele vorzugeben […]: Das Höhere, das erstrebt werden soll […], ist man selbst, der Mensch des Westens.«[418]

Im Gegensatz zu dieser Attitüde ist eine christliche Renaissance in Europa von selbstreflexiver Zurückhaltung geprägt. Sie ist keine machtpolitische Strategie und zielt gerade nicht auf die Rückgewinnung einer europäischen Vormacht in der Welt. Es geht ihr darum, dass Europa seine eigene Position in einer Weltgesellschaft findet, in der die großen Religionen maßgebliche kulturprägende Kräfte sind (vgl. Kapitel 1). Tatsächlich korrespondiert dies, bezogen auf die EU, auch der verbreiteten Außensicht: »Aus der Vogelperspektive – etwa aus lateinamerikanischer, chinesischer oder arabischer Sicht – wird das Europa der EU als eine Einheit, als Christenbund, wahrgenommen.«[419] In einer christlichen Renaissance geht es darum, diese Einheit mit neuem Leben zu erfüllen.

Mit Blick auf die Rolle Europas in der Weltgesellschaft und der globalen Politik sind die normativen Grundorientierungen einer christlichen Inspiration eindeutig: Frieden und Verständigung, Menschenwürde und Freiheit, Bekämpfung der Armut und pfleglicher Umgang mit der von Gott geschaffenen Natur. Über diese Grundorientierungen besteht in den europäischen Kirchen Konsens. Es muss freilich betont werden, dass Politik als Teil der *civitas terrena* (Augustinus, vgl. Kapitel 2) ihre Eigenlogiken hat und dass deshalb vor moralisierenden Kurzschlüssen zu warnen ist. Hier gilt das Sprichwort »gut gemeint ist nicht immer gut gemacht«, oder, in akademischer Sprache, die Unterscheidung Max Webers zwischen Gesinnungs- und Verantwortungsethik. Um Beispiele zu nennen: Die Drohung mit und der Einsatz von Waffengewalt können unter Umständen durchaus für die Erhaltung oder Wiederherstellung des Friedens notwendig sein; welche Strategien und Instrumente am besten zur Bekämpfung von Armut im globalen Maßstab am besten geeignet sind, ist kontrovers; ob zur Eindämmung des Klimawandels die Atomkraft (wieder) stärker genutzt werden muss, ist nicht die einzige strittige Frage bei diesem Politikfeld. Dennoch sind die genannten normativen Orientierungen alles andere als bedeutungslos für praktische Politik, denn sie definieren Maßstäbe und bestimmen auch klare Grenzen: Aus christlicher Sicht sind beispielsweise Angriffskriege nur um der Machtsteigerung des Angreifers willen, Streben nach Reichtum durch bewusste Verarmung und Verelendung anderer Menschen oder ein rein hedonistischer Umgang mit natürlichen Ressourcen ohne Rücksicht auf spätere Generationen verwerfliche Handlungen.

Die Kirchen und ihre Hilfswerke sind denn auch seit Jahrzehnten wichtige Impulsgeber und Partner in der internationalen Politik, wenn es um diese Problemfelder geht. Exemplarisch sei eine entsprechende Auskunft auf der Homepage des deutschen Bundesministeriums für wirtschaftliche Zusammenarbeit und Entwicklung zitiert. Sie zeigt, was christliche Inspiration für praktische Politik bedeuten kann:

> »Die Kirchen spielen eine herausragende Rolle in der deutschen Entwicklungspolitik. Gemeinsam mit ihren Partnern in den Entwicklungsländern engagieren sie sich seit mehr als 50 Jahren in der Entwicklungszusammenarbeit der Bundesrepublik. Kirchliche Entwicklungszusammenarbeit erfolgt unterhalb der staatlichen Ebene. Sie ist durch ihre besondere Nähe zu den Ärmsten der Armen gekennzeichnet. Oft sind die Kirchen mit ihren weltweiten Verbindungen und Fachkräften direkt vor Ort die einzige Möglichkeit, auf die Basis bezogene, den Grundbedürfnissen der Menschen dienende Entwicklungsansätze zu fördern. Die kirchlichen Hilfswerke besitzen oft noch Handlungsmöglichkeiten, wenn die staatliche Entwicklungszusammenarbeit nicht mehr agieren kann oder darf – insbesondere bei ungünstigen politischen Rahmenbedingungen. […] Aus Eigenmitteln und Spenden tragen die Kirchen ihre Aktivitäten der Entwicklungszusam-

> menarbeit zum überwiegenden Teil selbst. [...] Die Bundesregierung stützt sich bei der Umsetzung ihrer Konzepte zur zivilen Konfliktbearbeitung und Krisenprävention auch auf die Erfahrungen der kirchlichen Entwicklungsdienste. Für die Kirchen ist dieser Bereich, neben Armutsbekämpfung, Ländlicher Entwicklung und Sicherung der Menschenrechte, seit vielen Jahren Schwerpunkt ihrer entwicklungspolitischen Arbeit.«[420]

Noch in einem weiteren Aspekt für den Beitrag Europas zu einem friedlichen Zusammenleben in der Weltgesellschaft sind die Kirchen die wichtigsten Akteure. Wenn es zutrifft, dass durch die Globalisierung sich die Beziehungen zwischen verschiedenen Regionen in der Welt immer weiter verdichten, und wenn es weiterhin zutrifft, dass die große Mehrheit der Menschen religiös ist, dann ist die Verständigung der Religionen untereinander ein zentraler Faktor für den Frieden. Selbst Samuel Huntington, der vor dem ›Kampf der Kulturen‹ warnte, wies darauf hin, dass eine die Differenzen und Gegensätze der großen, von den Weltreligionen geprägten Kulturräume überbrückende menschliche Kultur nur aus der Erkundung und Ausweitung der Gemeinsamkeiten in den Weltreligionen hervorgehen könne.[421] Interreligiöser Dialog ist in den letzten Jahrzehnten zu einem wichtigen Handlungsfeld der Kirchen geworden. Er kann auf verschiedenen Ebenen stattfinden – von lokalen Initiativen bis zur globalen Ebene –, erfordert Geduld und langfristiges Denken, ist immer wieder mit dem Risiko vorschneller Harmonisierung von Differenzen verbunden und ist dennoch eine zwingende Notwendigkeit. Ein Beispiel für eine von Europa ausgehende Initiative von weltweiter Bedeutung ist die Dialogpolitik des Vatikans mit dem Islam. Sie hat 2019 zu einer gemeinsamen Erklärung von Papst Franziskus und dem sunnitischen Kairoer Großimam Ahmad Mohammad Al-Tayyeb von der Al-Azhar-Universität über die Brüderlichkeit aller Menschen[422] und 2021 zum ersten

Besuch eines Papstes im Irak und einem ersten Treffen mit dem schiitischen Großajatollah Ali al Sistani geführt. Wer solche Initiativen als bloße Symbolpolitik betrachtet, verkennt, wie politisch weit und historisch tief solche Symbole reichen können. Deshalb ist die Würdigung der Papstreise in den Irak als »historische Großtat« durchaus angemessen.[423]

5. Ausblick:

Zur Zukunft der europäischen Einigung

»Die Römischen Verträge schienen ein Jahr vor ihrer Unterzeichnung völlig unrealistisch. Der Mauerfall war noch am Tag davor völlig utopisch.«
(Robert Menasse)[424]

Die christliche Prägung Europas ist sehr viel älter als der moderne Prozess der europäischen Einigung, selbst wenn man dessen früheste Vordenker mit einbezieht.[425] Sie ist auch in geographischer Hinsicht nicht auf das Gebiet der heutigen Europäischen Union begrenzt. Die EU ist eine Etappe der europäischen Geschichte, von der wir nicht wissen können, wie lange sie dauern wird. Aber sie ist der politische Rahmen, in dem wir uns heute bewegen und in dem wir die europäische Wirklichkeit gestalten können und müssen. Überdies ist die europäische Integration seit über 70 Jahren der Garant für den Frieden zwischen den beteiligten Staaten, was angesichts der europäischen Geschichte alles andere als selbstverständlich ist und auf die größte Gefahr aufmerksam macht, die nach aller historischen Erfahrung mit einem unkontrollierten und alternativlosen Zerfall der EU verbunden wäre: massive Verteilungskonflikte, die nur allzu leicht in einen europäischen Erbfolgekrieg münden könnten.

Dennoch steckt die europäische Integrationspolitik in einer Krise, wie in der Einführung zu diesem Buch bereits ausgeführt. Die Gründe sind struktureller Art und lassen sich bis in die Gründungsphase der Europäischen Gemeinschaften zurückverfolgen. Winston Churchill hatte 1946 als Konsequenz aus den Folgen des Krieges in seiner Züricher Rede gefordert: »Wir müssen so etwas wie die Vereinigten Staaten von Europa schaffen.« Die Gründung des Europarates 1949 hätte ein Schritt in diese Richtung sein können, aber seine Befugnisse blieben eng begrenzt und tasteten die Souveränität der Nationalstaaten nicht an. Der westeuropäische Integrationsprozess setzte deshalb, Politik und Wirtschaft zusammendenkend, zunächst auf eine mit den kriegswichtigen Industriebereichen Kohle und Stahl beginnende wirtschaftliche Integration. Dieser Montanunion sollte schon ab 1952 eine Europäische Verteidigungsgemeinschaft (EVG) mit dem Ziel einer Europäischen Politischen Gemeinschaft folgen. Aber dieses weitreichende politische Integrationskonzept scheiterte 1954 an der französischen Nationalversammlung. Deshalb folgte die weitere europäische Integrationspolitik mit den 1957 beschlossenen Römischen Verträgen dem wirtschaftlichen Pfad, verbunden mit der Hoffnung vieler engagierter Europäer, dass einer wirtschaftlichen Integration die politische zwangsläufig folgen werde. In gewisser Weise ist es auch so gekommen: Mit der immer weiteren Integration des Binnenmarktes, bis hin zur Abschaffung der Grenzkontrollen im Schengenraum und der Einführung einer gemeinsamen Währung in der Eurozone, ist es nach und nach zu einem Ausbau der politischen Institutionen in der (seit dem Maastrichter Vertrag von 1992 so bezeichneten) Europäischen Union und zu einer Ausweitung von deren Zuständigkeiten gekommen.

Aber bei diesem Zusammenwachsen handelte es sich um eine hinkende Integration, bei der die politische Ordnung der EU in ihrer Entwicklung in langsamen Schritten und auf umständlichen und oft verwirrenden Wegen der ökonomischen Integration nachfolgte. Grundlage dieser Entwicklung waren immer neue komplexe Vertragswerke; der Versuch, die Rechtsordnung der EU mit einem formellen Verfassungsvertrag – einem Text mit nahezu 500 Seiten Umfang – auf eine neue Grundlage zu stellen, scheiterte 2005 an Volksabstimmungen in Frankreich und den Niederlanden, was zu dem 2009 in Kraft getretenen, hoch komplexen Vertrag von Lissabon führte, der die heutige Rechtsgrundlage für die europäische Integration innerhalb der EU bildet.

Die strukturellen Mängel in den heutigen Strukturen der EU liegen offen zutage und sind vielfältig und aus ganz unterschiedlichen politischen Richtungen kritisiert worden. Sie beginnen mit struktureller Intransparenz: Eine politische Ordnung, deren Basisdokument – hier der Lissaboner Vertrag – auch für gebildete Bürger kaum les- und verstehbar ist, hat ein ernstes Legitimationsproblem. Dies ist auch ein Ausdruck der bedauerlichen Tatsache, dass »die Europäische Union bisher wesentlich von den politischen Eliten getragen und monopolisiert worden ist«[426], sieht man vom durchaus breiteren Europaenthusiasmus in den 1950er-Jahren einmal ab. Es führt zwar zu weit, die Entscheidungsverfahren in der EU als undemokratisch zu bezeichnen, denn letztlich sind die Akteure auf dem einen oder anderen Weg über die ausnahmslos demokratischen Mitgliedsstaaten legitimiert. Aber es trifft einen zentralen Punkt, wenn in einem Manifest europäischer Intellektueller konstatiert wird: »Da die wirklichen Machthaber der EU (Kommission, Gerichtshof, Rat, Zentralbank) sich außer Reichweite der Wähler befinden, fühlen sich die Bürger ihrer ›voice‹ beraubt und damit nur vor die Wahl zwischen Loyalität und Exit gestellt.«[427]

Die gängige Rede von der EU als einem System ›sui generis‹ oder als Ebene in einem ›europäischen Mehrebenensystem‹ verdeckt nur schlecht, dass das unübersichtliche und inkonsistente Geflecht von inhaltlichen Zuständigkeiten und rechtlichen Entscheidungskompetenzen keiner klaren Systematik folgt, sondern ›historisch gewachsen‹ ist. Mit anderen Worten, im Verlauf der durch neue Verträge mehrfach modifizierten Strukturen, denen jeweils schwierige Kompromissbildungen zwischen allen Mitgliedsstaaten zugrunde lagen, entstand ein in vieler Hinsicht problematisches Institutionengefüge. Um nur die wichtigsten Probleme anzusprechen: Die EU hat zwar ein demokratisch gewähltes Parlament, aber kein einheitliches Wahlrecht dafür und wegen eines Länderproporzes für dessen Zusammensetzung kein gleiches Gewicht jeder Wählerstimme; der Europäische Rat ist das wichtigste Machtzentrum, besitzt aber weder ein Gesetzgebungsrecht noch Weisungsbefugnis gegenüber der Europäischen Kommission; die Kommission ähnelt zwar einer Regierung, wird aber nicht vom Parlament gewählt (das sie aber immerhin bestätigen muss und auch absetzen kann), sondern setzt sich außer dem vom Rat vorgeschlagenen Präsidenten aus je einem Kommissionsmitglied aus den Mitgliedsstaaten zusammen, die auch von diesen entsandt werden; der Europäische Gerichtshof trifft bei seiner Auslegung des EU-Rechts sehr weitreichende Entscheidungen, steht aber in einem potenziellen Spannungsverhältnis zu den obersten nationalen Gerichten. Erschwerend kommt hinzu, dass es in verschiedenen Politikfeldern unterschiedliche Entscheidungsverfahren und unterschiedliche Verteilungen der Zuständigkeiten zwischen EU und Mitgliedsstaaten gibt.

Es dürfte sehr unwahrscheinlich sein, dass dieses intransparente, schon wegen seiner Komplexität immer in der Gefahr einer bürokratischen Expertenherrschaft stehende politische und rechtliche System der EU auf lange Sicht tragfähig sein kann. Die Europäische Union wird wohl um eine fundamentale Reform – manche sprechen von einer Neugründung – nicht umhinkommen, wenn sie auch in den nächsten 70 Jahren noch die politische Gestalt Europas prägen will. Selbst die EU-Kommission hat 2017 ein »Weißbuch zur Zukunft Europas« vorgelegt, das unterschiedliche Szenarien entwirft, die sich allerdings innerhalb des bestehenden institutionellen Gefüges der EU bewegen.

Dabei lassen sich die auf der institutionellen Ebene der europäischen Integration zu lösenden Probleme sehr klar benennen. Es ist bemerkenswert, dass in dieser Hinsicht zwei höchst unterschiedliche Zukunftsvisionen, die eher für eine linksliberale Position stehende von Ulrike Guérot[428] und die aus einer dezidiert konservativen Sicht entworfene von David Engels[429], sich in ihren entsprechenden Vorschlägen weitgehend überschneiden. Hierzu gehören: ein echtes Zweikammersystem aus dem gewählten Parlament und einer zweiten Kammer (Engels sieht den die Nationalstaaten vertretenden Rat in dieser Funktion, Guérot schlägt einen Senat mit je zwei Mitgliedern aus den europäischen Regionen vor, die in Guérots Utopie einer einheitlichen Europäischen Republik an die Stelle der aufzulösenden Nationalstaaten treten); einen direkt gewählten Europäischen Präsidenten mit überwiegend repräsentativen, teils aber auch exekutiven Funktionen; eine Regierung anstelle der Kommission (Engels vermeidet diesen Begriff und spricht von vom Parlament zu wählenden »Sekretären« als Exekutive); sowie dem Europäischen Gerichtshof, den Engels vom Parlament gewählt sehen will. Zwingend notwendig wäre für eine solche Neuordnung eine europäische Verfassung (oder, wenn dieser Begriff vermieden werden soll, eine anders zu benennende Grundordnung), die schlank und verständlich formuliert sein müsste und zumindest in dieser Hinsicht der Verfassung der USA sehr viel ähnlicher zu sein hätte als dem Lissaboner Vertrag. Diese Verfassung sollte auch klar festlegen, für welche Politikbereiche die Union allein zuständig (und damit handlungs- und gestaltungsfähig) ist und für welche die Mitgliedsstaaten. Diesen müsste ferner die Möglichkeit bleiben, in allen Bereichen, für die die Union nicht zuständig ist, Kooperationen und Verträge untereinander einzugehen.

Der größte Unterschied zwischen diesen beiden Zukunftsvisionen besteht in der unterschiedlichen Sicht auf das Verhältnis zwischen Nationalstaaten und europäischer Integration. Guérot will, wie erwähnt, die Nationalstaaten zugunsten einer nach Regionen gegliederten Europäischen Republik auflösen, Engels versteht die Europäische Union als notwendige Ergänzung der Nationalstaaten, der freilich alle Fragen von vitaler Bedeutung für die Gesamtheit der Nationalstaaten zu übertragen seien.[430] Daher sieht Engels unter anderem die Notwendigkeit einer gemeinsamen europäischen Armee und des Beitritts aller EU-Mitgliedsstaaten zur NATO sowie der Übernahme des Euro in der gesamten Union. Beide plädieren für eine schlanke europäische Regierung aus sieben (Engels) bis maximal fünfzehn (Guérot) Ministerien. Mit einem pragmatischen Blick auf eine baldige Realisierbarkeit spricht wohl mehr für das Konzept einer Europäischen Union auf der Basis der Nationalstaaten als für ein auf deren Auflösung basierendes, zumal bei einer konkreten Bestimmung und Abgrenzung dieser Regionen der Teufel im Detail stecken dürfte. Aber dieser Zwischenüberschrift in Guérots Buch würde wohl auch Engels zustimmen: »Unsere Zukunft ist die europäische Vergangenheit«[431].

Denn beide Utopien beziehen sich dezidiert auf die europäische Geschichte vor dem 20. Jahrhundert und können sich dabei auf nachvollziehbare historische Gründe stützen. Bei Guérot ist es der Hinweis auf »etwa 50 bis 60 alte, historische Regionen auf dem Territorium der heutigen EU: Savoyen, Flandern, Venetien, Bayern, Brabant, Emilia-Romagna, Bretagne, Tirol oder Katalonien«, die sich bereits auf mittelalterlichen Karten finden.[432] Engels verweist auf das »Vorbild der multiethnischen föderalen Staaten des Mittelalters«, allen voran des Heiligen Römischen Reiches[433], und auf vielfältige Traditionen, auf die auch die künftige europäische Integration sich rückbeziehen könne:

> »Demokratische Wahlen fanden nicht erst seit der Gründung der USA, sondern bereits in den Klöstern der Spätantike statt; komplexe Handels- und Zollabkommen sind keine Frucht des 19. Jahrhunderts, sondern wurden bereits von den Städten der Hanse praktiziert; der technische Fortschritt begann nicht erst mit der Industrialisierung, sondern mit den bahnbrechenden Erfindungen der Zisterzienser; der

> intensive europaweite kulturelle Diskurs hatte nicht auf den Erasmus-Austausch zu warten, sondern wurde schon von den Handwerkern, Studenten und Dozenten des Mittelalters gepflegt; örtliche Selbstverwaltung ist keine Frucht der Gesetzgebung über die Euroregionen, sondern im Abendland mindestens so alt wie die Verfassung der italienischen Kommunen, die ersten territorialen Republiken sind nicht die Frucht der Aufklärung, sondern des freiwilligen Zusammenschlusses Schweizer Bauern im 13. Jahrhundert; das friedliche Zusammenleben von Judentum, Christentum und Islam war nicht auf die Ideologie des ›Multikulturalismus‹ angewiesen, sondern prägte bereits den Alltag der Polnisch-Litauischen Republik […].«[434]

Auch die christliche Prägung europäischer Identität ist eine solche, zukunftseröffnende Brücke zur europäischen Vergangenheit. Aus ihr folgt zwar nicht zwingend eine notwendige Präferenz für einen bestimmten der in der Diskussion befindlichen Entwicklungspfade der europäischen Einigung. Aber eine christliche Renaissance in Europa wäre in vielfacher Hinsicht eine starke Inspiration für die Zukunft der europäischen Einigung. Sie würde den identitären mentalen Gefängnissen entgegenwirken, die die Europäer voneinander abzuschotten drohen – sei es in Form einer Wiederkehr der Nationalismen oder sei es in Gestalt einer Identitätspolitik von Minderheiten, die zu Polarisierungen und Spaltungen in den europäischen Gesellschaften führt (vgl. Kapitel 1). Sie wäre ein Widerpart zu jeder Reduktion menschlichen Denkens auf eine bloß instrumentelle Vernunft, ob in Wissenschaft, Technik, Politik oder Ökonomie. Sie würde zur Freiheit ermutigen und zugleich zum Dienst an Mitmenschen sowie zur angstfreien Übernahme von Verantwortung im gesellschaftlichen, beruflichen und politischen Leben. Diese Verantwortung würde sie niemals auf das bloße ›Verwalten einer Lage‹ beschränkt sehen, sondern als aktive Mitgestaltung und

Mitwirken am Bewältigen von Problemen verstehen, sei es im menschlichen Zusammenleben, sei es im Verhältnis zur uns umgebenden Natur. Aber sie würde auch das Bewusstsein dafür wachhalten, dass Problemlösungen niemals endgültig und perfekt sein können. Damit schützt sie uns auch vor hypertrophen Selbstüberforderungen. Wir können und sollten zwar, um Beispiele zu nennen, unseren Umgang mit natürlichen Ressourcen verändern, aber wir können nicht ›den Planeten retten‹; wir dürfen absolute Armut und Hunger in Europa nicht zulassen und müssen uns entschlossen am weltweiten Kampf gegen sie beteiligen, aber wir werden soziale Unterschiede nicht zum Verschwinden bringen; wir können und sollten zwar Gerechtigkeit gegenüber allen Menschen anstreben, aber wir werden niemals jedes Vorurteil, jedes Ressentiment und jede Diskriminierung verhindern können, nicht einmal mit einer die Freiheit erstickenden Tugenddiktatur. Nicht zuletzt würde deshalb eine christliche Renaissance die Haltung der Gelassenheit gegenüber der Fehlbarkeit des Menschen fördern, auch gegenüber der jeweils eigenen, und, so ist zu hoffen, damit zugleich den Tendenzen zur Verrohung der öffentlichen Kommunikation entgegenwirken, die vor allem in den digitalen sozialen Medien zu beobachten ist.

Zu Beginn dieses Buches wurde an den Plan des damaligen französischen Außenministers Robert Schuman erinnert, der 1950 den Anstoß zum europäischen Integrationsprozess gab. Weitgehend in Vergessenheit geraten ist mittlerweile, dass Schuman von einer dezidiert christlichen Motivation angetrieben wurde, nicht anders als andere wichtige Akteure in dieser Phase, wie Konrad Adenauer oder Alcide De Gasperi.[435] Schuman schrieb: »Die Demokratie schuldet ihre Existenz dem Christentum; sie ist an dem Tage entstanden, als der Mensch begonnen hat, in der Zeitlichkeit des Diesseits die Würde des Menschen zu verwirklichen, und zwar in individueller Freiheit, im Respekt der Rechte des einzelnen und in Ausübung der brüderlichen Liebe gegen jeden Menschen; niemals vor dem Kommen des Christ wurden solche Ideen entwickelt.«[436]

Eine christliche Renaissance knüpft so auch an die Frühzeit der Europäischen Union selbst an. Es wäre daher mehr als naheliegend, wenn eine künftige Europäische Verfassung sich auch im Verfassungstext selbst, neben der Erinnerung an ›Athen‹ und ›Rom‹, explizit auf die christliche Tradition Europas beziehen würde. Angesichts des würdelosen Gezerres um die Präambel des 2005 gescheiterten Verfassungsvertrages[437] mag das aus heutiger Sicht noch als schwierig, wenn nicht als unmöglich erscheinen. Aber halten wir uns an Goethe, der im Faust II schrieb: »Den lieb' ich, der Unmögliches begehrt.«

Anhang

LITERATURVERZEICHNIS

Achour, Sabine/Busch, Matthias/Massing, Peter/Meyer-Heidemann, Christian (Hrsg.): Wörterbuch Politikunterricht, Frankfurt a.M. 2020.
Adorno, Theodor W.: Minima Moralia. Reflexionen aus dem beschädigten Leben, Frankfurt a.M. 1969.
Adorno, Theodor W.: Theorie der Halbbildung (1952), in: Ders., Gesammelte Schriften. Bd. 8, Frankfurt a.M. 1972.
Agamben, Georgio: Die Zeit, die bleibt. Ein Kommentar zum Römerbrief, Frankfurt a.M. 2006
Albert, Mathias/Hurrelmann, Klaus/Quenzel, Gudrun/TNS Infratest Sozialforschung: Jugend 2015. 17. Shell Jugendstudie, Frankfurt a.M. 2015.
Angenendt, Arnold: Toleranz und Gewalt. Das Christentum zwischen Bibel und Schwert. 5. Aufl., Münster 2018.
Appiah, Kwame Anthony: Identitäten. Die Fiktionen der Zugehörigkeit, Berlin 2019.
Arendt, Hannah: Was ist Politik? Fragmente aus dem Nachlaß, München 1993.
Armstrong, Kareen: Die Geschichte von Gott. 4000 Jahre Judentum, Christentum und Islam, München 2012.
Aslan, Reza: Kein Gott außer Gott. Der Glaube der Muslime von Muhammad bis zur Gegenwart. Lizenzausgabe, Bonn 2006.
Assmann, Jan: Religionstheoretische und ägyptologische Gedanken zum Thema Gewalt, in: Lindenau, Mathias/Meier Kressing, Marcel (Hrsg.), Religion und Vernunft – ein Widerstreit?, Bielefeld 2018, 83–108.
Augustinus, Aurelius: Bekenntnisse. Aus dem Lateinischen übersetzt und herausgegeben von Kurt Flasch und Burkhard Mojsisch, Stuttgart 2008.
Ayala, Francisco J.: Evolution, Heidelberg 2013.
Baab, Florian: Was ist Humanismus? Geschichte des Begriffs, Gegenkonzepte, säkulare Humanismen heute, Regensburg 2013.
Baader, Meike Sophia: Erziehung als Erlösung. Transformationen des Religiösen in der Reformpädagogik, Weinheim/München 2005.
Bahr, Erhard (Hrsg.): Was ist Aufklärung? Thesen und Definitionen, Stuttgart 1974.
Balibar, Étienne: Gibt es einen »Neo-Rassismus«?, in: Ders./Wallerstein, Immanuel, Rasse, Klasse, Nation. Ambivalente Identitäten, Hamburg 1990, 23–38.
Barth, Hans-Martin: Dogmatik. Evangelischer Glaube im Kontext der Weltreligionen. 3., aktualisierte und ergänzte Aufl., Gütersloh 2008.
Behringer, Wolfgang: Hexenverfolgung damals und heute. Interview mit der Deutschen Welle, URL https://www.dw.com/de/hexenverfolgung-damals-und-heute/a-54472004 (21.3.2021).
Behringer, Wolfgang: Sprenger, Jacob (Jacobus), in: Deutsche Bibliographie, URL: https://www.deutsche-biographie.de/pnd118855492.html#ndbcontent (21.3.2021).
Bejas, Andreas: Edith Stein. Im verschlossenen Garten der Seele, Ruggell/Liechtenstein 2018.

Bellaigue, Christopher de: Die islamische Aufklärung. Der Konflikt zwischen Glaube und Vernunft 1798 bis heute, Frankfurt a.M. 2018.
Benedikt XVI.: Glaube, Vernunft und Universität. Erinnerungen und Reflexionen. Ansprache in der Aula Magna der Universität Regensburg am 12. September 2006, hrsg. vom Heiligen Stuhl, S. 3 (URL: http://w2.vatican.va/content/benedict-xvi/de/speeches/2006/september/documents/hf_ben-xvi_spe_20060912_university-regensburg.pdf, 21.3.2021).
Berger, Peter L.: Nach dem Niedergang der Säkularisierungstheorie, Münster 2013.
Beutel, Albrecht u. a. (Hrsg.): Aufgeklärtes Christentum. Beiträge zur Kirchen- und Theologiegeschichte des 18. Jahrhunderts, Leipzig 2010.
Biskamp, Floris: »Hat das etwas mit dem Islam zu tun?« Islamismus als modernes und als islamisches Phänomen, in: Hößl, Stefan E./Jamal, Lobna/Schellenberg, Frank (Hrsg.), Politische Bildung im Kontext von Islam und Islamismus, Bonn 2020, 99–118.
Bolz, Norbert: Zurück zu Luther, Paderborn 2016.
Boockmann, Hartmut: Einführung in die Geschichte des Mittelalters. 8. Aufl., München 2007.
Böttcher, Wolfgang: Europas vergessene Visionäre. Rückbesinnung in Zeiten akuter Krisen, Baden-Baden 2019.
Buchstab, Günter: Einführung, in: Ders./Uertz, Rudolf (Hrsg.), Was eint Europa? Christentum und kulturelle Identität, Freiburg i. Br. 2008, 7–35.
Bundeszentrale für politische Bildung (Hrsg.): Der Neue Mensch, Bonn 2018.
Bundeszentrale für politische Bildung (Hrsg.): Jüdisches Leben in Deutschland. Informationen zur politischen Bildung Nr. 307, Bonn 2010.
Bundeszentrale für politische Bildung (Hrsg.): Vertrag von Lissabon, Bonn 2010.
Calmbach, Marc/Borgstedt, Silke/Borchard, Inga/Thomas, Peter Martin/Flaig, Berthold Bodo: Wie ticken Jugendliche? Lebenswelten von Jugendlichen im Alter von 14 bis 17 Jahren in Deutschland, Berlin 2016.
Campenhausen, Axel Freiherr von: Christentum und Recht, in: Antes, Peter (Hrsg.), Christentum und europäische Kultur. Eine Geschichte und ihre Gegenwart, Freiburg i. Br. 2002 96–115.
Chiai, Gian Francesco/Hauly, Bardo M./Zimmer, Gerhard/Zapff, Burkard (Hrsg.): Athen, Rom, Jerusalem. Normentransfers in der antiken Welt, Regensburg 2012.
Cohen, Floris: Die zweite Erschaffung der Welt. Wie die moderne Naturwissenschaft entstand. Lizenzausgabe, Bonn 2011.
Collins, Francis: The Language of God, London 2006.
Conrad, Anne/Maier, Alexander/Nebgen, Christoph (Hrsg.): Bildung als Aufklärung. Historisch-anthropologische Perspektiven, Wien 2020.
Conrad, Sebastian: Enlightenment in Global History: A Historical Critique, in: The American Historical Review, Volume 117, Issue 4, October 2012.
Dalferth, Ingolf U.: Vor der Selbstabschaffung?, in: Frankfurter Allgemeine Zeitung vom 23.7.2020.
Dalferth, Ingolf U.: Großprojekt Gegendiskriminierung. Kritische Anmerkungen zur Entwicklung der Universitäten in den USA in Sachen Identitätspolitik, in: zeitzeichen 2/2021.
Delp, Alfred: Mit gefesselten Händen. Aufzeichnungen aus dem Gefängnis, Frankfurt a.M. 2007.
Diner, Dan: Aufklärungen. Wege in die Moderne, Stuttgart 2017.

Diner, Dan: Versiegelte Zeit. Über den Stillstand in der islamischen Welt. 4. Aufl., Berlin 2015.
Drechsler, Hanno/Hilligen, Wolfgang/Neumann, Franz (Hrsg.): Gesellschaft und Staat. Lexikon der Politik. 9. Aufl., München 1994.
Dreier, Horst: Staat ohne Gott. Religion in der säkularen Moderne. Lizenzausgabe, Bonn 2018.
Eisenstadt, Shmuel N.: Vielfalt in der Moderne, Weilerswist 2000.
Eisenstadt, Shmuel N.: Die Vielfalt der Moderne: Ein Blick zurück auf die ersten Überlegungen zu den »Multiple Modernities«. 2006, URL: www.europa.clio-online.de/essay/id/fdae-1322 (21.3.2021).
Elwert, Frederik/Radermacher, Martin/Schlamelcher, Jens (Hrsg.): Handbuch Evangelikalismus, Bielefeld 2017.
Emcke, Carolin: Kollektive Identitäten. Sozialphilosophische Grundlagen, Frankfurt a.M. 2018.
Engels, David (Hrsg.): RENOVATIO EUROPÆ. Plädoyer für einen hesperialistischen Neuaufbau Europas, Berlin 2019.
Engels, David: Ausblick: Die Rückkehr der Geschichte, in: Ders. (Hrsg.), RENOVATIO EUROPÆ. Plädoyer für einen hesperialistischen Neuaufbau Europas, Berlin 2019, 205–218.
Engels, David: Lokalismus, Regionalismus, Nationalismus – Hesperialismus? Der Weg zu einer neuen Europäischen Verfassung – eine politische Utopie, in: Ders. (Hrsg.), RENOVATIO EUROPÆ. Plädoyer für einen hesperialistischen Neuaufbau Europas, Berlin 2019, 177–204.
EPRS – Wissenschaftlicher Dienst des Europäischen Parlaments: Religion und Außenpolitik der EU. Wachsendes Engagement, Brüssel 2020.
Erikson, Erik H.: Kindheit und Gesellschaft. 14. Aufl., Stuttgart 2005.
Faroutan, Naika: Muslimische Identitäten. Soziale Konstruktionen und Performanz vor dem Hintergrund antimuslimischer Einstellungen in Deutschland, in: Hößl, Stefan E./Jamal, Lobna/Schellenberg, Frank (Hrsg.), Politische Bildung im Kontext von Islam und Islamismus, Bonn 2020, 21–53.
Fincke, Andreas: Mit Gott fertig? Konfessionslosigkeit, Atheismus und säkularer Humanismus in Deutschland, Aschaffenburg 2017.
Fink, Alexander: Faszination Universum. Kosmologie und der Glaube an Gott, Marburg 2016; URL: https://www.iguw.de/site/assets/files/1199/fink_kosmologie_studienbrief-2017.pdf (21.3.2021).
Fischer, Ernst Peter: Die andere Bildung. Was man von den Naturwissenschaften wissen sollte. 6. Aufl., München 2002.
Fitschen, Klaus: Illustrierte Geschichte des Christentums, Berlin 2018.
Foucault, Michel: Die Ordnung der Dinge, in: Ders., Die Hauptwerke, Frankfurt a.M. 2008.
Franzius, Claudio/Mayer, Franz C./Neyer, Jürgen (Hrsg.): Die Neuerfindung Europas. Bedeutung und Gehalte von Narrativen für die europäische Integration, Baden-Baden 2019.
Frisch, Ralf: Was können wir glauben? Eine Erinnerung an Gott und den Menschen, Stuttgart 2017.
Fukuyama, Francis: Identität. Wie der Verlust der Würde unsere Demokratie gefährdet. 2. Aufl., Hamburg 2019.
Funkschmidt, Kai: Erlösung durch Ernährung. Veganismus als Ersatzreligion. 2 Teile, in: Materialdienst der Evangelischen Zentralstelle für Weltanschauungsfragen 11 und 12/2015.

Gabriel, Karl: Religion in der Weltgesellschaft, in: Müller, Stefan/Sander, Wolfgang (Hrsg.), Bildung in der postsäkularen Gesellschaft, Weinheim 2018, 20–33.

Gall, Dorothee: Augustinus' Abrechnung mit der Antike in *De civitate Dei*, in: Sauer, Jochen (Hrsg.), Augustinus: *De Civitate Dei*. Fachwissenschaftliche und fachdidaktische Zugänge, Heidelberg 2020, 11–46.

Gerhardt, Volker: Der Sinn des Sinns. Versuch über das Göttliche, München 2014.

Gerlach, Julia: Zwischen Pop und Dschihad: Muslimische Jugendliche in Deutschland, Bonn 2006.

Gingerich, Owen: Gottes Universum. Ein Dialog zwischen Naturwissenschaft und Glaube, Freiburg i. Br. 2012.

Gloe, Markus: Werte und Menschenrechte. Bundeszentrale für politische Bildung, 2015; URL: https://www.bpb.de/gesellschaft/bildung/politische-bildung/193087/werte-und-menschenrechte (21.3.2021).

Goetz, Julia: Identität als Schicksal. Der Kampf der ›Identitären‹ für die Erhaltung ihrer ›ethnokulturellen Identität‹, in: POLITIKUM 4/2018.

Graf, Friedrich Wilhelm: Das Ende der Erziehung ist die Eigentümlichkeit des Einzelnen, in: Frankfurter Allgemeine Zeitung online, 19.11.2018, URL: https://www.faz.net/aktuell/karriere-hochschule/schleiermachers-paedagogik-das-ende-der-erziehung-ist-die-eigentuemlichkeit-des-einzelnen-15890817.html (21.3.2021).

Graf, Friedrich Wilhelm: Götter global. Wie die Welt zum Supermarkt der Religionen wird, München 2014.

Grau, Alexander: Hypermoral. Die neue Lust an der Empörung, München 2017.

Gray, John: Unenlightened thinking: Steve Pinker's embarrassing new book is a feeble sermon for rattled liberals, in: New Statesman online vom 22.2.2018, URL: https://www.newstatesman.com/culture/books/2018/02/unenlightened-thinking-steven-pinker-s-embarrassing-new-book-feeble-sermon (21.3.2021).

Greiner, Ulrich: Die Lust, an allem schuld zu sein. Wie der Gedanke an die Erbsünde verweltlicht wurde und heute in der Politik sein Unwesen treibt, in: DIE ZEIT vom 18.10.2018.

Gründer, René/Scherr, Albert: Jugend und Religion. Soziologische Zugänge und Forschungsergebnisse, in: Theo-Web 1/2012.

Guérot, Ulrike: Warum Europa eine Republik werden muss! Eine politische Utopie, Bonn 2016.

Habermas, Jürgen: Auch eine Geschichte der Philosophie. 2 Bde., Berlin 2019.

Habermas, Jürgen: Zur Verfassung Europas. Ein Essay, Berlin 2011.

Hagner, Michael: Auf die Probe gestellt. Zum Verhältnis von Wissenschaft und Demokratie, in: Forschung & Lehre 2/2021.

Hampe, Peter: Vielfalt als intrinsisches Merkmal frühen Christentums, in: Viertbauer, Klaus/Wegscheider, Florian (Hrsg.), Christliches Europa? Religiöser Pluralismus als theologische Herausforderung, Freiburg i. Br. 2017.

Han, Byung-Chul: Lob der Erde. Eine Reise in den Garten, Berlin 2018.

Harrison, Peter: Der Mythos eines ständigen Kampfes zwischen Wissenschaft und Religion. 2016, URL: https://www.theologie-naturwissenschaften.de/startseite/leitartikelarchiv/konfliktmythos (21.3.2021).

Hauser, Linus: Kritik der neomythischen Vernunft. 3 Bde., Paderborn 2005 (2. Aufl.), 2009 und 2016.

Hénaff, Marcel: Europas genetischer Code. Griechische, römische, biblische Quellen und das Erbe der Barbaren, in: Lettre International Nr. 117, Berlin 2017.
Höffe, Otfried: Vom Aufgang des Abendlandes, in: Frankfurter Allgemeine Zeitung vom 23.1.2017.
Horkheimer, Max: Zur Kritik der instrumentellen Vernunft, Frankfurt a.M. 1967.
Horkheimer, Max: Die Sehnsucht nach dem ganz Anderen. Ein Interview mit Kommentar von Helmut Gumnior, Hamburg 1970.
Horkheimer, Max/Adorno, Theodor W.: Dialektik der Aufklärung. Philosophische Fragmente. Limitierte Sonderausgabe, Frankfurt a.M. 2003.
Hößl, Stefan E./Jamal, Lobna/Schellenberg, Frank (Hrsg.): Politische Bildung im Kontext von Islam und Islamismus, Bonn 2020.
Hoye, William J.: Die religiös-kulturellen Wurzeln westlicher demokratischer Verfassungen, in: Babke, Hans-Georg (Hrsg.), Die Zukunftsfähigkeit des Föderalismus in Deutschland und Europa, Frankfurt a.M. 2007, 13–42.
Hudemann, Rainer: Ein christliches Europa nach 1945? Zum Konzept des »christlichen Abendlandes« in einer Welt im Umbruch, in: Hüttenhoff, Michael (Hrsg.), Christliches Europa? Studien zu einem umstrittenen Konzept, Leipzig 2014, 29–48.
Huntington, Samuel: Kampf der Kulturen. Die Neugestaltung der Weltpolitik im 21. Jahrhundert, Hamburg 2007.
Hüttenhoff, Michael (Hrsg.): Christliches Europa? Studien zu einem umstrittenen Konzept, Leipzig 2014.
Hüttenhoff, Michael: Ideologisierung des Christentums? Die Idee des »christlichen Abendlandes« in der evangelischen Theologie nach dem Zweiten Weltkrieg, in: Ders. (Hrsg.), Christliches Europa? Studien zu einem umstrittenen Konzept, Leipzig 2014, 49–76.
Ibn Tufail: Hayy Ibn Yaqdhan – ein muslimischer Inselroman. Hrsg. von Jameledinne Ben Abdeljeli/Viktoria Frysak, Wien 2007.
Inglehart, Ronald: The Silent Revolution. Changing Values and Political Styles among Western Publics, Princeton 1977.
Irlenborn, Gerd: Europäischer Friede, christlicher Glaube, in: Frankfurter Allgemeine Zeitung vom 27.12.2016.
Jahn, Egbert: Die wundersame Vermehrung der Nationalstaaten im Zeitalter der Globalisierung. Frankfurter Montagsvorlesungen, Neue Folge 27, 2014, 2 (URL: http://fkks.uni-mannheim.de/montagsvorlesung/nationalstaaten_i/zsframov27_net_nationalstaaten_i_46.pdf, 21.3.2021).
Jeffries, Stuart: Grand Hotel Abgrund. Die Frankfurter Schule und ihre Zeit, Stuttgart 2019.
Joas, Hans: Glaube als Option. Zukunftsmöglichkeiten des Christentums, Freiburg i. Br. 2012.
Josua, Hanna Nouri: Die Muslime und der Islam. Wer oder was gehört zu Deutschland?, Leipzig 2019.
Kant, Immanuel: Beantwortung der Frage: Was ist Aufklärung?, in: Berlinische Monatsschrift, Dezember 1784.
Kant, Immanuel: Kritik der reinen Vernunft. Vollständige Ausgabe nach der zweiten, hin und wieder verbesserten Auflage 1787, vermehrt um die Vorrede zur ersten Auflage 1781, Köln 2011.
Kaube, Jürgen: Haben wir was in Reli auf?, in: Frankfurter Allgemeine Zeitung vom 8.1.2019.
Kaufmann, Uri: Kleine Geschichte der Juden in Europa. 4. Aufl., Berlin 2006.

Keupp, Heiner: Die Reflexive Modernisierung und Identitätskonstruktionen: Wie heute Identität geschaffen wird, in: Hafeneger, Benno (Hrsg.), Subjektdiagnosen. Subjekt, Modernisierung und Bildung, Schwalbach/Ts. 2005.

Keutzer, Ansgar: Politische Theologie für heute. Aktualisierungen und Konkretionen eines theologischen Programms, Freiburg i. Br. 2017.

Khorchide, Mouhanad: Gottes Offenbarung im Menschenwort. Der Koran im Licht der Barmherzigkeit, Freiburg/Basel/Wien 2018.

Kirchenamt der EKD (Hrsg.): Rechtfertigung und Freiheit. 500 Jahre Reformation 2017. Ein Grundlagentext des Rates der Evangelischen Kirche in Deutschland (EKD). 4. Aufl., Gütersloh 2015.

Kirchenamt der Evangelischen Kirche in Deutschland (EKD) (Hrsg.): Christlicher Glaube und nichtchristliche Religionen. Theologische Leitlinien, Hannover 2003, URL: https://www.ekd.de/ekd_de/ds_doc/Texte_77.pdf (21.3.2021).

Klapheck, Elisa: Das religiös-säkulare Spannungsfeld des Judentums, in: Dies./Calderon, Ruth, Säkulares Judentum aus religiöser Quelle, Berlin 2015, 9–48.

Klapheck, Elisa: Europa ist auf dem Weg zur »Bundesgesellschaft«, in: Dies./Kramer, Stephan J./Stein, Hannes, Bürgerschaftliches politisches Engagement als jüdische Praxis, Berlin 2016 39–45.

Klapheck, Elisa/Traub, Barbara/de Wolf, Abraham: Gott braucht den säkularen Rechtsstaat, Leipzig 2020.

Koopmans, Ruud: Das verfallene Haus des Islam. Die religiösen Ursachen von Unfreiheit, Stagnation und Gewalt, München 2020.

Körner, Felix: Politische Religion. Theologie der Weltgestaltung – Christentum und Islam, Freiburg i. Br. 2020.

Kowalski, Klaus: Christentum und bildende Kunst, in: Antes, Peter (Hrsg.), Christentum und europäische Kultur. Eine Geschichte und ihre Gegenwart, Freiburg i. Br. 2002, 15–37.

Krasnodebski, Zdzisław: Fortschritt, Social Engineering und die Frage nach der Identität Europas – eine Bestandsaufnahme, in: Engels, David (Hrsg.), RENOVATIO EUROPÆ. Plädoyer für einen hesperialistischen Neuaufbau Europas, Berlin 2019, 17–44.

Krastev, Ivan: Europadämmerung. Ein Essay, Berlin 2017.

Krauss, Lawrence M.: Ein Universum aus dem Nichts … und warum da trotzdem etwas ist, München 2018.

Küenzlen, Gottfried: Der Neue Mensch. Zur säkularen Religionsgeschichte der Moderne. Neuausgabe, Frankfurt a.M. 1997.

Kühl, Stefan: Brauchbare Illegalitäten. Über das Management funktionaler Regelbrüche an Hochschulen, in: Forschung & Lehre 9/2020.

Kuhn, Axel: Die Französische Revolution. 6. Aufl., Stuttgart 2011.

Lauster, Jörg: Die Verzauberung der Welt. Eine Kulturgeschichte des Christentums. 5. Aufl., München 2017.

Lehner, Ulrich L.: Die katholische Aufklärung. Weltgeschichte einer Reformbewegung, Paderborn 2017.

Lesch, Harald: Interview in GEO WISSEN Nr. 33, Hamburg 2004.

Livio, Mario: Ist Gott ein Mathematiker? Warum das Buch der Natur in der Sprache der Mathematik geschrieben ist, München 2010.

Llangue, Marcus: Identitätspolitik. Dimensionen eines vielschichtigen Konzepts, in: POLITIKUM 4/2018.

Löwith, Karl: Weltgeschichte und Heilsgeschehen. Die theologischen Voraussetzungen der Geschichtsphilosophie, Stuttgart 2004.
Luther, Martin: Von der Freiheit eines Christenmenschen (1520), in: Amt der Evangelisch-Lutherischen Kirche Deutschlands (VELKD) (Hrsg.), Luther lesen. Die zentralen Texte, Göttingen 2016.
Macron, Emmanuel: »Ich war nie für den Multikulturalismus«. Interview, in: DIE ZEIT vom 7.1.2021.
Manemann, Jürgen: Der Dschihad und der Nihilismus des Westens. Warum ziehen junge Europäer in den Krieg?, Bielefeld 2015.
Markschies, Christoph: Das antike Christentum. Frömmigkeit, Lebensformen, Institutionen. 3. Aufl., München 2016.
Marti, Roland: Orthodoxes Europa?!, in: Hüttenhoff, Michael (Hrsg.), Christliches Europa? Studien zu einem umstrittenen Konzept, Leipzig 2014, 77–96.
Matthes, Joachim: Religion und Gesellschaft. Einführung in die Religionssoziologie Bd. 1, Reinbek 1967.
Menasse, Robert: Der Europäische Landbote. 10. Aufl., Wien 2017.
Meschede, Dieter: Restunsicherheit. Vorhersagen in den Naturwissenschaften. Interview, in: Forschung & Lehre 10/2019.
Mijnssen, Ivo: Die verschämten Einwanderungsländer im Osten der Europäischen Union: Wieso Polen und Ungarn Hunderttausende von Ausländern willkommen heißen, in: Neue Zürcher Zeitung, 3.11.2019, Online-Ausgabe (URL: https://www.nzz.ch/international/einwanderung-eu-polen-und-ungarn-wollen-keine-fluechtlinge-ld.1519228, 21.3.2021).
Moltmann, Jürgen: Auferstanden in das ewige Leben. Über das Sterben und Erwachen einer lebendigen Seele, Gütersloh 2020.
Morin, Edgar: Europa denken, Frankfurt a.M./New York 1988.
Müller, Stefan: Versöhnung, Erlösung und die Sehnsucht nach dem ganz Anderen. Theologische Konzepte in der Kritischen Theorie der Gesellschaft, in: Ders./Sander, Wolfgang (Hrsg.), Bildung in der postsäkularen Gesellschaft, Weinheim 2018, 107–122.
Müller, Stefan/Sander, Wolfgang (Hrsg.): Bildung in der postsäkularen Gesellschaft, Weinheim 2018.
Münkler, Herfried: Reich, Nation, Europa. Modelle politischer Ordnung, Weinheim 1996.
Nagel, Thomas: Geist und Kosmos. Warum die neodarwinistische Konzeption der Natur so gut wie sicher falsch ist, Berlin 2013.
Nicke, Sascha: Der Begriff der Identität, Bonn 2018, URL: https://www.bpb.de/politik/extremismus/rechtspopulismus/241035/der-begriff-der-identitaet (21.3.2021).
Nida-Rümelin, Julian: Europäische Identität? – Das normative Fundament des europäischen Einigungsprozesses, in: Ders./Weidenfeld, Werner (Hrsg.), Europäische Identität: Voraussetzungen und Strategien, Baden-Baden 2007, 29–46.
Nida-Rümelin, Julian/Weidenfeld, Werner (Hrsg.): Europäische Identität: Voraussetzungen und Strategien, Baden-Baden 2007.
Niethammer, Friedrich Immanuel: Der Streit des Philantropinismus und Humanismus in der Theorie des Erziehungs-Unterrichts unserer Zeit, Jena 1808.
Nowak, Martin: Wo ist Gott? Interview, in: ZEIT-online, 4.2.2016, URL: https://www.zeit.de/zeit-wissen/2016/01/glauben-religion-physik-widerspruch-katholizismus-martin-nowak/komplettansicht (21.3.2021).

O'Brien, Catherine: Education for Sustainable Happiness and Well-Being, New York 2016.

Ökumenischer Patriarch Bartholomaios I.: Begegnung mit dem Mysterium. Das orthodoxe Christentum verstehen, Paderborn 2019.

Ourghi, Abdel-Hakim: Reform des Islam. 40 Thesen, München 2017.

Papst Franziskus: Enzyklika Laudato si'. Über die Sorge für das gemeinsame Haus, Stuttgart 2015.

Paulsen, Friedrich: Geschichte des gelehrten Unterrichts auf den deutschen Schulen und Universitäten vom Ausgang des Mittelalters bis zur Gegenwart. 2 Bde., Leipzig 1885.

Pfahl-Traughber, Armin: Islamismus – Was ist das überhaupt?, 2011, URL: https://www.bpb.de/politik/extremismus/islamismus/36339/islamismus-was-ist-das-ueberhaupt (21.3.2021).

Pfaller, Robert: Erwachsenensprache. Über ihr Verschwinden aus Politik und Kultur. 4. Aufl., Frankfurt a.M. 2018.

Pinker, Steven: Aufklärung jetzt. Für Vernunft, Wissenschaft, Humanismus und Fortschritt. Eine Verteidigung, Frankfurt a.M. 2018.

Pirner, Manfred L.: Christliche Identität – Identität zwischen Grenzbewusstsein und Ganzheitsvertrauen, in: Theo-Web 2/2002, 71 (URL: www.theo-web.de/zeitschrift/ausgabe-2002-02/pirner2.pdf, 21.3.2021).

Pöhlmann, Matthias (Hrsg.): Odins Erben. Neugermanisches Heidentum: Analysen und Kritik. EZW-Texte 184, hrsg. von der Evangelischen Zentralstelle für Weltanschauungsfragen, Berlin 2006.

Pollack, Detlef/Müller, Olaf: Religionsmonitor – verstehen was verbindet. Religiosität und Zusammenhalt in Deutschland, Gütersloh 2013.

Pulte, Matthias: Religionsfreiheit im europäischen Grundrechtsraum, in: Dingel, Irene/Kusber, Jan/Morawiec, Małgorzata (Hrsg.), Die europäische Integration und die Kirchen IV. Versöhnung und Ökumene, Ethik und Recht, Göttingen 2020, 151–162.

Raphael, Lutz: Fernand Braudel, in: Ders. (Hrsg.), Klassiker der Geschichtswissenschaft. Bd. II: Von Fernand Braudel bis Natalie Z. Davis, München 2006.

Reagan, Timothy: Non-Western Educational Traditions. Local Approach to Thought and Practice. Forth Edition, New York 2018.

Reckwitz, Andreas: Die Gesellschaft der Singularitäten. Zum Strukturwandel der Moderne, Berlin 2017.

Reckwitz, Andreas: Die Gesellschaft der Singularitäten, in: Journal für politische Bildung 1/2019.

Religiöse Orientierung gewinnen. Evangelischer Religionsunterricht als Beitrag zu einer pluralitätsfähigen Schule. Eine Denkschrift des Rates der Evangelischen Kirche in Deutschland, Gütersloh 2014.

Rentsch, Thomas: Gott, Berlin 2005.

Ritter, Joachim/Gründer, Karlfried/Gabriel, Gottfried (Hrsg.): Historisches Wörterbuch der Philosophie online. Startseite: https://www.schwabeonline.ch/schwabe-xaveropp/elibrary/start.xav?start=%2F%2F%2A%5B%40attr_id%3D%27hwph_productpage%27%5D#__elibrary__%2F%2F*%5B%40attr_id%3D%27hwph_productpage%27%5D__1610457166508, DOI des Artikels: 10.24894/HWPh.5685 (21.3.2021).

Rosa, Hartmut: Unverfügbarkeit. 5. Aufl., Salzburg 2019.

Rüb, Matthias: Eine historische Großtat, in: Frankfurter Allgemeine Zeitung vom 8.3.2021.

Rüsen, Jörn: Einleitung: Einheitszwang und Unterscheidungswille – die kulturelle Herausforderung der Globalisierung und die Antwort des Humanismus, in: Ders./Laass, Henner (Hrsg.), Interkultureller Humanismus. Menschlichkeit in der Vielfalt der Kulturen, Schwalbach/Ts. 2009, 8–21.
Saimeh, Nahlah: Jeder kann zum Mörder werden. Wahre Fälle einer forensischen Psychiaterin. 9. Aufl., München 2012.
Sander, Wolfgang: Europa denken lernen. Die »neue Renaissance« und die Aufgaben der politischen Bildung, in: Weißeno, Georg (Hrsg.), Europa verstehen lernen. Eine Aufgabe des Politikunterrichts, Bonn 2004, 158–171.
Sander, Wolfgang: Nach der Emanzipationspädagogik. Marginalien zu einer notwendigen Historisierung, in: Politisches Lernen 3–4/2006.
Sander, Wolfgang: Politik in der Schule. Kleine Geschichte der politischen Bildung in Deutschland. 3. Aufl., Marburg 2013.
Sander, Wolfgang: Bildung – ein kulturelles Erbe für die Weltgesellschaft, Frankfurt a.M. 2018.
Sander, Wolfgang: Schulische Bildung zwischen Religion und Säkularismus, in: Müller, Stefan/Sander, Wolfgang (Hrsg.), Bildung in der postsäkularen Gesellschaft, Weinheim 2018, 178–198.
Sander, Wolfgang: Ethikkurse sind keine überzeugende Alternative, in: Frankfurter Allgemeine Zeitung vom 14.1.2019.
Sander, Wolfgang: Mehr als Islamismus – die Wiederentdeckung der Religion und ihre Relevanz für die politische Bildung, in: Hößl, Stefan E./Jamal, Lobna/Schellenberg, Frank (Hrsg.), Politische Bildung im Kontext von Islam und Islamismus, Bonn 2020, 186–203.
Sauer, Martina: Integrationsprozesse, wirtschaftliche Lage und Zufriedenheit türkeistämmiger Zuwanderer in Nordrhein-Westfalen. Ergebnisse der Mehrthemenbefragung 2013, Essen 2014.
Schäfers, Bernhard: Soziales Handeln und seine Grundlagen: Normen, Werte, Sinn, in: Korte, Hermann/Schäfers, Bernhard (Hrsg.), Einführung in die Hauptbegriffe der Soziologie. 6. Aufl., Opladen 2002.
Scherzberg, Lucia: Katholische Abendland-Ideologie der 20er und 30er Jahre. Die Zeitschriften »Europäische Revue« und »Abendland«, in: Hüttenhoff, Michael (Hrsg.), Christliches Europa? Studien zu einem umstrittenen Konzept, Leipzig 2014, 11–28.
Schieder, Rolf/Meyer-Magister, Hendrik: Neue Rollen der Religion in modernen Gesellschaften, in: Aus Politik und Zeitgeschichte 24/2013.
Schirrmacher, Christine: Islamische Menschenrechtserklärungen und ihre Kritiker. Einwände von Muslimen und Nichtmuslimen gegen die Allgültigkeit der Scharia, Trier 2007, URL: https://christineschirrmacher.info/wp-content/uploads/2017/12/2007_39_Schirrmacher_RF-Trier.pdf (21.3.2021).
Schirrmacher, Frank (Hrsg.): Technologischer Totalitarismus. Eine Debatte, Berlin 2015.
Schlag, Christine/Schäufele, Wolf-Friedrich/Otterbeck, Christoph (Hrsg.): Bildungsereignis Reformation. Ideen – Krisen – Wirkungen, Weimar 2017.
Schluß, Henning: Bildungskritik und reformatorische Bildungskrise. Kritik am vorreformatorischen Bildungssystem, in: Schlag, Christine/Schäufele, Wolf-Friedrich/Otterbeck, Christoph (Hrsg.), Bildungsereignis Reformation. Ideen – Krisen – Wirkungen, Weimar 2017, 30–35.
Schmale, Wolfgang: Geschichte und Zukunft der Europäischen Identität. Lizenzausgabe, Bonn 2010.

Schönborn, Christoph Kardinal: Bildung christlicher Identität in pluraler Gesellschaft. Vortrag vor dem II. Bundeskongress Katholischer Schulen am 21. Mai 2001 in Bonn, Pressemitteilung der Deutschen Bischofskonferenz Nr. 025b vom 11.5.2001 (URL: www.dbk.de/presse/aktuelles/meldung/bildung-christlicher-identitaet-in-pluraler-gesellschaft/detail).

Schröder, Richard: Abschaffung der Religion? Wissenschaftlicher Fanatismus und die Folgen, Freiburg i. Br. 2008.

Schröder, Richard: Europa – eine Wertegemeinschaft?, in: Hüttenhoff, Michael (Hrsg.), Christliches Europa? Studien zu einem umstrittenen Konzept, Leipzig 2014, 169–186.

Schröter, Susanne: Politischer Islam. Stresstest für Deutschland, Gütersloh 2019.

Schulze, Gerhard: Was wird aus der Erlebnisgesellschaft?, in: Aus Politik und Zeitgeschichte 12/2002.

Schulze, Hagen: Staat und Nation in der europäischen Geschichte, München 1994.

Schuppener, Georg: Vereinnahmung germanischer Mythologie im rezenten Rechtsextremismus – Sprache und Symbolik. Bundeszentrale für politische Bildung, 2007, URL: https://www.bpb.de/politik/extremismus/rechtsextremismus/41446/die-sprache-des-rechtsextremismus (21.3.2021).

Schwerhoff, Gerd: Die Inquisition. Ketzerverfolgung in Mittelalter und Neuzeit. 4. Aufl., München 2019.

Sen, Amartya: Die Identitätsfalle. Warum es keinen Krieg der Kulturen geben wird, München 2007.

Siedentop, Larry: Die Erfindung des Individuums. Der Liberalismus und die westliche Welt. 2. Aufl., Stuttgart 2016.

Söding, Thomas: Das Christentum als Bildungsreligion. Der Impuls des Neuen Testaments, Freiburg i. Br. 2016.

Sölle, Dorothee: Das Recht ein anderer zu werden. Theologische Texte, Neuwied 1971.

Spaemann, Robert: Der letzte Gottesbeweis, München 2007.

Spaemann, Robert: Das unsterbliche Gerücht. Die Frage nach Gott und die Täuschung der Moderne. 7. Aufl., Stuttgart 2014.

Spinnler, Rolf: Ein Sieg über das Siegen, in: DIE ZEIT vom 17.12.2008, URL: https://www.zeit.de/2008/52/Paulus-Essay/komplettansicht (21.3.2021).

Stein, Tine: Himmlische Quellen und irdisches Recht. Religiöse Voraussetzungen des freiheitlichen Verfassungsstaates, Frankfurt a.M. 2007.

Stoff, Heiko: Der aktuelle Gebrauch der ›long durée‹ in der Wissenschaftsgeschichte, in: Berichte zur Wissenschaftsgeschichte 2/2009.

Strenger, Carlo: Abenteuer Freiheit. Ein Wegweiser für unsichere Zeiten, Berlin 2017.

Tetens, Holm: Gott denken. Ein Versuch über rationale Theologie, Stuttgart 2015.

Theißen, Gerd: Das Neue Testament. 3. Aufl., München 2006.

Thomas, Günter: Im Weltabenteuer Gottes leben. Impulse zur Verantwortung für die Kirche, Leipzig 2020.

Viertbauer, Klaus/Wegscheider, Florian (Hrsg.): Christliches Europa? Religiöser Pluralismus als theologische Herausforderung, Freiburg i. Br. 2017.

Vlachopoulos, Marie und Jannis: Christentum und Musik, in: Antes, Peter (Hrsg.), Christentum und europäische Kultur. Eine Geschichte und ihre Gegenwart, Freiburg i. Br. 2002, 38–72.

Volkmann, Uwe: Wir Verdrängungskünstler, in: Frankfurter Allgemeine Zeitung vom 25.1.2021.
Walzer, Michael: Zivile Gesellschaft und amerikanische Demokratie, Berlin 1992.
Weidenfeld, Werner: Reden über Europa – die Neubegründung des europäischen Integrationsprojekts, in: Nida-Rümelin, Julian/Weidenfeld, Werner (Hrsg.), Europäische Identität: Voraussetzungen und Strategien, Baden-Baden 2007, 11–28.
Weidner, Stefan: Jenseits des Westens. Plädoyer für ein neues kosmopolitisches Denken, München 2018.
Wensierski, Hans Jürgen von: Hip-Hop, Kopftuch und Familie – Jugendkulturen junger Muslime in Deutschland, in: El-Gayar, Wael/Strunk, Karin (Hrsg.), Integration versus Salafismus. Identitätsfindung muslimischer Jugendlicher in Deutschland, Schwalbach/Ts. 2014, 38–48.
Winkler, Heinrich August: Geschichte des Westens. Von den Anfängen in der Antike bis zum 20. Jahrhundert. Sonderausgabe, München 2016.
Wittgenstein, Ludwig: Tractatus logico-philosophicus. 36. Auflage, Frankfurt a.M. 2003.
Wolff, Marie-Luise: Die Anbetung. Über eine Superideologie namens Digitalisierung, Frankfurt a.M. 2020.

ENDNOTEN

1 Vgl. z. B. Sander, Wolfgang: Europa denken lernen. Die »neue Renaissance« und die Aufgaben der politischen Bildung, in: Weißeno, Georg (Hrsg.), Europa verstehen lernen. Eine Aufgabe des Politikunterrichts, Bonn 2004, 158–171.

2 Schmale, Wolfgang: Geschichte und Zukunft der Europäischen Identität. Lizenzausgabe, Bonn 2010, 7.

3 Vgl. Münkler, Herfried: Reich, Nation, Europa. Modelle politischer Ordnung, Weinheim 1996, 75.

4 Vgl. zu dieser Debatte um ein neues Narrativ für Europa u. a. Franzius, Claudio/Mayer, Franz C./Neyer, Jürgen (Hrsg.): Die Neuerfindung Europas. Bedeutung und Gehalte von Narrativen für die europäische Integration, Baden-Baden 2019.

5 Vgl. Habermas, Jürgen: Auch eine Geschichte der Philosophie. Band 2: Vernünftige Freiheit. Spuren des Diskurses über Glauben und Wissen, Berlin 2019, 7–186.

6 Schulze, Hagen: Staat und Nation in der europäischen Geschichte, München 1994, 20.

7 Morin, Edgar: Europa denken, Frankfurt a.M./New York 1988, 60.

8 Vgl. dazu in treffender Kurzform Höffe, Otfried: Vom Aufgang des Abendlandes, in: Frankfurter Allgemeine Zeitung vom 23.1.2017; als Beispiel für ein diese Metaphern verwendendes Forschungsprogramm zur europäischen Frühgeschichte vgl. Chiai, Gian Francesco/Hauly, Bardo M./Zimmer, Gerhard/Zapff, Burkard (Hrsg.): Athen, Rom, Jerusalem. Normentransfers in der antiken Welt, Regensburg 2012.

9 Appiah, Kwame Anthony: Identitäten. Die Fiktionen der Zugehörigkeit, Berlin 2019, 104.

10 Vgl. Nicke, Sascha: Der Begriff der Identität, Bonn 2018, 1, URL: https://www.bpb.de/politik/extremismus/rechtspopulismus/241035/der-begriff-der-identitaet (21.3.2021).

11 Erikson, Erik H.: Kindheit und Gesellschaft. 14. Aufl., Stuttgart 2005.

12 Vgl. Nicke, Identität (wie Anm. 10).

13 Fukuyama, Francis: Identität. Wie der Verlust der Würde unsere Demokratie gefährdet. 2. Aufl., Hamburg 2019, 85. Fukuyama verweist bei der Hans-Geschichte auf Ferdinand Tönnies als Erstautor, gibt aber dazu keine genaue Quelle an.

14 Vgl. Keupp, Heiner: Die Reflexive Modernisierung und Identitätskonstruktionen: Wie heute Identität geschaffen wird, in: Hafeneger, Benno (Hrsg.), Subjektdiagnosen. Subjekt, Modernisierung und Bildung, Schwalbach/Ts. 2005; vgl. zur Kritik des postmodernen

Subjektverständnisses auch Sander, Wolfgang: Bildung – ein kulturelles Erbe für die Weltgesellschaft, Frankfurt a.M. 2018, 79 ff.

15 Appiah, Identitäten (wie Anm. 9), 28.

16 Vgl. a. a. O., 153–189.

17 Münkler, Reich, Nation, Europa (wie Anm. 3), 66.

18 Vgl. u. a. die Typologie kollektiver Identitäten bei Emcke, Carolin: Kollektive Identitäten. Sozialphilosophische Grundlagen, Frankfurt a.M. 2018.

19 Schröder, Richard: Europa – eine Wertegemeinschaft?, in: Hüttenhoff, Michael (Hrsg.), Christliches Europa? Studien zu einem umstrittenen Konzept, Leipzig 2014, 169–186.

20 Walzer, Michael: Zivile Gesellschaft und amerikanische Demokratie, Berlin 1992, 136.

21 Vgl. zum hier vertretenen Verständnis von Weltgesellschaft Sander, Bildung (wie Anm. 14), 37–58.

22 Appiah, Identitäten (wie Anm. 9), 120.

23 A. a. O., 119.

24 Vgl. Jahn, Egbert: Die wundersame Vermehrung der Nationalstaaten im Zeitalter der Globalisierung. Frankfurter Montagsvorlesungen, Neue Folge 27, 2014, 2 (URL: http://fkks.uni-mannheim.de/montagsvorlesung/nationalstaaten_i/zsframov27_net_nationalstaaten_i_46.pdf, 21.3.2021).

25 Vgl. Sander, Wolfgang: Politik in der Schule. Kleine Geschichte der politischen Bildung in Deutschland. 3. Aufl., Marburg 2013, 42.

26 Vgl. u. a. Goetz, Julia: Identität als Schicksal. Der Kampf der ›Identitären‹ für die Erhaltung ihrer ›ethnokulturellen Identität‹, in: POLITIKUM 4/2018.

27 ›Kulturrassismus‹ oder ›Neorassismus‹ wird von Verfechtern dieser Konzepte als ›Rassismus ohne Rassen‹ verstanden, bei dem an die Stelle biologischer Merkmale kulturelle Differenzen träten, mit denen Diskriminierungen begründet würden (vgl. u. a. Balibar, Étienne: Gibt es einen »Neo-Rassismus«?, in: Ders./Wallerstein, Immanuel, Rasse, Klasse, Nation. Ambivalente Identitäten, Hamburg 1990). Mit dieser Vorstellung wird aber nicht nur der tatsächliche, mit biologischen Merkmalen begründete Rassismus mit seinen teilweise katastrophalen Folgen für Betroffene verharmlost. Es besteht auch die Gefahr, kulturelle Praktiken und Denkweisen jeder Art gegen Kritik zu immunisieren, so etwa wenn Kritik am Islamismus als ›antimuslimischer Rassismus‹ abgewehrt werden soll.

28 Fereidooni, Karim: Rassismuskritik und rassismuskritische politische Bildung, in: Achour, Sabine/Busch, Matthias/Massing, Peter/Meyer-Heidemann, Christian (Hrsg.), Wörterbuch Politikunterricht, Frankfurt a.M. 2020, 207.

29 Ein Beispiel aus den USA: »An amerikanischen Universitäten werden inzwischen verbreitet Studienprogramme eingestellt, weil sie ›too white, too European, too male‹ sind. In Yale sollen in Kunstgeschichte künftig nur noch Kurse angeboten werden, die ›questions of gender, class and race‹ ins Zentrum stellen und sich auf das Schlüsselthema ›climate change‹

beziehen. An meiner Universität in Kalifonien wird den ›humanities‹ nahegelegt, sich zu ›ethnic studies‹ oder ›applied humanities‹ nach dem Modell der Kulturwissenschaften umzugestalten. Philosophie wurde im letzten Jahr zum überflüssigen Fach erklärt und alle Professoren entlassen. Am Department of Religion wird Studenten geraten, sich nicht länger mit ›traditional, European, dead white guys' philosophy and theology‹ zu beschäftigen. Der Lehrstuhl für Religionsphilosophie durfte auf Anweisung der Universitätsleitung an keine Weiße oder Asiaten vergeben werden, sondern nur an eine ›Person of Color‹. Berufen wurde ein Kandidat mit Schwerpunkt ›African Studies‹, der sich weder in Publikationen noch in Forschung und Lehre mit Religionsphilosophie befasst hat. Man hätte ebenso gut einem Literaturwissenschaftler den Lehrstuhl für Ökonomie übertragen können.« (Dalferth, Ingolf U.: Vor der Selbstabschaffung?, in: Frankfurter Allgemeine Zeitung vom 23.7.2020, 6)

30 Pfaller, Robert: Erwachsenensprache. Über ihr Verschwinden aus Politik und Kultur. 4. Aufl., Frankfurt a.M. 2018, 24.

31 Llangue, Marcus: Identitätspolitik. Dimensionen eines vielschichtigen Konzepts, in: POLITIKUM 4/2018, 9.

32 Fukuyama, Identität (wie Anm. 13), 146.

33 Vgl. zusammenfassend Schmale, Geschichte und Zukunft (wie Anm. 2), 121 f.

34 Im Folgenden zit. nach der Onlinepublikation auf der cvce.eu-Seite der Universität Luxemburg, URL: https://www.cvce.eu/content/publication/1999/1/1/02798dc9-9c69-4b7d-b2c9-f03a8db7da32/publishable_de.pdf (21.3.2021).

35 Schmale, Geschichte und Zukunft (wie Anm. 2), 127 f.

36 Vgl. Böttcher, Wolfgang: Europas vergessene Visionäre. Rückbesinnung in Zeiten akuter Krisen, Baden-Baden 2019.

37 Krastev, Ivan: Europadämmerung. Ein Essay, Berlin 2017, 53 und 58.

38 Mijnssen, Ivo: Die verschämten Einwanderungsländer im Osten der Europäischen Union: Wieso Polen und Ungarn Hunderttausende von Ausländern willkommen heißen, in: Neue Zürcher Zeitung, 3.11.2019, Online-Ausgabe, URL: https://www.nzz.ch/international/einwanderung-eu-polen-und-ungarn-wollen-keine-fluechtlinge-ld.1519228 (21.3.2021).

39 Krastev, Europadämmerung (wie Anm. 37), 67 f.

40 Goodhart, David: The Road to Somewhere. The Populist Revolt and the Future of Politics. London 2017, 3; hier zit. nach der Übersetzung bei Krastev, Europadämmerung (wie Anm. 37), 42.

41 Krastev, Europadämmerung (wie Anm. 37), 105 f. und 108.

42 Krasnodebski, Zdzisław: Fortschritt, Social Engineering und die Frage nach der Identität Europas – eine Bestandsaufnahme, in: Engels, David (Hrsg.), RENOVATIO EUROPÆ. Plädoyer für einen hesperialistischen Neuaufbau Europas, Berlin 2019, 33 ff.

43 Krastev, Europadämmerung (wie Anm. 37), 55.

44 Huntington, Samuel: Kampf der Kulturen. Die Neugestaltung der Weltpolitik im 21. Jahrhundert, Hamburg 2007, 56.

45 Vgl. z. B. Sen, Amartya: Die Identitätsfalle. Warum es keinen Krieg der Kulturen geben wird, München 2007.

46 Eisenstadt, Shmuel N.: Die Vielfalt der Moderne: Ein Blick zurück auf die ersten Überlegungen zu den »Multiple Modernities«. 2006, URL: www.europa.clio-online.de/essay/id/fdae-1322 (21.3.2021).

47 Vgl. auch Eisenstadt, Shmuel N.: Vielfalt in der Moderne, Weilerswist 2000.

48 Pirner, Manfred L.: Christliche Identität – Identität zwischen Grenzbewusstsein und Ganzheitsvertrauen, in: Theo-Web 2/2002, 71, URL: www.theo-web.de/zeitschrift/ausgabe-2002-02/pirner2.pdf (21.3.2021).

49 Augustinus, Aurelius: Bekenntnisse. Aus dem Lateinischen übersetzt und herausgegeben von Kurt Flasch und Burkhard Mojsisch, Stuttgart 2008, 119.

50 A. a. O., 361 f.

51 Pirner, Christliche Identität (wie Anm. 48), 72 und 74.

52 Luther, Martin: Grund und Ursach aller Artickel D. Mart. Luthers, so durch Römische Bulle unrechtlich verdamt seinde, Augsburg 1521; hier in einer modernisierten Sprache zit. nach einem Ausstellungsplakat in der Schlosskirche Wittenberg, 2017.

53 Graf, Friedrich Wilhelm: Götter global. Wie die Welt zum Supermarkt der Religionen wird, München 2014, 15.

54 Vgl. auch Hampe, Peter: Vielfalt als intrinsisches Merkmal frühen Christentums, in: Viertbauer, Klaus/Wegscheider, Florian (Hrsg.), Christliches Europa? Religiöser Pluralismus als theologische Herausforderung, Freiburg i. Br. 2017; Schönborn, Christoph Kardinal: Bildung christlicher Identität in pluraler Gesellschaft. Vortrag vor dem II. Bundeskongress Katholischer Schulen am 21. Mai 2001 in Bonn, Pressemitteilung der Deutschen Bischofskonferenz Nr. 025b vom 11.5.2001, 5 ff. (URL: www.dbk.de/presse/aktuelles/meldung/bildung-christlicher-identitaet-in-pluraler-gesellschaft/detail).

55 Pirner, Christliche Identität (wie Anm. 48), 71.

56 Augustinus in seinem Kommentar zum vierten Kapitel des Ersten Briefes des Johannes, hier zit. nach Benedikt XVI.: Generalaudienz vom 13.4.2011, hrsg. vom Heiligen Stuhl, 3, URL: https://w2.vatican.va/content/benedict-xvi/de/audiences/2011/documents/hf_ben-xvi_aud_20110413.pdf (21.3.2021).

57 Weidenfeld, Werner: Reden über Europa – die Neubegründung des europäischen Integrationsprojekts, in: Nida-Rümelin, Julian/Weidenfeld, Werner (Hrsg.), Europäische Identität: Voraussetzungen und Strategien, Baden-Baden 2007, 16.

58 Vgl. Nida-Rümelin, Julian: Europäische Identität? – Das normative Fundament des europäischen Einigungsprozesses, in: Nida-Rümelin/Weidenfeld, Europäische Identität (wie Anm. 57), 38 f.

59 Hénaff, Marcel: Europas genetischer Code. Griechische, römische, biblische Quellen und das Erbe der Barbaren, in: Lettre International Nr. 117, Berlin 2017, 38.

60 Benedikt XVI.: Glaube, Vernunft und Universität. Erinnerungen und Reflexionen. Ansprache in der Aula Magna der Universität Regensburg am

12. September 2006, hrsg. vom Heiligen Stuhl, 3, URL: http://w2.vatican.va/content/benedict-xvi/de/speeches/2006/september/documents/hf_ben-xvi_spe_20060912_university-regensburg.pdf (21.3.2021).

61 Siedentop, Larry: Die Erfindung des Individuums. Der Liberalismus und die westliche Welt. 2. Aufl., Stuttgart 2016.

62 Stein, Tine: Himmlische Quellen und irdisches Recht. Religiöse Voraussetzungen des freiheitlichen Verfassungsstaates, Frankfurt a.M. 2007.

63 Lauster, Jörg: Die Verzauberung der Welt. Eine Kulturgeschichte des Christentums. 5. Aufl., München 2017.

64 Angenendt, Arnold: Toleranz und Gewalt. Das Christentum zwischen Bibel und Schwert. 5. Aufl., Münster 2018.

65 Siedentop, Erfindung des Individuums (wie Anm. 61), 17 ff.; die folgenden Ausführungen zur antiken Umwelt des frühen Christentums folgen im Wesentlichen Siedentops Darlegungen.

66 A. a. O., 34 f.

67 A. a. O., 38.

68 A. a. O., 47.

69 Lesch, Harald: Interview in GEO WISSEN Nr. 33, Hamburg 2004, 25.

70 Siedentop, Erfindung des Individuums (wie Anm. 61), 68.

71 Vgl. a. a. O., 68 ff.

72 Vgl. Markschies, Christoph: Das antike Christentum. Frömmigkeit, Lebensformen, Institutionen. 3. Aufl., München 2016, 54.

73 Ein kurzer Abriss seines Lebens und Wirkens findet sich bei Lauster, Verzauberung der Welt (wie Anm. 63), 43 ff.; zu Paulus liegt eine Fülle von biographischen und theologischen Monographien aus Geschichte und Gegenwart vor.

74 Vgl. Theißen, Gerd: Das Neue Testament. 3. Aufl., München 2006, 40 ff. und 81 ff.

75 Als Beispiele sei hingewiesen auf die Bedeutung des Römerbriefs für Martin Luther in der Reformationszeit, auf Karl Barths Aufsehen erregenden Römerbriefkommentar nach dem Ersten Weltkrieg und aus unserer Zeit auf Agamben, Georgio: Die Zeit, die bleibt. Ein Kommentar zum Römerbrief, Frankfurt a.M. 2006. Zur philosophischen Rezeption von Paulus um 2000 vgl. auch Spinnler, Rolf: Ein Sieg über das Siegen, in: DIE ZEIT vom 17.12.2008 (URL: https://www.zeit.de/2008/52/Paulus-Essay/komplettansicht, 21.3.2021).

76 Lauster, Verzauberung der Welt (wie Anm. 63), 48.

77 Sölle, Dorothee: Das Recht ein anderer zu werden. Theologische Texte, Neuwied 1971.

78 Siedentop, Erfindung des Individuums (wie Anm. 61), 77.

79 A. a. O., 81.

80 A. a. O., 80.

81 A. a. O., 84.

82 Lauster, Verzauberung der Welt (wie Anm. 63), 79; Lauster bezieht sich in dem hier zitierten Abschnitt auf Markschies, Christoph: Zwischen den Welten wandern. Strukturen des antiken Christentums. 2. Aufl., Frankfurt a.M. 2001, 136, sowie auf Harnack, Adolf von: Mission und Ausbreitung des Christentums in den ersten drei Jahrhunderten. Zwei Bände, 4. Aufl., Leipzig 1924, 187 und 190.

83 Zit. nach Ökumenischer Patriarch Bartholomaios I.: Begegnung mit dem Mysterium. Das orthodoxe Christentum verstehen, Paderborn 2019, 97.

84 Stein, Himmlische Quellen (wie Anm. 62), 150.

85 A. a. O., 150.

86 Augustinus, Bekenntnisse (wie Anm. 49), 445.

87 Gall, Dorothee: Augustinus' Abrechnung mit der Antike in *De civitate Dei*, in: Sauer, Jochen (Hrsg.), Augustinus: *De Civitate Dei*. Fachwissenschaftliche und fachdidaktische Zugänge, Heidelberg 2020, 16.

88 Siedentop, Erfindung des Individuums (wie Anm. 61), 138.

89 Stein, Himmlische Quellen (wie Anm. 62), 150 ff.

90 Vgl. u. a. a. a. O., 215 ff.

91 Schulze, Staat und Nation (wie Anm. 6), 37.

92 Vgl. u. a. zu Braudel u. a. Raphael, Lutz: Fernand Braudel, in: Ders. (Hrsg.), Klassiker der Geschichtswissenschaft. Bd. II: Von Fernand Braudel bis Natalie Z. Davis, München 2006. Braudel entwickelt sein Konzept der loungue durée in der großen, dreibändigen Studie »Das Mittelmeer und die mediterrane Welt in der Epoche Philipps II.« (Frankfurt a.M. 1998). Bei Braudel spielen äußere Bedingungen wie geographische Gegebenheiten eine große Rolle; in der nachfolgenden Verwendung des Begriffs werden aber auch andere Aspekte wie Mentalitäten, Organisationsstrukturen oder geistige Strukturen herangezogen, um eine longue durée zu untersuchen (vgl. z. B. Stoff, Heiko: Der aktuelle Gebrauch der ›long durée‹ in der Wissenschaftsgeschichte, in: Berichte zur Wissenschaftsgeschichte 2/2009).

93 Boockmann, Hartmut; Einführung in die Geschichte des Mittelalters. 8. Aufl., München 2007, 114.

94 Vgl. a. a. O., 115.

95 Vgl. Angenendt, Toleranz und Gewalt (wie Anm. 64), 394 ff.

96 Joas, Hans: Glaube als Option. Zukunftsmöglichkeiten des Christentums, Freiburg i. Br. 2012, 40 f.

97 Vgl. Boockmann, Einführung (wie Anm. 93), 118.

98 A. a. O., 115 f.

99 Vgl. Angenendt, Toleranz und Gewalt (wie Anm. 64), 402.

100 Vgl. u. a. Pöhlmann, Matthias (Hrsg.): Odins Erben. Neugermanisches Heidentum: Analysen und Kritik. EZW-Texte 184, hrsg. von der Evangelischen Zentralstelle für Weltanschauungsfragen, Berlin 2006; Schuppener, Georg: Vereinnahmung germanischer Mythologie im rezenten Rechtsextremismus – Sprache und Symbolik. Bundeszentrale für politische Bildung, 2007 (URL: https://www.bpb.de/politik/extremismus/rechtsextremismus/41446/die-sprache-des-rechtsextremismus, 21.3.2021).

101 Vgl. Sander, Bildung (wie Anm. 14), 110 ff.

102 Vgl. Söding, Thomas: Das Christentum als Bildungsreligion. Der Impuls des Neuen Testaments, Freiburg i. Br. 2016.

103 Vgl. Lauster, Verzauberung der Welt (wie Anm. 63), 142 ff.

104 A. a. O., 151.

105 A. a. O., 153.

106 Vgl. zu der für Europa bahnbrechenden Kulturpolitik Karls des Großen a. a. O., 158 ff.

107 Schluß, Henning: Bildungskritik und reformatorische Bildungskrise. Kritik am vorreformatorischen Bildungssystem, in: Schlag, Christine/ Schäufele, Wolf-Friedrich/Otterbeck, Christoph (Hrsg.), Bildungsereignis Reformation. Ideen – Krisen – Wirkungen, Weimar 2017, 30.

108 Lauster, Verzauberung der Welt (wie Anm. 63), 224.

109 A. a. O., 214.

110 Vgl. Reagan, Timothy: Non-Western Educational Traditions. Local Approach to Thought and Practice. Forth Edition, New York 2018, 219 f.

111 Vgl. dazu unter dem Aspekt der Bildungsgeschichte Sander, Bildung (wie Anm. 14), 115 ff.

112 Vgl. ausführlicher zu unterschiedlichen reformatorischen Ansätzen und zu ambivalenten Effekten der Reformation mit Blick auf die Geschichte der Bildung u. a. Schlag/Schäufele/Otterbeck, Bildungsereignis Reformation (wie Anm. 107), sowie Lauster, Verzauberung der Welt (wie Anm. 63), 295 ff.

113 Vgl. ausführlicher Sander, Bildung (wie Anm. 14), 97 ff.

114 Vgl. zu Bildung als kulturelles Erbe der Menschheit a. a. O., 96–130.

115 Boockmann, Einführung (wie Anm. 93), 75.

116 Schulze, Staat und Nation (wie Anm. 6), 27.

117 Schwerhoff, Gerd: Die Inquisition. Ketzerverfolgung in Mittelalter und Neuzeit. 4. Aufl., München 2019, 11. Schwerhoffs Buch bietet einen knappen, aber sehr differenzierten Überblick zur Inquisition zu verschiedenen Zeiten und in unterschiedlichen Regionen Europas.

118 Vgl. Angenendt, Toleranz und Gewalt (wie Anm. 64), 271 f.

119 Vgl. a. a. O., 287, unter Bezug auf Henningsen, Gustav: The Database on the Spanish Inquisition. The ›relaciones de causas‹-project revisited, in: Mohnhaupt, Heinz/Simon, Dieter (Hrsg.), Vorträge zur Justizforschung. Frankfurt a.M. 1993.

120 Vgl. Angenendt, Toleranz und Gewalt (wie Anm. 64), 287 ff.

121 Campenhausen, Axel Freiherr von: Christentum und Recht, in: Antes, Peter (Hrsg.), Christentum und europäische Kultur. Eine Geschichte und ihre Gegenwart, Freiburg i. Br. 2002, 107.

122 Vgl. a. a. O., 109 ff.

123 A. a. O., 109.

124 Vgl. Marti, Roland: Orthodoxes Europa?!, in: Hüttenhoff, Christliches Europa (wie Anm. 19), 77 ff.

[125] Nach einer Studie des Pew Research Center vom 2017, URL: https://www.pewforum.org/2017/11/08/orthodox-christianity-in-the-21st-century (21.3.2021).

[126] Vgl. z. B. Ökumenischer Patriarch Bartholomaios I., Begegnung (wie Anm. 83).

[127] A. a. O., 13.

[128] Vgl. Marti, Orthodoxes Europa (wie Anm. 124), 86 f.

[129] Einen leicht zugänglichen Überblick gibt Lauster, Verzauberung der Welt (wie Anm. 63), 295 ff.

[130] A. a. O., 329.

[131] A. a. O., 301 f.

[132] Habermas, Geschichte der Philosophie (wie Anm. 5), Bd. 2, 16.

[133] Saimeh, Nahlah: Jeder kann zum Mörder werden. Wahre Fälle einer forensischen Psychiaterin. 9. Aufl., München 2012.

[134] Vgl. Angenendt, Toleranz und Gewalt (wie Anm. 64).

[135] Schröder, Richard: Abschaffung der Religion? Wissenschaftlicher Fanatismus und die Folgen, Freiburg i. Br. 2008, 200.

[136] A. a. O., 200 f.

[137] Vgl. Siedentop, Erfindung des Individuums (wie Anm. 61), 234.

[138] Angenendt, Toleranz und Gewalt (wie Anm. 64), 423.

[139] Vgl. a. a. O., 429 f.

[140] Vgl. Schröder, Abschaffung der Religion (wie Anm. 135), 206.

[141] Lauster, Verzauberung der Welt (wie Anm. 63), 186.

[142] Vgl. Angenendt, Toleranz und Gewalt (wie Anm. 64), 430.

[143] Fitschen, Klaus: Illustrierte Geschichte des Christentums, Berlin 2018, 84.

[144] Lauster, Verzauberung der Welt (wie Anm. 63), 190.

[145] Riley-Smith, Jonathan: Wozu heilige Kriege? Anlässe und Motive der Kreuzzüge, Berlin 2003, 176; zit. nach Angenendt, Toleranz und Gewalt (wie Anm. 64), 434.

[146] Vgl. Angenendt, Toleranz und Gewalt (wie Anm. 64), 312 ff.

[147] Vgl. Schröder, Abschaffung der Religion (wie Anm. 135), 214.

[148] A. a. O., 212 f.

[149] Behringer, Wolfgang: Hexenverfolgung damals und heute. Interview mit der Deutschen Welle, URL: https://www.dw.com/de/hexenverfolgung-damals-und-heute/a-54472004 (21.3.2021).

[150] Vgl. https://www.missio-hilft.de/mitmachen/glauben-teilen/glaubenszeugen/schwester-lorena-jenal/internationaler-tag-gegen-hexenwahn (21.3.2021).

[151] Vgl. http://www.credobox.de/wicca2.htm#f3 (21.3.2021); vgl. auch Schröder, Abschaffung der Religion (wie Anm. 135), 209.

[152] Lauster, Verzauberung der Welt (wie Anm. 63), 367.

[153] Vgl. a. a. O., 368 f.

[154] Schröder, Abschaffung der Religion (wie Anm. 135), 210.

155 Vgl. Lauster, Verzauberung der Welt (wie Anm. 63), 365 ff.

156 Behringer, Wolfgang: Sprenger, Jacob (Jacobus), in: Deutsche Bibliographie, URL: https://www.deutsche-biographie.de/pnd118855492.html#ndbcontent (21.3.2021).

157 Schröder, Abschaffung der Religion (wie Anm. 135), 214.

158 Vgl. Schröder, Abschaffung der Religion (wie Anm. 135), 215 ff.; Angenendt, Toleranz und Gewalt (wie Anm. 64), 308 ff.

159 Vgl. Angenendt, Toleranz und Gewalt (wie Anm. 64), 314 ff.

160 Vgl. Schröder, Abschaffung der Religion (wie Anm. 135), 212.

161 Vgl. zu den hier kursorisch ansprechbaren sowie weiteren Aspekten christlicher Kulturgeschichte in Europa die exzellente Darstellung bei Lauster, Verzauberung der Welt (wie Anm. 63), sowie die Einzelbeiträge bei Antes, Christentum und europäische Kultur (wie Anm. 121).

162 Kowalski, Klaus: Christentum und bildende Kunst, in: Antes, Christentum und europäische Kultur (wie Anm. 121), 24.

163 Lauster, Verzauberung der Welt (wie Anm. 63), 234.

164 Vlachopoulos, Marie und Jannis: Christentum und Musik, in: Antes, Christentum und europäische Kultur (wie Anm. 121), 51.

165 Lauster, Verzauberung der Welt (wie Anm. 63), 435 ff.

166 A. a. O., 572.

167 A. a. O., 583.

168 Horkheimer, Max/Adorno, Theodor W.: Dialektik der Aufklärung. Philosophische Fragmente. Limitierte Sonderausgabe, Frankfurt a.M. 2003, 9.

169 Vgl. Pinker, Steven: Aufklärung jetzt. Für Vernunft, Wissenschaft, Humanismus und Fortschritt. Eine Verteidigung, Frankfurt a.M. 2018. Das sofort in mehrere Sprachen übersetzte amerikanische Buch erreichte in kurzer Zeit erhebliche Aufmerksamkeit und mehrere Auflagen. Es ist hier nicht möglich, genauer auf dieses umfangreiche und mit einer Vielzahl von Einzeldaten unterlegte Buch einzugehen. Sehr treffend ist die grundlegende Kritik an Pinkers Ansatz bei Gray, John: Unenlightened thinking: Steve Pinker's embarrassing new book is a feeble sermon for rattled liberals, in: New Statesman online vom 22.2.2018, URL: https://www.newstatesman.com/culture/books/2018/02/unenlightened-thinking-steven-pinker-s-embarrassing-new-book-feeble-sermon (21.3.2021).

170 Kant, Immanuel: Beantwortung der Frage: Was ist Aufklärung?, in: Berlinische Monatsschrift, Dezember 1784; hier zit. nach URL: https://www.ph-ludwigsburg.de/fileadmin/subsites/3b-asop-t-01/user_files/Kleinbach/Veranstaltungen/WS0506_Menschenbilder/kant1784.pdf, 1 (21.3.2021).

171 A. a. O., 3.

172 Zit. nach Bahr, Erhard (Hrsg.): Was ist Aufklärung? Thesen und Definitionen, Stuttgart 1974, 3.

173 Diner, Dan: Aufklärungen. Wege in die Moderne, Stuttgart 2017, 73.

174 Vgl. a. a. O., 44 ff.

175 Vgl. zur Bedeutung des protestantischen Christentums für die Entstehung und Entwicklung der amerikanischen Demokratie auch Hoye, William J.: Die religiös-kulturellen Wurzeln westlicher demokratischer Verfassungen, in: Babke, Hans-Georg (Hrsg.), Die Zukunftsfähigkeit des Föderalismus in Deutschland und Europa, Frankfurt a. M. 2007, 13–42.

176 Vgl. Lauster, Verzauberung der Welt (wie Anm. 63), 420 ff.; Beutel, Albrecht u. a. (Hrsg.): Aufgeklärtes Christentum. Beiträge zur Kirchen- und Theologiegeschichte des 18. Jahrhunderts, Leipzig 2010.

177 Vgl. Lauster, Verzauberung der Welt (wie Anm. 63), 422 f.

178 Vgl. Lehner, Ulrich L.: Die katholische Aufklärung. Weltgeschichte einer Reformbewegung, Paderborn 2017.

179 A. a. O., 10.

180 So beispielsweise Pinker, Aufklärung jetzt (wie Anm. 169).

181 Lauster, Verzauberung der Welt (wie Anm. 63), 429.

182 al-Ghazali, Abu Hamid: Die Waage des Handelns (mizan al-`amal), zit. nach Ibn Tufail: Hayy Ibn Yaqdhan – ein muslimischer Inselroman. Hrsg. von Jameledinne Ben Abdeljeli/Viktoria Frysak, Wien 2007, 115.

183 Bellaigue, Christopher de: Die islamische Aufklärung. Der Konflikt zwischen Glaube und Vernunft 1798 bis heute, Frankfurt a.M. 2018.

184 Vgl. Conrad, Anne/Maier, Alexander/Nebgen, Christoph (Hrsg.): Bildung als Aufklärung. Historisch-anthropologische Perspektiven, Wien 2020.

185 Vgl. Conrad, Sebastian: Enlightenment in Global History: A Historical Critique, in: The American Historical Review, Volume 117, Issue 4, October 2012.

186 Vgl. Lauster, Verzauberung der Welt (wie Anm. 63), 410 f.

187 Mendelssohn, Moses: Über die Frage: was heißt aufklären? [1784], in: Bahr, Was ist Aufklärung (wie Anm. 172), 4.

188 A. a. O., 4.

189 A. a. O., 5.

190 Ebd.

191 A. a. O., 7.

192 Eine gute Vergleichsmöglichkeit beider Revolutionen und ihrer Folgen bietet Winkler, Heinrich August: Geschichte des Westens. Von den Anfängen in der Antike bis zum 20. Jahrhundert. Sonderausgabe, München 2016.

193 Tocqueville, Alexis de: Über die Demokratie in Amerika [1835/1849]. 2 Bde., Zürich 1987, hier zit. nach Winkler, Geschichte des Westens (wie Anm. 192), 266.

194 Vgl. Lauster, Verzauberung der Welt (wie Anm. 63), 450 ff.

195 Winkler, Geschichte des Westens (wie Anm. 192), 250 f.

196 Vgl. Lauster, Verzauberung der Welt (wie Anm. 63), 448.

197 Vgl. a. a. O., 449.

198 Winkler, Geschichte des Westens (wie Anm. 192), 323.

199 Vgl. ebd.

200 Lauster, Verzauberung der Welt (wie Anm. 63), 451.

201 Vgl. Kuhn, Axel: Die Französische Revolution. 6. Aufl., Stuttgart 2011, 118.

202 Vgl. Winkler, Geschichte des Westens (wie Anm. 192), 357.

203 A. a. O., 366.

204 Schulze, Staat und Nation (wie Anm. 6), 173.

205 Appiah, Identitäten (wie Anm. 9), 124.

206 Vgl. Vondung, Klaus: Magie und Manipulation. Ideologischer Kult und politische Religion des Nationalsozialismus, Göttingen 1971. Vondung greift hier ein Konzept auf, das Eric Voegelin bereits 1938 in seinem Buch »Die politischen Religionen« mit Blick auf die totalitären Systeme des 20. Jahrhunderts geprägt hatte.

207 Eisenstadt, Vielfalt in der Moderne (wie Anm. 47), 25.

208 A. a. O., 32.

209 Winkler, Geschichte des Westens (wie Anm. 192), 363.

210 Eisenstadt, Vielfalt in der Moderne (wie Anm. 47), 22.

211 Löwith, Karl: Weltgeschichte und Heilsgeschehen. Die theologischen Voraussetzungen der Geschichtsphilosophie, Stuttgart 2004, 54.

212 A. a. O., 53.

213 Vgl. als Übersicht zu solchen Entwicklungen Bundeszentrale für politische Bildung (Hrsg.): Der Neue Mensch, Bonn 2018; ferner grundlegend auch Küenzlen, Gottfried: Der Neue Mensch. Zur säkularen Religionsgeschichte der Moderne. Neuausgabe, Frankfurt a.M. 1997.

214 Vgl. Horkheimer/Adorno, Dialektik der Aufklärung (wie Anm. 168).

215 Eisenstadt, Vielfalt in der Moderne (wie Anm. 47), 24.

216 Rosa, Hartmut: Unverfügbarkeit. 5. Aufl., Salzburg 2019, 12.

217 In diesem Abschnitt werden einige Passagen aus bereits publizierten Vorarbeiten übernommen; vgl. Sander, Wolfgang: Mehr als Islamismus – die Wiederentdeckung der Religion und ihre Relevanz für die politische Bildung, in: Hößl, Stefan E./Jamal, Lobna/Schellenberg, Frank (Hrsg.), Politische Bildung im Kontext von Islam und Islamismus, Bonn 2020, sowie ders.: Schulische Bildung zwischen Religion und Säkularismus, in: Müller, Stefan/Sander, Wolfgang (Hrsg.), Bildung in der postsäkularen Gesellschaft, Weinheim 2018.

218 Joas, Hans: Glaube als Option. Zukunftsmöglichkeiten des Christentums, Freiburg i. Br. 2012, 23 f.

219 Vgl. a. a. O., 31.

220 Berger, Peter L.: Nach dem Niedergang der Säkularisierungstheorie, Münster 2013, 1 f.

221 Vgl. auch Joas, Glaube als Option (wie Anm. 218), 34 ff.

222 A. a. O., 39.

223 Graf, Götter global (wie Anm. 53), 15.

224 Vgl. a. a. O., 16.

225 Vgl. Berger, Niedergang der Säkularisierungstheorie (wie Anm. 220), 3.

226 Graf, Götter global (wie Anm. 53), 19.

227 Gabriel, Karl: Religion in der Weltgesellschaft, in: Müller/Sander, Bildung in der postsäkularen Gesellschaft (wie Anm. 217), 28.

228 Wensierski, Hans Jürgen von: Hip-Hop, Kopftuch und Familie – Jugendkulturen junger Muslime in Deutschland, in: El-Gayar, Wael/Strunk, Karin (Hrsg.), Integration versus Salafismus. Identitätsfindung muslimischer Jugendlicher in Deutschland, Schwalbach/Ts. 2014; Albert, Mathias/Hurrelmann, Klaus/Quenzel, Gudrun/TNS Infratest Sozialforschung: Jugend 2015. 17. Shell Jugendstudie, Frankfurt a.M. 2015.

229 Sauer, Martina: Integrationsprozesse, wirtschaftliche Lage und Zufriedenheit türkeistämmiger Zuwanderer in Nordrhein-Westfalen. Ergebnisse der Mehrthemenbefragung 2013, Essen 2014, 143.

230 Gerlach, Julia: Zwischen Pop und Dschihad: Muslimische Jugendliche in Deutschland, Bonn 2006.

231 Vgl. dazu die kritische Analyse bei Liedhegener, Antonius/Odermatt, Anastas: Religionszugehörigkeit in Europa – empirisch. Die »Swiss Metadatabase of Religious Affiliation in Europe (SMRE)«. Working paper, 2013, URL: https://www.unilu.ch/fileadmin/forschung/regie/liedhegener_odermatt-smre-working-paper-02-2013.pdf (21.3.2021).

232 Vgl. a. a. O., 6.

233 Vgl. Pollack, Detlef/Müller, Olaf: Religionsmonitor – verstehen was verbindet. Religiosität und Zusammenhalt in Deutschland, Gütersloh 2013, 15.

234 Religiöse Orientierung gewinnen. Evangelischer Religionsunterricht als Beitrag zu einer pluralitätsfähigen Schule. Eine Denkschrift des Rates der Evangelischen Kirche in Deutschland, Gütersloh 2014, 24.

235 Vgl. Albert/Hurrelmann/Quenzel/TNS Infratest Sozialforschung, Jugend 2015 (wie Anm. 228), 254 ff.

236 Calmbach, Marc/Borgstedt, Silke/Borchard, Inga/Thomas, Peter Martin/Flaig, Berthold Bodo: Wie ticken Jugendliche? Lebenswelten von Jugendlichen im Alter von 14 bis 17 Jahren in Deutschland, Berlin 2016, 340 f.

237 Matthes, Joachim: Religion und Gesellschaft. Einführung in die Religionssoziologie Bd. 1, Reinbek 1967, 85.

238 HSV: Der HSV-Friedhof. URL: www.hsv.de/unser-hsv/verein/hsv-friedhof (8.7.2017).

239 Schieder, Rolf/Meyer-Magister, Hendrik: Neue Rollen der Religion in modernen Gesellschaften, in: Aus Politik und Zeitgeschichte 24/2013, 30.

240 Vgl. Funkschmidt, Kai: Erlösung durch Ernährung. Veganismus als Ersatzreligion. 2 Teile, in: Materialdienst der Evangelischen Zentralstelle für Weltanschauungsfragen 11 und 12/2015.

241 Vgl. beispielsweise zur Reformpädagogik Anfang im frühen 20. Jahrhundert Baader, Meike Sophia: Erziehung als Erlösung. Transformationen des Religiösen in der Reformpädagogik. Weinheim und München 2005; zur auf Überwindung jeglicher Herrschaft zielenden ›Emanzipationspädagogik‹ der 1970er-Jahre kritisch Sander, Wolfgang: Nach der Emanzipationspädagogik, Marginalien zu einer notwendigen Historisierung, in: Politisches Lernen 3–4/2006; sowie als ein aktuelleres

Beispiel O'Brien, Catherine: Education for Sustainable Happiness and Well-Being, New York 2016.

242 Vgl. Gründer, René/Scherr, Albert: Jugend und Religion. Soziologische Zugänge und Forschungsergebnisse, in: Theo-Web 1/2012, 71.

243 Vgl. Hauser, Linus: Kritik der neomythischen Vernunft. 3 Bde., Paderborn 2005 (2. Aufl.), 2009 und 2016.

244 Vgl. z. B. Armstrong, Kareen: Die Geschichte von Gott. 4000 Jahre Judentum, Christentum und Islam, München 2012.

245 Schmale, Geschichte und Zukunft (wie Anm. 2).

246 A. a. O., 136.

247 A. a. O., 137.

248 A. a. O., 137 f.

249 A. a. O., 178.

250 A. a. O., 181.

251 A. a. O., 179.

252 A. a. O., 183.

253 A. a. O., 184.

254 Arendt, Hannah: Was ist Politik? Fragmente aus dem Nachlaß, München 1993, 9.

255 Vgl. Dreier, Horst: Staat ohne Gott. Religion in der säkularen Moderne. Lizenzausgabe, Bonn 2018.

256 A. a. O., 9.

257 A. a. O., 10.

258 A. a. O., 112.

259 A. a. O., 110 f.

260 A. a. O., 119.

261 Vgl. a. a. O., 141 ff.

262 Assmann, Jan: Religionstheoretische und ägyptologische Gedanken zum Thema Gewalt, in: Lindenau, Mathias/Meier Kressing, Marcel (Hrsg.), Religion und Vernunft – ein Widerstreit?, Bielefeld 2018, 106.

263 Dreier, Staat ohne Gott (wie Anm. 255), 183.

264 A. a. O., 105.

265 A. a. O., 142.

266 Vgl. Angenendt, Toleranz und Gewalt (wie Anm. 64), 222 ff.

267 Vgl. Dreier, Staat ohne Gott (wie Anm. 255), 97.

268 Vgl. Niethammer, Friedrich Immanuel: Der Streit des Philantropinismus und Humanismus in der Theorie des Erziehungs-Unterrichts unserer Zeit, Jena 1808.

269 Vgl. Paulsen, Friedrich: Geschichte des gelehrten Unterrichts auf den deutschen Schulen und Universitäten vom Ausgang des Mittelalters bis zur Gegenwart. 2 Bde., Leipzig 1885; hier vor allem Bd. 2: Der gelehrte Unterricht im Zeichen des Neuhumanismus 1740–1892.

270 Rüsen, Jörn: Einleitung: Einheitszwang und Unterscheidungswille – die kulturelle Herausforderung der Globalisierung und die Antwort des Humanismus, in: Ders./Laass, Henner (Hrsg.), Interkultureller Humanismus. Menschlichkeit in der Vielfalt der Kulturen, Schwalbach/Ts. 2009, 15.

271 Vgl. ausführlicher Sander, Bildung (wie Anm. 14), 61–93.

272 Lauster, Verzauberung der Welt (wie Anm. 63), 256.

273 Vgl. Sander, Bildung (wie Anm. 14), 71 ff.

274 Paulsen, Geschichte des gelehrten Unterrichts (wie Anm. 269), Bd. 1, hier nach der 2. Aufl. 1896, V.

275 Vgl. die gründliche Analyse verschiedener ›Humanismen‹ bei Baab, Florian: Was ist Humanismus? Geschichte des Begriffs, Gegenkonzepte, säkulare Humanismen heute, Regensburg 2013.

276 Vgl. a. a. O., 129 ff.

277 Vgl. Fincke, Andreas: Mit Gott fertig? Konfessionslosigkeit, Atheismus und säkularer Humanismus in Deutschland, Aschaffenburg 2017.

278 Zit. nach Bundeszentrale für politische Bildung (Hrsg.): Vertrag von Lissabon, Bonn 2010, 34.

279 Schröder, Europa (wie Anm. 19), 184.

280 A. a. O., 185.

281 Schäfers, Bernhard: Soziales Handeln und seine Grundlagen: Normen, Werte, Sinn, in: Korte, Hermann/Schäfers, Bernhard (Hrsg.), Einführung in die Hauptbegriffe der Soziologie. 6. Aufl., Opladen 2002, 36.

282 Döhn, Lothar: Werte, in: Drechsler, Hanno/Hilligen, Wolfgang/Neumann, Franz (Hrsg.), Gesellschaft und Staat. Lexikon der Politik. 9. Aufl., München 1994, 884.

283 Gloe, Markus: Werte und Menschenrechte. Bundeszentrale für politische Bildung, 2015; URL: https://www.bpb.de/gesellschaft/bildung/politische-bildung/193087/werte-und-menschenrechte (21.3.2021).

284 Vgl. https://www.wertesysteme.de (21.3.2021).

285 Vgl. u. a. Grau, Alexander: Hypermoral. Die neue Lust an der Empörung, München 2017; Greiner, Ulrich: Die Lust, an allem schuld zu sein. Wie der Gedanke an die Erbsünde verweltlich wurde und heute in der Politik sein Unwesen treibt, in: DIE ZEIT vom 18.10.2018, 52.

286 Delp, Alfred: Mit gefesselten Händen. Aufzeichnungen aus dem Gefängnis, Frankfurt a.M. 2007, 114 ff.

287 Vgl. Scherzberg, Lucia: Katholische Abendland-Ideologie der 20er und 30er Jahre. Die Zeitschriften »Europäische Revue« und »Abendland«, in: Hüttenhoff, Christliches Europa (wie Anm. 19), 11–28.

288 Vgl. ebd.; Hudemann, Rainer: Ein christliches Europa nach 1945? Zum Konzept des »christlichen Abendlandes« in einer Welt im Umbruch, in: Hüttenhoff, Christliches Europa (wie Anm. 19), 29–48, sowie Hüttenhoff, Michael: Ideologisierung des Christentums? Die Idee des »christlichen Abendlandes« in der evangelischen Theologie nach dem Zweiten Weltkrieg, in: a. a. O., 49–76.

289 Zit. nach Fink, Alexander: Faszination Universum. Kosmologie und der Glaube an Gott, Marburg 2016, 9, URL: https://www.iguw.de/site/assets/files/1199/fink_kosmologie_studienbrief-2017.pdf (21.3.2021).

290 Vgl. Harrison, Peter: Der Mythos eines ständigen Kampfes zwischen Wissenschaft und Religion, 2016, URL: https://www.theologie-naturwissenschaften.de/startseite/leitartikelarchiv/konfliktmythos (21.3.2021).

291 Vgl. Cohen, Floris: Die zweite Erschaffung der Welt. Wie die moderne Naturwissenschaft entstand. Lizenzausgabe, Bonn 2011, 143 ff.

292 Bellarmin, Robert: Brief an Antonio Foscarnini vom 12. April 1615, in: Galileo Galilei, Schriften, Briefe, Dokumente, Bd. 2, Berlin o.J., 46 f.; hier zit. nach Gingerich, Owen: Gottes Universum. Ein Dialog zwischen Naturwissenschaft und Glaube, Freiburg i. Br. 2012, 103.

293 Cohen, Erschaffung der Welt (wie Anm. 291), 150.

294 Vgl. auf der Homepage der Päpstlichen Akademie der Wissenschaften: http://www.pas.va/content/accademia/en/about/history.html (21.3.2021).

295 Dies kann hier nicht ausführlicher erörtert werden; vgl. die historische Übersicht in dem umfangreichen Artikel »Vernunft; Verstand« bei Ritter, Joachim/Gründer, Karlfried/Gabriel, Gottfried (Hrsg.): Historisches Wörterbuch der Philosophie online. Startseite: https://www.schwabeonline.ch/schwabe-xaveropp/elibrary/start.xav?start=%2F%2F%2A%5B%40attr_id%3D%27hwph_productpage%27%5D#__elibrary__%2F%2F*%5B%40attr_id%3D%27hwph_productpage%27%5D__1610457166508, DOI des Artikels: 10.24894/HWPh.5685 (21.3.2021).

296 Vgl. a. a. O., 104 ff.

297 Kant, Immanuel: Kritik der reinen Vernunft. Vollständige Ausgabe nach der zweiten, hin und wieder verbesserten Auflage 1787, vermehrt um die Vorrede zur ersten Auflage 1781, Köln 2011, 19.

298 Vgl. Ritter/Gründer/Gabriel, Historisches Wörterbuch der Philosophie (wie Anm. 295), 106.

299 Kant, Kritik der reinen Vernunft (wie Anm. 297), 43.

300 Gerhardt, Volker: Der Sinn des Sinns. Versuch über das Göttliche, München 2014, 29.

301 A. a. O., 44.

302 A. a. O., 21.

303 Ebd.

304 A. a. O., 58

305 Hier zit. nach der Onlineausausgabe bei zeno.org, URL: http://www.zeno.org/Philosophie/M/Kant,+Immanuel/Kritik+der+praktischen+Vernunft/Beschluß (21.3.2021).

306 Han, Byung-Chul: Lob der Erde. Eine Reise in den Garten, Berlin 2018, 9.

307 Vgl. Collins, Francis: The Language of God, London 2006.

308 Frisch, Ralf: Was können wir glauben? Eine Erinnerung an Gott und den Menschen, Stuttgart 2017, 112.

309 Tetens, Holm: Gott denken. Ein Versuch über rationale Theologie, Stuttgart 2015, 13.

310 A. a. O., 15.

311 A. a. O., 21.

312 Ebd.

313 A. a. O., 22.

314 A. a. O., 27.

315 Vgl. zur langen philosophischen Diskussion über dieses erkenntnistheoretische Problem Livio, Mario: Ist Gott ein Mathematiker? Warum das Buch der Natur in der Sprache der Mathematik geschrieben ist, München 2010.

316 Vgl. Nagel, Thomas: Geist und Kosmos. Warum die neodarwinistische Konzeption der Natur so gut wie sicher falsch ist, Berlin 2013.

317 Ayala, Francisco J.: Evolution, Heidelberg 2013, 10.

318 Vgl. z. B. Krauss, Lawrence M.: Ein Universum aus dem Nichts … und warum da trotzdem etwas ist, München 2018. Krauss zeigt unfreiwillig, wie die Verknüpfung von Forschungsergebnissen zu einer naturalistischen Großerzählung von Anfang und Ende des Universums zu einer Art düsterem Märchen werden kann, das – von philosophischer oder gar theologischer Bildung kaum getrübt, aber mit viel Phantasie – hauptsächlich von dem Willen des Erzählers motiviert zu sein scheint, den Glauben an Gott überflüssig zu machen. Dabei scheint ihm nicht einmal aufzufallen, dass allein schon sein Hinweis, unser Universum bestehe nach dem derzeitigen Standardmodell der Physik zu 99 Prozent aus uns völlig unbekannter dunkler Materie und dunkler Energie (185), die Hybris einer solchen Großerzählung offenbart.

319 Spaemann, Robert: Der letzte Gottesbeweis, München 2007, 23.

320 Tetens, Gott denken (wie Anm. 309), 89.

321 Spaemann, Gottesbeweis (wie Anm. 319), 12.

322 Vgl. dazu und zu meiner Sicht auf den Konstruktivismus Sander, Bildung (wie Anm. 14), 11–35.

323 Im Konstruktivismus wird oft zwischen ›Realität‹ und ›Wirklichkeit‹ unterschieden. Realität ist das, was uns in der Welt als ein äußeres ›Etwas‹ entgegentritt und uns zu Wahrnehmungen und Handlungen veranlasst. Realität können wir nicht direkt erkennen, sondern nur in von uns mentalen Konstruktionen (z. B. Begriffe, Theorien) modellieren. Wirklichkeit ist das Ergebnis unserer Konstruktionen (vgl. a. a. O., 24).

324 Fischer, Ernst Peter: Die andere Bildung. Was man von den Naturwissenschaften wissen sollte. 6. Aufl., München 2002, 317.

325 Meschede, Dieter: Restunsicherheit. Vorhersagen in den Naturwissenschaften. Interview, in: Forschung & Lehre 10/2019, 900.

326 Hagner, Michael: Auf die Probe gestellt. Zum Verhältnis von Wissenschaft und Demokratie, in: Forschung & Lehre 2/2021, 102.

327 Zit. nach Bejas, Andreas: Edith Stein. Im verschlossenen Garten der Seele, Ruggell/Liechtenstein 2018, 119.

328 Nowak, Martin: Wo ist Gott? Interview, in: ZEIT-online, 4.2.2016, URL: https://www.zeit.de/zeit-wissen/2016/01/glauben-religion-physik-widerspruch-katholizismus-martin-nowak/komplettansicht (21.3.2021).

329 Vgl. Horkheimer, Max: Zur Kritik der instrumentellen Vernunft, Frankfurt a.M. 1967.

330 Adorno, Theodor W.: Minima Moralia. Reflexionen aus dem beschädigten Leben, Frankfurt a.M. 1969, Nr. 18.

331 Vgl. die instruktive Gesamtdarstellung bei Jeffries, Stuart: Grand Hotel Abgrund. Die Frankfurter Schule und ihre Zeit, Stuttgart 2019.

332 Vgl. zu Freud in diesem Zusammenhang Bolz, Norbert: Zurück zu Luther, Paderborn 2016, 45 ff.

333 Barth, Hans-Martin: Dogmatik. Evangelischer Glaube im Kontext der Weltreligionen. 3., aktualisierte und ergänzte Aufl., Gütersloh 2008, 492.

334 Vgl. insbesondere Foucault, Michel: Die Ordnung der Dinge, in: Ders., Die Hauptwerke, Frankfurt a.M. 2008; zur Kritik im hier angesprochenen Kontext ausführlicher Sander, Bildung (wie Anm. 14), 80 ff.

335 Adorno, Minima Moralia (wie Anm. 330), Nr. 66.

336 A. a. O., 153; vgl. auch Müller, Stefan: Versöhnung, Erlösung und die Sehnsucht nach dem ganz Anderen. Theologische Konzepte in der Kritischen Theorie der Gesellschaft, in: Ders./Sander, Bildung in der postsäkularen Gesellschaft (wie Anm. 217), 107–122.

337 Diese Schätzungen sind aus unterschiedlichen Quellen errechnet, von denen mehrere auf einschlägige Studien des Pew Research Center aus den USA zurückgreifen. Generell lassen sich präzise Daten zur Religionsangehörigkeit in verschiedenen Staaten und Weltregionen schwer erheben; vgl. Anm. 231.

338 Unter ›Geist‹ verstehe ich hier überindividuelle und in diesem Sinn intersubjektiv zugängliche Phänomene und Prozesse, die selbst nicht materieller Art sind, aber in materiellen Objekten (wie zum Beispiel Büchern, Kunstwerken, Architektur, Technik) einen Ausdruck finden können. Ich verwende den Begriff vergleichbar mit den einschlägigen Titeln von Johann Gottlieb Herder (Vom Geist des Christentums, 1798), François-René de Chateaubriand (Geist des Christentum, 1802) oder auch Max Weber (Die protestantische Ethik und der Geist des Kapitalismus, 1904), kann aber nicht näher auf die verzweigten Diskussionen in der Philosophie des Geistes und auch nicht auf deren biblische Wurzeln eingehen; zu Letzteren vgl. auf www.bibelwissenschaft.de die Artikel zu »Geist (AT)« von Helen Schüngel-Straumann (2009) sowie »Heiliger Geist« von Julia Gerth (2015).

339 Volkmann, Uwe: Wir Verdrängungskünstler, in: Frankfurter Allgemeine Zeitung vom 25.1.2021, 12.

340 EPRS – Wissenschaftlicher Dienst des Europäischen Parlaments: Religion und Außenpolitik der EU. Wachsendes Engagement, Brüssel 2020, 1.

341 A. a. O., 8.

342 Joas, Glaube als Option (wie Anm. 218), 151.

343 Vgl. Rentsch, Thomas: Gott, Berlin 2005, 8–47.

344 A. a. O., 60.

345 Wittgenstein, Ludwig: Tractatus logico-philosophicus. 36. Auflage, Frankfurt a.M. 2003, 110.

346 Rentsch, Gott (wie Anm. 243), 99.

347 Joas, Glaube als Option (wie Anm. 218), 150.

348 Ich halte in diesem Zusammenhang aus dem deutschsprachigen theologischen Diskurs des letzten Jahrhunderts, ohne diesen hier nachzeichnen zu können, die Argumentation Karl Barths für überzeugender als manche allzu zeitgeistigen Interpretationen wie etwa bei Rudolf Bultmann oder Willi Marxsen. Aus der aktuellen theologischen Literatur erscheint mir als besonders anregend Moltmann, Jürgen: Auferstanden in das ewige Leben. Über das Sterben und Erwachen einer lebendigen Seele, Gütersloh 2020.

349 Spaemann, Robert: Das unsterbliche Gerücht. Die Frage nach Gott und die Täuschung der Moderne. 7. Aufl., Stuttgart 2014, 182 f.

350 Horkheimer, Max: Die Sehnsucht nach dem ganz Anderen. Ein Interview mit Kommentar von Helmut Gumnior, Hamburg 1970, 61 f.

351 Körner, Felix: Politische Religion. Theologie der Weltgestaltung – Christentum und Islam, Freiburg i. Br. 2020, 41 f.

352 Inglehart, Ronald: The Silent Revolution. Changing Values and Political Styles among Western Publics, Princeton 1977.

353 Schulze, Gerhard: Was wird aus der Erlebnisgesellschaft?, in: Aus Politik und Zeitgeschichte 12/2002, hier zit. nach der Online-Ausgabe, URL: https://www.bpb.de/apuz/25682/was-wird-aus-der-erlebnisgesellschaft (9.3.2021).

354 Vgl. Reckwitz, Andreas: Die Gesellschaft der Singularitäten. Zum Strukturwandel der Moderne, Berlin 2017.

355 Reckwitz, Andreas: Die Gesellschaft der Singularitäten, in: Journal für politische Bildung 1/2019, 14 f.

356 Körner, Politische Religion (wie Anm. 351), 24.

357 A. a. O., 25.

358 Vgl. dazu die gemeinsame Erklärung »Verantwortung wahrnehmen für die Schöpfung« des Rates der Evangelischen Kirche in Deutschland und der Deutschen Bischofskonferenz, darin Nr. 42–52, URL: https://www.ekd.de/schoepfung_1985_verantwortung4.html (21.3.2021); Papst Franziskus: Enzyklika Laudato si'. Über die Sorge für das gemeinsame Haus, Stuttgart 2015, Nr. 66–69, 68 ff.

359 Rosa, Unverfügbarkeit (wie Anm. 216), 8 und 34.

360 A. a. O., 23 f.

361 A. a. O., 105.

362 Vgl. am Beispiel der Hochschulen Kühl, Stefan: Brauchbare Illegalitäten. Über das Management funktionaler Regelbrüche an Hochschulen, in: Forschung & Lehre 9/2020.

363 Rosa, Unverfügbarkeit (wie Anm. 216), 25.

364 A. a. O., 38.

365 A. a. O., 50.

366 A. a. O., 68.

367 Vgl. Keutzer, Ansgar: Gnade für das »unternehmerische Selbst«. Theologische Kritik der überzogenen Leistungsgesellschaft, in: Ders., Politische Theologie für heute. Aktualisierungen und Konkretionen eines theologischen Programms, Freiburg i. Br. 2017.

368 Vor allem im Zusammenhang mit der Digitalisierung; vgl. u. a. Schirrmacher, Frank (Hrsg.): Technologischer Totalitarismus. Eine Debatte, Berlin 2015; Wolff, Marie-Luise: Die Anbetung. Über eine Superideologie namens Digitalisierung, Frankfurt a.M. 2020.

369 Thomas, Günter: Im Weltabenteuer Gottes leben. Impulse zur Verantwortung für die Kirche, Leipzig 2020, 56.

370 Strenger, Carlo: Abenteuer Freiheit. Ein Wegweiser für unsichere Zeiten, Berlin 2017.

371 A. a. O., 8.

372 A. a. O., 25.

373 A. a. O., 25 und 36.

374 A. a. O., 58.

375 A. a. O., 25.

376 A. a. O., 23 f.

377 A. a. O., 12.

378 Kirchenamt der EKD (Hrsg.): Rechtfertigung und Freiheit. 500 Jahre Reformation 2017. Ein Grundlagentext des Rates der Evangelischen Kirche in Deutschland (EKD). 4. Aufl., Gütersloh 2015, 108.

379 Luther, Martin: Von der Freiheit eines Christenmenschen (1520). Hier zit. nach Amt der Evangelisch-Lutherischen Kirche Deutschlands (VELKD) (Hrsg.): Luther lesen. Die zentralen Texte, Göttingen 2016, 55.

380 Macron, Emmanuel: »Ich war nie für den Multikulturalismus«. Interview, in: DIE ZEIT vom 7.1.2021, 6.

381 So gaben im März 2020 in einer Umfrage rund zwei Drittel der deutschen Bürgermeister an, schon beleidigt, bedroht oder tätlich angegriffen worden zu sein (vgl. Tagesschau vom 10.3.2020, URL: https://www.tagesschau.de/investigativ/report-muenchen/gewalt-bedrohung-buergermeister-101.html, 22.2.2021).

382 Vgl. z. B. https://www.weser-kurier.de/region/die-norddeutsche_artikel,-die-respektlosigkeit-steigt-_arid,1709701.html (21.3.2021), https://www.ka-news.de/region/karlsruhe/Karlsruhe~/notarzt-berichtet-bei-jedem-zweiten-einsatz-kaempfen-wir-mit-respektlosigkeit;art6066,2507553 (22.2.2021).

383 Vgl. Manemann, Jürgen: Der Dschihad und der Nihilismus des Westens. Warum ziehen junge Europäer in den Krieg?, Bielefeld 2015.

384 Strenger, Abenteuer Freiheit (wie Anm. 370), 34.

385 Paulsen, Geschichte des gelehrten Unterrichts (wie Anm. 269), Bd. 2, 190 ff.

386 Vgl. zu Schleiermachers Berliner Vorlesungen zur Pädagogik im frühen 19. Jahrhundert Graf, Friedrich Wilhelm: Das Ende der Erziehung ist die Eigentümlichkeit des Einzelnen, in: Frankfurter Allgemeine Zeitung online, 19.11.2018, URL: https://www.faz.net/aktuell/karriere-

hochschule/schleiermachers-paedagogik-das-ende-der-erziehung-ist-die-eigentuemlichkeit-des-einzelnen-15890817.html (21.3.2021).

387 Adorno, Theodor W.: Theorie der Halbbildung (1952), in: Ders., Gesammelte Schriften. Bd. 8, Frankfurt a.M. 1972, 94.

388 Vgl. Sander, Bildung (wie Anm. 14), 128 ff.

389 Vgl. ausführlicher a. a. O., 153 ff.

390 Kaube, Jürgen: Haben wir was in Reli auf?, in: Frankfurter Allgemeine Zeitung vom 8.1.2019, 9. Auch wenn ich Kaubes Analyse teile, folge ich ihm nicht ganz in seinen Konsequenzen für die künftige Organisation des Religionsunterrichts; vgl. Sander, Wolfgang: Ethikkurse sind keine überzeugende Alternative, in: Frankfurter Allgemeine Zeitung vom 14.1.2019, 12.

391 Die Erklärung »Nostra Aetate« ist online verfügbar unter https://www.vatican.va/archive/hist_councils/ii_vatican_council/documents/vat-ii_decl_19651028_nostra-aetate_ge.html (21.3.2021). Aus evangelischer Sicht vgl. zu diesem Thema u. a. Kirchenamt der Evangelischen Kirche in Deutschland (EKD) (Hrsg.): Christlicher Glaube und nichtchristliche Religionen. Theologische Leitlinien, Hannover 2003, URL: https://www.ekd.de/ekd_de/ds_doc/Texte_77.pdf (21.3.2021).

392 Vgl. Buchstab, Günter: Einführung, in: Ders./Uertz, Rudolf (Hrsg.), Was eint Europa? Christentum und kulturelle Identität, Freiburg i. Br. 2008, 13 ff.; Pulte, Matthias: Religionsfreiheit im europäischen Grundrechtsraum, in: Dingel, Irene/Kusber, Jan/Morawiec, Małgorzata (Hrsg.), Die europäische Integration und die Kirchen IV. Versöhnung und Ökumene, Ethik und Recht, Göttingen 2020, 13.

393 Pulte, Religionsfreiheit (wie Anm. 392), 159.

394 Dalferth, Ingolf: Großprojekt Gegendiskriminierung. Kritische Anmerkungen zur Entwicklung der Universitäten in den USA in Sachen Identitätspolitik, in: zeitzeichen 2/2021, 11.

395 Einführende Überblicke geben Kaufmann, Uri: Kleine Geschichte der Juden in Europa. 4. Aufl., Berlin 2006; Bundeszentrale für politische Bildung (Hrsg.): Jüdisches Leben in Deutschland. Informationen zur politischen Bildung Nr. 307, Bonn 2010.

396 Vgl. Klapheck, Elisa: Das religiös-säkulare Spannungsfeld des Judentums, in: Dies./Calderon, Ruth, Säkulares Judentum aus religiöser Quelle, Berlin 2015; Klapheck, Elisa/Traub, Barbara/de Wolf, Abraham: Gott braucht den säkularen Rechtsstaat, Leipzig 2020.

397 Vgl. Klapheck, Elisa: Europa ist auf dem Weg zur »Bundesgesellschaft«, in: Dies./Kramer, Stephan J./Stein, Hannes, Bürgerschaftliches politisches Engagement als jüdische Praxis, Berlin 2016.

398 Winkler, Geschichte des Westens (wie Anm. 192), 89.

399 Beispielsweise unterscheidet eine neuere qualitative Studie in Deutschland zwischen einer ganzen Reihe unterschiedlicher »muslimischer Identitätstypen«, die hier nur stichwortartig zitiert werden sollen: Herkunftsmuslime, Kulturmuslime, Neo-Muslime, Reform- und Euro-Muslime, liberale Muslime, Habitus- oder Traditionsmuslime, Cool-/Pop-/Street-Muslime, Salafisten, Dschihadisten und Anti- oder Exmuslime (vgl. Faroutan, Naika: Muslimische Identitäten. Soziale Konstruktionen

und Performanz vor dem Hintergrund antimuslimischer Einstellungen in Deutschland, in: Hößl, Stefan E./Jamal, Lobna/Schellenberg, Frank (Hrsg.), Politische Bildung im Kontext von Islam und Islamismus, Bonn 2020, 43 ff.

400 Biskamp, Floris: »Hat das etwas mit dem Islam zu tun?« Islamismus als modernes und islamisches Phänomen, in: Hößl/Jamal/Schellenberg, Politische Bildung (wie Anm. 399), 101.

401 Pfahl-Traughber, Armin: Islamismus – Was ist das überhaupt?, 2011, URL: https://www.bpb.de/politik/extremismus/islamismus/36339/islamismus-was-ist-das-ueberhaupt (21.3.2021).

402 Vgl. für Deutschland u. a. Schröter, Susanne: Politischer Islam. Stresstest für Deutschland, Gütersloh 2019.

403 Vgl. Diner, Dan: Versiegelte Zeit. Über den Stillstand in der islamischen Welt. 4. Aufl., Berlin 2015; Koopmans, Ruud: Das verfallene Haus des Islam. Die religiösen Ursachen von Unfreiheit, Stagnation und Gewalt, München 2020.

404 Vgl. für Deutschland die anschaulichen Beispiele inklusive kontraproduktiver Reaktionen, unter anderem der Kirchen, bei Josua, Hanna Nouri: Die Muslime und der Islam. Wer oder was gehört zu Deutschland?, Leipzig 2019.

405 Der Text der Erklärung findet sich hier: https://www.humanrights.ch/cms/upload/pdf/140327_Kairoer_Erklaerung_der_OIC.pdf (21.3.2021); vgl. auch die Analyse bei Schirrmacher, Christine: Islamische Menschenrechtserklärungen und ihre Kritiker. Einwände von Muslimen und Nichtmuslimen gegen die Allgültigkeit der Scharia. Trier 2007, URL: https://christineschirrmacher.info/wp-content/uploads/2017/12/2007_39_Schirrmacher_RF-Trier.pdf (21.3.2021).

406 Vgl. u. a. Khorchide, Mouhanad: Gottes Offenbarung im Menschenwort. Der Koran im Licht der Barmherzigkeit, Freiburg/Basel/Wien 2018; Ourghi, Abdel-Hakim: Reform des Islam. 40 Thesen, München 2017.

407 Aslan, Reza: Kein Gott außer Gott. Der Glaube der Muslime von Muhammad bis zur Gegenwart. Lizenzausgabe, Bonn 2006, 187.

408 Körner, Politische Religion (wie Anm. 351), 252 ff.

409 Als Beispiele seien aus den deutschen Kirchen im Katholizismus der Ansatz des »Synodalen Weges« (URL: https://www.synodalerweg.de, 21.3.2021) und aus dem Protestantismus die zwölf Leitsätze der EKD zur Zukunft der Kirche von 2020 genannt (URL: https://www.ekd.de/zwoelf-leitsaetze-zur-zukunft-einer-aufgeschlossenen-kirche-60102.htm, 21.3.2021). Aus der protestantischen Theologie sei ferner auf die recht konkreten Vorschläge hingewiesen, die Günter Thomas kürzlich unterbreitet hat; vgl. Thomas, Weltabenteuer (wie Anm. 369), insbesondere 267–361.

410 Joas, Glaube als Option (wie Anm. 218), 198.

411 Vgl. https://www.remid.de/info_zahlen/orthodoxie/ (21.3.2021).

412 Vgl. zu den vielfältigen Formen des Evangelikalismus, der zwar in Europa präsent ist, dessen geographische Schwerpunkte aber außerhalb Europas liegen, Elwert, Frederik/Radermacher, Martin/Schlamelcher, Jens (Hrsg.): Handbuch Evangelikalismus, Bielefeld 2017.

413 Lauster, Verzauberung der Welt (wie Anm. 63), 204; Lauster bezieht diese Aussage auf den Umgang mit Häresien.

414 Thomas, Weltabenteuer (wie Anm. 369), 318.

415 Vgl. a. a. O., 345 ff.

416 Winkler, Geschichte des Westens (wie Anm. 192), 25.

417 Weidner, Stefan: Jenseits des Westens. Plädoyer für ein neues kosmopolitisches Denken, München 2018, 104. Weidner bezieht sich hier auf Leo Strauss.

418 A. a. O., 106.

419 Buchstab, Einführung (wie Anm. 392), 33.

420 https://www.bmz.de/de/ministerium/wege/bilaterale_ez/akteure_ez/kirchen/index.html (21.3.2021).

421 Vgl. Huntington, Kampf der Kulturen (wie Anm. 44), 526.

422 Vgl. https://www.vaticannews.va/de/papst/news/2019-02/papst-franziskus-abu-dhabi-gemeinsame-erklaerung-grossimam.print.html (21.3.2021).

423 Rüb, Matthias: Eine historische Großtat, in: Frankfurter Allgemeine Zeitung vom 8.3.2021, 1.

424 Menasse, Robert: Der Europäische Landbote. 10. Aufl., Wien 2017, 89.

425 Vgl. Böttcher, Europas vergessene Visionäre (wie Anm. 36).

426 Habermas, Jürgen: Zur Verfassung Europas. Ein Essay, Berlin 2011, 78.

427 Die EU muss neu gegründet werden, in: Frankfurter Allgemeine Zeitung vom 22.9.2018.

428 Guérot, Ulrike: Warum Europa eine Republik werden muss! Eine politische Utopie, Bonn 2016.

429 Engels, David: Lokalismus, Regionalismus, Nationalismus – Hesperialismus? Der Weg zu einer neuen Europäischen Verfassung – eine politische Utopie, in: Ders., RENOVATIO EUROPÆ (wie Anm. 42).

430 Vgl. a. a. O., 188.

431 Guérot, Europa (wie Anm. 428), 147.

432 A. a. O., 152.

433 Engels, Hesperialismus (wie Anm. 429), 180 f.

434 A. a. O., 181 f.

435 Vgl. Irlenborn, Gerd: Europäischer Friede, christlicher Glaube, in: Frankfurter Allgemeine Zeitung vom 27.12.2016.

436 Schuman, Robert: Pour L'Europe, zit. nach Engels, Hesperialismus (wie Anm. 429), 195 f.

437 Vgl. Engels, David: Ausblick: Die Rückkehr der Geschichte, in: Ders., RENOVATIO EUROPÆ (wie Anm. 42), 205 ff.